축구 명장들의 지략 대결로 읽는

축구 전술 혁명

축구 명장들의 지략 대결로 읽는

축구 전술 혁명

다쓰오카 아유무 지음 | 이지호 옮김 | 한준희 감수

한스미디어

축구 전술 혁명의 구조

한준희(현 쿠팡플레이 축구 해설위원)

축구가 오랜 세월 지구촌 가장 보편적인 스포츠로서 인기를 구가해온 데에는 원초적인 단순한 매력이 한몫한 듯싶다. 손이 아닌 발을 이용해야 하는 까닭에 극도의 세밀함과 정교함을 추구하기 쉽지 않은 데다, 비교적 간편한 규칙으로 특별한 장비 없이 공 하나만 가지고도 할 수 있는 스포츠이기에 그러하다. 또 좀처럼 경기가 중단되지 않으며, 극소수 경우를 제외하면 득점이 많이 터지기도 어렵다. 그래서 축구는 공 하나를 두고 많은 사람들이 뛰고 돌진하며 부딪는 스포츠, 적진을 한 번 무너뜨리기 위해 장시간 인내하며 끊임없이 투쟁해야 하는 스포츠로 인식되었고 실로 이러한 속성들이 인류의 원초적 본능과 맞물리며 축구의 인기를 이끌어온 동력으로 기능했다.

그러나 축구를 단순히 '공 하나만 갖고 무턱대고 투쟁하는’ 스포츠로만 바라본다면, 그것은 심각한 오해에 가깝다. 오래 전부터 축구는 아군이 보유한 자원들 및 경기 중 주어지는 공간과 시간을 정해진 규칙 안에서 가장 효율적으로 활용하기 위한 묘책을 짜내고자 골몰해온 종목이다. 물론 이러한 묘책의 변천에는 축구 내적인 규칙과 관련 테크놀로지의 변화를 비롯해 축구라는 종목을 열광적으로 영위해온 국가와 민족, 지역과 구단의 문화 또한 영향을 미쳤다. 이는 마치 장구한 전쟁의 역사 속에서 인류가 가장 효과적으로 전쟁을 수행할 수 있는 전략과 전술, 진법과 무기를 발전시켜온 것과도 유사하다. 어쩌면 당연하게도, 축구가 인류의 본능에 가장 가까운 스포츠였기에 전쟁의 전술과 기술이 변화를 거듭한 것처럼 축구에서도 그러한 일들이 지속적으로 일어났던 것이다. 축구 팬들이라면 익히 알고 있을 ‘WM 포메이션’, ‘카테나치오’, ‘토털 풋볼’, ‘4백과 3백’, ‘맨마킹과 조널 마킹’ 등의 개념이 모두 이러한 연원으로부터 태동했다.

비단 전쟁과의 비유를 넘어, 특히 우리가 살고 있는 21세기는 과학, 경제, 사회, 문화 등 모든 분야의 변화와 진보가 이전 시대에 비해 한결 빠르게 일어나고 있다. 이는 축구 전술에 있어서도 결코 예외가 아니다. 지금은 이전에 존재했던 축구 전술의 혁명적 아이디어들이 '재검토'되고 '융합'되며 '한층 진보된 스타일로 재창조'되는 시대다. 어쩌면 축구역사 전체를 통틀어 가장 다양한 부류의 전술과 스타일이 역동적으로 혼재하는 시대일 수도 있다. 전술과 전술, 스타일과 스타일이 격돌해 승패가 뒤바뀌는 일이 수시로 일어나고 있으며, 지금 이 순간에도 최고 수준의 지도자들은 '무언가 더 효과적인 방법이 없을까'에 관해 골몰하고 있을 것이다. 축구를 진지하게 바라보는 팬들과 평론가, 분석가들에게는 틀림없이 즐거운 시기인 동시에, 다소간 머리 아픈시대라는 생각마저 든다.

'축구용품 점장' 출신 전력 분석관이라는 이채로운 경력의 저자는 자신의 역작《축구 전술 혁명》을 통해 축구 전술사의 가장 뜨겁고 흥미로운 시기를 간명하고도 통찰력 넘치는 구조로써 분석하고 있다. 특히 필자가 가장 깊은 인상을 받은 대목은 저자가 현대 축구 최신 전술들의 대결과 성패의 국면을 '작용과 반작용'이라는 원초적이면서도 진리에 가까운 구조로 깔끔하게 분석해낸다는 사실이다.

예를 들어, '공을 지배하면 공간도 만들어낼 수 있다'고 주장하는 전술이 존재하면 그에 상응해 '공간을 먼저 지배하면 언제든 공은 뺏어올 수 있다'고 주장하는 전술이 존재한다. 선수들에게 '자동화된 질서'를 주입해 승리를 추구하는 지도자에 맞서 다른 지도자는 경기를 '의도적인 무질서' 속으로 몰아감으로써 팀 승리를 추구한다. 모든 팀들이 '공 잘 다루는 선수'를 원하고 있을 때, 누군가는 오히려 '신체 능력 좋은 하드워커'를 영입해 성공을 이끈다. 모두가 '지역 방어'를 상식처럼 여기고 있을 적에 어떤 이들은 '대인 방어'를 비장의 무기로 활용해 의표를 찌른다. '판타지스타의 시대는 갔다'는 통념이 존재하는 시기에도 누군가는 '판타지스타를 중용'하는 전술을 성공적으로 구사한다. '자신이 원하는 유형의 선수'를 찾아다니는 지도자들이 있는 반면, '구단주가 데려다 준 선수'들을 가지고서 어떻게든 전술적 해답을 찾아내는 지도자도 있다. 이 모든 '작용과 반작용'의 구조가 다양한 첨단 전술들을 설명해내는 저자의 탁월한 방식이자 혜안이라 하겠다.

이 책은 21세기 축구 전술사의 총아들인 펩 과르디올라, 위르겐 클롭, 마르셀로 비엘사, 조세 무리뉴, 디에고 시메오네, 율리안 나겔스만 등의 아이디어를 분석하는 것은 물론, 카를로 안첼로티와 지네딘 지단, 지안 피에로 가스페리니와 클라우디오 라니에리 같은 인물들의 교훈에 이르기까지 우리 시대에 주목할 만한 모든 전술적 국면들을 간명한 필치로 총망라한다. 저자는 이에 그치지 않고 축구 팬들의 뜨거운 관심사인 '발롱도르' 역대 수상자들의 면면에서도 실상 그 시대를 관통하는 전술적 트렌드가 내포되어 있음을 설명한다. 또한 미래의 축구가 어떠한 방향으로 전개될 수 있을 것인지에 관해서도 자신의 과감한 예측과 상상을 덧붙이고 있다. 한마디로 《축구 전술 혁명》은 역동적인 축구 전술의 시대를 살아가는 우리에게 가장 탁월한 분석서이자 지침서로 기능하리라 믿어 의심치 않는다.

머리말

이 책을 손에 든 기특한 여러분(존경을 담아서 이렇게 불렀다),
나는 '축구 점장'이라 불리는 다쓰오카 아유무라는 사람이
다. 먼저 자기소개를 겸해, 내가 이 책을 출간하기에 이른
경위를 이야기하고자 한다.

원래 나는 축구와는 인연이 없는 하루하루를 보내고 있
던 운동신경 빵점의 지극히 평범한 소년이었다. 특히 체육
시간에 축구를 할 때마다 같은 팀 아이들에게 부담 주는
것이 싫어서 우울해졌던 것을 지금도 생생하게 기억한다. 그
랬던 내가 12살이 되었을 때, 운명을 바꿔 놓은 사건이 일
어났다. 1993년에 J리그가 출범한 것이다. 나와 같은 세대
의 축구 팬이라면 당시 상황을 기억하는 사람도 많을 것이
다. 형형색색 눈부신 조명이 관중으로 가득 찬 국립 경기장
을 비췄고, 응원하는 클럽의 엠블럼을 얼굴에 칠한 젊은 서
포터가 들어 본 적 없는 소리를 내는 응원용 나팔을 힘차게

불어대던 그날을. 지금의 일본이라면 도저히 상상할 수 없을 만큼 열광적인 분위기였다. 우연히 TV 방송에서 그 모습을 목격한 나는 '뭔가 엄청난 일이 시작되려 하고 있구나'라는 예감에 덩달아 흥분에 빠졌었다. 그 뒤로 홀린 듯이 매주 중계되는 J리그 경기를 전부 녹화해서 보는 나날이 시작되었다. 주위 동급생들이 특별활동이나 공부, 연애 등을 하면서 청춘을 구가하는 동안, 나는 오로지 축구를 '보는' 것에 청춘을 바쳤다. 지금 되돌아보더라도 무언가에 홀렸다고밖에는 설명이 안 된다.

그렇게 매일 축구 경기를 보다 보니 문외한인 내게도 몇 가지 의문이 생겨났다. 그중에서도 가장 큰 궁금증은 '골대는 필드 양쪽 끝 중앙에 있는데 왜 다들 굳이 먼 길을 돌아 측면에서 공격하는 걸까?'라는 것이었다. 당시는 지금처럼 인터넷이 발달한 시대가 아니었던 탓에 구글신에게 물어볼 수도 없었다. 그래서 서점과 도서관에서 축구 관련 서적을 닥치는 대로 읽어 본 결과, 축구에는 달리면서 공을 차는 것 이외의 영역이 있음을 알게 되었다. 이것이 내가 처음으로 '축구 전술'과 만난 순간이었다. 운동신경이 빵점이었던 나는 특히 이 두뇌 싸움의 영역에 흥미를 느끼면서 더욱 축구에 빠져들게 되었다. 전 세계 축구팀의 전술과 월드컵의 역사, 최첨단 트렌드 등 축구 전술 관련 정보를 닥치는 대로 모으는 하루하루가 시작되었다. 경기를 보고 나면 반드시 각 팀의 포메이션과 감독의 선수 기용, 전술에 대해 서툴게나마 분석하면서 공책에 기록하기 시작한 것도 이 무렵이다. 지혜를 짜낸 전략으로 상대의 허를 찌르는 과정을 보면서 느꼈던 흥분감은 지금도 전혀 줄어들지 않았다.

그렇게 축구에 빠져 하루하루를 살아가는 사이 어느덧 10년이라는 세월이 흘렀다. 많은 동창생이 사회인의 한 사람으로 착실하게 인생을 살아가는 것과 반대로, 나는 10년 전과 변함없는 나날을 보내고 있었다. 아르바이트를 해서 돈을 모으면 외국으로 축구 방랑 여행을 떠났고, 돈이 떨어질 때쯤 돌아와 다시 아르바이트를 해서 돈을 모으기를 반복했다. 당시 유행하던 표현으로는 '프리터(정규직으로 취직하지 않고 아르바이트를 하면서 생활하는 사람을 일컫는 말 – 옮긴이)'였다고나 할까? 일본의 축구 열풍도 한풀 꺾여 있었던 그 무렵, 사회인으로서 활약해야 할 나이에 365일 내내 축구에 빠져 살았던 나는 분명히 사회에 녹아들지 못하고 있었다고 생각한다. 그러나 외국에서 축구 방랑 여행을 하는 동안 한 가지 확신을 갖게 되었다.

내가 처음 외국에 혼자서 축구를 보러 갔을 때였다. 월드컵보다 수준이 높다고 하는 UEFA 유럽 선수권 대회를 보기 위해 네덜란드를 찾아갔었는데, 그곳에서 프랑스 국가대표팀 경기를 보다가 어떤 장면에서 이상한 기분을 느꼈다. 프랑스가 자신들의 진영에서 수비하는 상황이었는데, 프랑스의 풀백 릴리앙 튀람이 공을 빼앗았다. 공을 빼앗기는 했지만 상대 팀 포워드에 둘러싸여 있는 데다 골대 근처였기에 공을 빼앗으면 큰 위기를 초래할 수 있어 빠르게 전방으로 롱볼을 찰 것이라고 생각했다. 그런데 튀람은 수비수라고는 생각되지 않는 교묘한 풋워크로 상대 팀 포위망을 빠져나오더니 근처에 있던 동료 선수에게 횡패스를 연결했다. 패스 자체는 특이할 것이 전혀 없었지만, 상대 팀의 압박에

쩔쩔매다가 급하게 클리어하는 것과, 패스로 연결하며 공의 소유권을 유지하는 것은 이후의 전개에서 하늘과 땅 만큼의 차이를 만들어낸다. 그 모습을 보면서 나는 '역시 세계 정상급 선수의 플레이는 다르구나'라고 생각하며 감탄했다. 그런데 바로 그 순간, 관중석에서 자연스럽게 박수가 쏟아졌다. 그때까지 나는 슛을 한 것도 아니고 골키퍼가 결정적인 세이브를 한 것도 아닌, 풀백의 평범한 패스를 보면서 관중들이 이런 반응을 보이는 것을 경험한 적이 없었다. 요컨대 이 경기장에 있는 사람들은 모두 방금 전 일어난 플레이가 얼마나 높은 가치를 지닌 것인지 이해하고 있다는 뜻이었다. 그 순간 나는 일본 사회에 녹아들지 못하고 있었던 내가 언어도 문화도 전혀 다른 외국에서 '축구'라는 문화를 통해 잠시나마 그들과 연결되고 그들 속에 녹아든 것 같은 기분을 느꼈다. 물론 나의 일방적인 망상에 불과할 테지만, 적어도 축구를 깊이 알지 못한다면 하나로 이어질 수 없는 순간이었음에는 틀림없다고 생각한다.

그 이후로 이어진 나의 축구 방랑 여행은 놀라움의 연속

이었다. 네덜란드에서는 국가대표팀 경기가 시작되면 말 그대로 거리에 사람이 보이지 않았다. 설령 경기를 보고 있지 않더라도 거리를 걷고 있으면 수많은 집에서 터져 나오는 갈채 소리로 네덜란드가 득점했음을 알 수 있었다. 또한 남아메리카에서는 웃통을 벗어 던진 채 골대 뒤쪽의 철망을 기어 오른 서포터들이 반쯤 광란에 빠진 상태로 응원팀의 사기를 북돋는 모습에 충격을 받았다. 그런 모습을 보면서 '인생 속에 축구가 있는' 것이 아니라 '축구 속에 인생이 있는' 삶을 사는 그들을 대단하게 여기는 동시에 마음속에서 한 가지 확신이 싹텄다. 이 축구라는 스포츠, 문화, 언어는 인생을 걸 정도의 가치가 있다는 확신이었다.

유럽과 남아메리카 등 한 번쯤 가보고 싶었던 나라를 전부 여행한 뒤, 이제 조금이라도 축구와 관련이 있는 일을 하고 싶다고 생각해 동네에 있는 축구 용품점에서 일하기로 했다. 당시는 인터넷 쇼핑(라쿠텐, 아마존)이 발달하기 시작한 시기였다. 내가 일했던 곳도 인터넷 쇼핑몰 사업을 확대하기 위해 마케팅 실력이 있는 사람을 찾고 있었다. 이미 직장

내에서 축구에 지나치게 해박한 '변태'로 널리 알려져 있었던 나는 인터넷 쇼핑몰 부문의 '점장'으로 발탁되었다. 바로 이것이 '축구 점장'의 탄생 비화다(웃음). 그렇게 인터넷 쇼핑몰 점장 생활을 시작했지만, 처음에는 생각만큼 매출이 오르지 않았다. 조금이라도 매출을 높여야겠다는 생각에 점포의 공식 블로그를 시작했지만 방문자 수는 제로에 가까웠다. 그렇게 아무도 찾아오지 않는 블로그에서 아무도 읽지 않는 글을 매일 올리다 보니, 내 마음속에 자리 잡고 있던 '변태' 기질이 슬금슬금 고개를 들기 시작했다. '어차피 아무도 안 읽을 테니 무슨 글을 쓰든 상관없잖아?'라는 가벼운 마음에 축구 용품과는 전혀 상관이 없는 글을 쓰다가, 최근에 본 축구 경기 분석을 이따금 블로그에 올리기까지는 그리 긴 시간이 걸리지 않았다.

그런데 이 경기 분석 글이 나와 취향이 비슷한 일부 사람들에게 잘 먹혀들었는지, 그 뒤로 블로그의 접속자 수가 조금씩 늘어나기 시작하는 것이 아닌가? "분석 재밌네요!" 같은 고마운 댓글도 달리게 되었고, 매출에도 조금씩 영향을 미치기 시작했다. 이런 반응에 신이 난 나는 어느덧 2만 자에 이르는 전술 분석 글을 블로그에 올리고 있었다. 완전히 주객이 전도된 상황이었지만, 축구 전술에 관해서는 일단 이야기를 시작하면 도저히 멈출 수가 없었다. 15년이 넘는 기간 동안 전술에 관한 지식을 아무에게도 이야기하지 못한 채 쌓아 놓기만 하던 상태였기에 그 댐이 무너지는 것은 시간문제였던 것이다.

그런데 정말로 무슨 일이 일어날지 알 수 없는 것이 인생이어서, 이 블로그가 생각지도 못한 전기(轉機)를 가져왔다. 놀랍게도 J리그 클럽인 후지에다 MYFC의 당시 사장이 블로그를 보고 내게 팀의 전술 분석관 자리를 제안한 것이었다. 아마도 당시에 축구 선수 출신이 아닌 사람에게 분석관을 제안한 것은 일본 축구계에서 굉장히 이례적인 사건이었을 것이다. 물론 나는 그 제안을 흔쾌히 받아들여 2014년에 프로 전술 분석관으로서 첫발을 내디뎠다. 그리고 4년 동안 후지에다에서 일한 뒤, 현재는 사회인 축구 리그인 간사이리그에서 J리그 승격을 노리는 오코시야스교토 AC의 일원이 되어 축구만을 생각하며 하루하루를 보내고 있다.

프로축구 현장의 최전선에 서게 되자 그전까지는 보이지 않았던 일본 축구의 일면이 보이기 시작했다. 나도 그랬지만, 팬의 입장에서 경기를 보면서 축구에 관해 이러쿵저러쿵 토론을 벌이는 것은 즐거운 일이다. 이는 틀림없이 축구의 매력 중 하나이며 팬이나 서포터의 특권 같은 것이라고 생각한다. 다만 팬이나 서포터는 아무래도 현장에서 실제로 일어나고 있는 내부 사정에 관해서는 알 도리가 없다. 또한 현장은 현장대로 외부의 의견이나 견해를 적극적으로 받아들이려는 자세가 당시에는 아직 부족했다고 생각한다. 외부에서 바라보는 팬이나 서포터는 그런 자세가 답답하게 느껴지기도 했을 것이다.

나는 어떤 의미에서 그 양쪽에 한 발씩 걸치는, 축구계에서는 매우 드문 기회를 얻었다고 생각한다. 그 덕분에 최근 수년 동안 외부에서는 볼 수 없는 '현장의 현실'이라는 것을 많이 경험할 수 있었다. 한편으로 '역시 이 부분은 외부 의견도 적극적으로 받아들이는 편이 좋지 않을까?'라고 느끼는 부분도 발견할 수 있었다. 그래서 이 책에 '외부로부터의 객관적인 시점'과 '내부의 현실' 양쪽 모두의 의견이 담긴 전술론을 쓰려고 노력했다.

이 책을 출간할 수 있었던 것도 점장 시절에 썼던 전술 블로그가 큰 역할을 했다. 당시 블로그의 열렬한 애독자였던 한 축구 소년이 어엿한 사회인으로 자라 분코샤의 편집부원이 되어 내게 단행본 출판을 의뢰했기 때문이다. 정말 인생이라는 것은 무엇이 어떤 식으로 이어질지 알 수 없다. 내 자유분방한 집필 작업과 편애로 가득한 문장을 관대하게 받아들여서 한 권의 책으로 완성해 주신 담당자 다카하시 고세이 씨에게는 어떠한 감사의 말도 부족할 것이다. 블로그를 운영하기를 잘했다고 진심으로 생각하게 된 사건이었다.

마지막으로, 이 책의 주제인 '축구 전술'의 매력에 대한 내 나름의 생각을 전하면서 머리말을 마무리하려 한다.

내 블로그의 부제목에도 적혀 있듯이, 나는 '전술은 낭만'이라고 생각한다. 전술은 과거의 위대한 팀과 현재의 팀을 연결하는 하나의 실 같은 역할을 한다. 가령 스페인의 FC 바르셀로나를 생각해 보자. FC 바르셀로나의 축구를 이야기할 때는 축구 전술 역사에 일대 혁명을 일으킨 1974년 네덜란드 국가대표팀의 '토털 풋볼(토털 사커)'을 절대 빼놓을 수 없다. 당시 FC 바르셀로나와 네덜란드 국가대표팀을 동시에 이끌었던 네덜란드의 명장 리누스 미헬스 감독에게는 역시 바르셀로나와 네덜란드 국가대표팀 양쪽에서 대활약한 애제자 요한 크루이프가 있었다. 그리고 감독이 되어 FC 바르셀로나에 복귀한 크루이프는 자신의 방식으로 변형시킨 토털 풋볼을 이 클럽에 완전히 뿌리내렸다. '드림팀'으로 불렸던 크루이프 감독의 바르셀로나에서 필드의 지휘관을 맡았던 인물은 펩 과르디올라이고, 훗날 펩이 감독이 되어 바르셀로나를 재건해 황금시대를 구축했을 때의 중심인물 중 한 명은 차비 에르난데스였다. 지금은 차비가 바통을 넘겨받아 바르셀로나를 이끌면서 새로운 이야기를 써 내려가고 있다. 네덜란드의 명장 리누스 미헬스로부터 차비 에르난데스에 이르는 반세기에 걸친 과정을 '축구 전술'이라는 관점에서 연결하면 이와 같은 하나의 거대한 스토리가 떠오르기에, 나는 이런 것에서 축구 전술 역사의 낭만을 느낀다. 이처럼 '전술'에는 축구를 점이 아니라 선의 관점에서 바라보게 해 주는 매력이 있다.

또한 과거를 알면 현재를 이해하게 되고, 나아가 미래를 예측하는 것으로도 이어진다. 가령 현재 전술의 트렌드로 이야기되는 '5레인(5 lanes)'이나 '하프 스페이스', '가짜 풀백', '가변 포메이션' 등은 절대 허허벌판에서 만들어진 것이 아니며, 전부 과거의 역사에서 그 기원을 발견할 수 있다. 과거에서 인용되어 현대풍으로 변형되고, 다시 서로 영향을 끼치면서 다음의 트렌드를 만들어내는 것이야말로 축구 전술의 역사인 것이다. 그래서 과거부터 현재, 그리고 미래로 이어지는 전술사(史)의 실을 더듬으며 나아가는 방식으로 이 책을 구성했다. 이 책이 독자 여러분에게 축구 전술의 진정한 매력을 알려주는 '입문서'가 되어 준다면 그보다 큰 기쁨은 없을 것이다.

CONTENTS

★ ★ ★

PART 3
현대 축구는 어디로 갈 것인가

PART 1

현대 축구의
놀라운 발전

Chapter 1

펩 과르디올라는 현대 축구를 어떻게 바꿔 놓았는가?

★ ★ ★

축구라는 스포츠의 불확실성에 도전하다

최근 10여 년 사이에 축구계에서 일어나고 있는 '패러다임 전환'을 이야기할 때면 반드시 펩 과르디올라라는 이름을 거론하게 된다. 그는 현재까지도 계속 이어지고 있는 축구 전술의 진화에 일대 혁명을 일으켰다고 평가받는 인물이다.

그가 일으킨 혁명(그것을 혁명이라고 부른다면)은 축구라는 스포츠의 본질을 뒤엎는 것이었다. 애초에 축구라는 감질나는 스포츠의 목적은 광대한 필드를 사용해 이리저리 공을 움직이면서 골대를 향해 나아가는 것인데, 그럼에도 인간의 부위 중에서 그 목적에 가장 적합하다고 생각되는 '손'은 사용하지 못하도록 금지하고 있다. 축구에서는 손으로 공을 잡을 수 없는 까닭에 다른 수많은 구기 종목에 비해 항상 공이 불안정한 상태에 놓여 있다. '마이 볼'이라는 개념도 실질적으로는 항상 공을 빼앗길 위험성이 공존하는 '50대 50의 상태'에 가깝다고까지 말할 수 있다.

이러한 스포츠에서 1점을 내기 위해 얼마나 많은 노력과 시간이 필요한지, 축구의 포로가 되어 버린 동지들에게 굳이 자세히 설명할 필요는 없을 것이다. 이처럼 1점의 가치가 크기에 더더욱 한 골 한 골에 열광하게 되었고, 이변도 많이 일어나는 까닭에 축구 역사에서 수많은 드라마가 만들어졌다.

요컨대 축구라는 스포츠의 본질은 그 '불확실성'에 있다고 해도 무방하다. 아니, 정확히 말하면 손을 사용할 수 없다는 규칙을 만듦으로써 의도적으로 그런 불확실성을 유도한 것에 가깝다. 그래서 과거 100여 년의 축구 역사에서 똑같은 득점 장면은 단 하나도 없으며, 지극히 우발적인 요소가 지금까지도 승패에 영향을 끼치고 있다.

펩 과르디올라는 이 지극히 불확실한 스포츠에서 '확실

히' 승리를 거둘 방법을 계속 찾고 있다. 그가 아름다운 축구를 사랑하는 이상주의자인 것처럼 이야기하는 사람을 종종 볼 수 있지만, 사실 그만큼 패배를 싫어하는 현실주의자도 찾아보기 힘들다. 그는 자신의 방식이 가장 확실하게 승리를 거둘 수 있는 방법이라고 진심으로 믿기에 현재의 스타일을 고수하고 있을 뿐이다. 그런 의미에서 흔히 그와 대척점에 있다고 평가받는 조세 무리뉴와도 옳다고 믿는 방향이 다를 뿐 근본적인 사고방식은 같다고 할 수 있다.

펩은 축구라는 스포츠의 승패를 통제하는 데 가장 중요한 요소가 '공을 지배하는 것'이라고 믿는다. 여기에서 말하는 '공을 지배한다'는 것은 패스를 계속 돌리는 것과는 근본적으로 다르다. 그는 이렇게 말한다. "나는 패스워크를 목적으로 삼는 모든 플레이를 싫어한다. 티키타카 같은 것은 아무 의미도 없는 쓰레기일 뿐이다. 상대 팀 골대에 다가갈 목적으로 명확한 패스를 해야 한다. 그저 패스워크를 위해 패스를 연결해서는 안 된다." 다시 말해, 의도가 없는 패스는 아무리 계속한들 절대 승리라는 목적에 다가가는 수단으로 이어지지 않는다는 이야기이리라. 펩이 지향하는 '공의 지배'는 공을 움직여 상대방을 그들의 진영 깊숙이 몰아넣으면서 수비 조직을 무너트리고, 설령 공을 빼앗기더라도 즉시 다시 빼앗을 수 있는 상태로 만드는 것을 의미한다. 이렇게 되면 상대방은 마치 거북이처럼 그들의 진영에 틀어박히는 수밖에 없으며, 간신히 공을 빼앗더라도 앞쪽에 동료가 아무도 없기 때문에 제대로 된 공격조차 할 수 없는 상태에 놓인다. 그러다 보면 펩의 팀만 계속 공을 돌리면서 대전 격투 게임의 '무한 콤보'에 가까운 공격을 반복할 수 있다. 이런 상황이 되면 상대 팀은 득점을 할 기회조차 얻지 못할 것이다.

펩이 처음으로 지휘봉을 잡았던 FC 바르셀로나(2008~2012년)에서 구축한 것은 바로 이러한 필승 패턴이었다. 당시 펩의 바르셀로나는 압도적인 강력함을 뽐냈는데, 그것은 사실상 경기에서 상대 팀을 지워 버림으로써 '피치 위에 바르셀로나밖에 없었다'라고밖에 표현할 길이 없도록 게임을 전개했기 때문이다. '경기에서 상대 팀을 지워 버린다.' 지속적으로 승리하는 데 이보다 확실한 전략은 없을 것이다.

요한 크루이프의 가르침

펩이 이런 발상에 도달한 데는 선수 시절의 경험이 큰 영향을 끼쳤다. 그는 공의 지배라는 철학이 뿌리를 내리고 있었던 클럽인 FC 바르셀로나에서 선수로 성장했고, 1990년 대에 이러한 철학을 고안한 장본인인 요한 크루이프에게서 직접 지도를 받았다. 크루이프 감독의 지휘 아래 황금기를 맞이했던 FC 바르셀로나, 일명 '드림팀'에서 필드의 지휘관으로 활약한 인물이 바로 펩이었다. 이 강렬한 경험이야말로 그의 축구 철학의 출발점이 되었을 것이다.

90분 동안 자신들만 공을 계속 소유하면서 상대 팀이 공을 건드리지도 못하게 한다면 경기에서 패배할 일은 없다. 생각한 대로 경기가 진행된다면 분명히 그럴 것이다. 그러나 경기는 항상 생각한 대로 진행되지 않기 때문에 모두가 역습이라든가 상대방이 공을 소유한 상황까지 가정한 현실적인 전술을 생각해 놓는다. 하지만 그의 스승인 요한 크루이프는 달랐다. 크루이프는 100년이 넘는 축구의 역사에서 불세출의 천재 선수로 불린 인물로, 그런 까닭에 그에게 축구는 매우 단순하고 간단한 것이었다. 그리고 그런 생각은 그가 감독이 된 뒤에도 변하지 않았다. 선수들이 모두 크루이프처럼 공을 '손'으로 다룬다는 느낌을 줄 만큼 자유자재로 컨트롤할 수 있다면, 즉 발로 공을 '움켜쥘' 수만 있다면 상대방에게 공을 넘겨줄 걱정은 하지 않아도 된다. 사람이 공을 좇아서 달리는 것보다 공을 차서 움직이는 편이 빠르기에 후자의 방식을 추구하는 것이 더 합리적이다.

크루이프는 아마도 다른 수많은 감독이 왜 공을 뒤쫓는 수비를 정비하기 위해 애쓰고, 공의 소유권을 잃는 것을 전제로 한 역습에 힘을 쏟는지 이해할 수 없었을 것이다. 그는 자신들이 공을 빼앗길 리 없다고 생각했기 때문이다. 공을 발로 움켜쥘 수 있는 선수를 11명 모아서 적절하게 배치하고 자신들의 뜻대로 공을 움직이게 한다. 축구는 이론상 이렇게만 하면 항상 승리할 수 있는 스포츠가 아닌가? 이것이 현재의 펩에게 이어진, 이른바 '포지션 플레이'라 불리는 전술의 원류다.

크루이프의 가르침은 지극히 단순했지만 동시에 높은 완성도가 요구되었다. 특히 선수들의 적절한 배치, 즉 '포지셔닝(positioning)'에 대해 굉장히 세심한 신경을 썼던 듯하다. 이런 크루이프의 축구관을 엿볼 수 있는 당시의 일화는 수없이 많다. FC 바르셀로나의 선수였고 J리그 우라와 레즈에서도 활약했던 '치키' 베히리스타인은 이런 일화를 이야기해 줬다. 그는 크루이프가 지휘했던 '드림팀' 바르셀로나의 중심 선수 중 한 명이었으며, 현재 맨체스터 시티 FC의 스포츠 디렉터를 맡고 있다. 펩을 맨체스터 시티 감독으로 초빙한 장본인이기도 하다.

어느 경기에서 베히리스타인은 90분 내내 아무런 활약을 하지 못했다. 정말 끔찍한 경기였다. 공을 만져 본 것도 고작 몇 번뿐이었고, 기회를 만들어내기는커녕 플레이에 가담하지도 못했다.

그는 기분이 매우 우울했다. 틀림없이 크루이프 감독에게 혼이 나겠지…. 피치를 떠날 때 그의 머릿속에서는 이런 생각이 떠나지 않았다고 한다.

아니나 다를까, 라커룸에 들어가자 크루이프가 마구 호통을 쳤다. 다만 그것은 베히리스타인이 아니라 나머지 10명을 향한 호통이었다. 크루이프는 베히리스타인에게만은 화를 내지 않았다.

"치키, 너는 최고의 플레이를 해 줬어."

베히리스타인이 뜻밖의 말에 당황해 아무 말도 못하고 있을 때 크루이프가 말을 이었다.

"나는 경기 전에 치키에게 터치라인에 붙어 있으라고 지시했어. 치키는 내 지시에 충실히 따랐지. 그런데 치키가 측면에 붙어서 상대의 라인을 넓혀 공간을 만들어냈을 때, 너희는 왜 그 공간을 이용하지 않은 거지?"

크루이프가 원한 것은 화려한 드리블이나 호쾌한 슛이 아니었다. 그의 머릿속에는 캄 노우의 수백 미터 상공에서 피치 전체를 내려다보는 듯한 조감도가 있었던 것이다.

(축구 다이제스트 Web '친교가 깊었던 바르셀로나 담당 기자가 회상한 요한 크루이프')

크루이프는 경기 내내 전혀 공을 만져 보지도 못했던 '치키'에게 최고의 플레이를 했다고 칭찬했다. 이는 베히리스타인이 포지셔닝에 충실했기 때문이다. 크루이프가 생각하는 축구의 가장 근간에 자리하고 있는 것이 '포지셔닝'임을 잘 알 수 있는 일화다.

팀의 '배꼽'에 있는 '4번'

다만 아무리 공을 발로 '움켜쥘 수 있는' 선수를 11명 모아 놓았다 해도 그들이 사방 15미터 좁은 공간에 밀집한 채 이른바 '동네 축구'를 한다면 자신들의 실력을 전혀 발휘하지 못할 것이다. 이것이 크루이프의 생각이었다. 선수가 지닌 자질을 피치 위에서 적절히 발휘시키기 위한 지도가 바로 포지셔닝인 것이다. 포지셔닝은 105미터×68미터의 피치를 최대한 활용해 공을 움직이게 함으로써 '공은 사람보다 빠르다'라는 이점을 최대화하려는 전술이다. 피치를 최대한 넓게 활용하면 선수를 균등하게 배치할 수 있다. 선수와 선수 사이에 트라이앵글(삼각형)이 가장 많이 만들어지는 4-3-3(그림 1)이나 3-4-3(그림 2) 같은 포메이션이 크루이프와 펩 등 포지션 플레이를 실천하는 감독의 대명사가 된 것은 바로 그 때문이다.

일본 축구계에서는 아직도 '서포트' 플레이를 볼 소유자에게 물리적으로 가까이 다가가서 돕는 행위로 해석하는 경향이 있다. 하지만 크루이프가 생각하는 서포트는 정반대다. 무턱대고 볼 소유자에게 다가가면 자신을 마크하는 상

그림 1 **4-3-3의 트라이앵글**

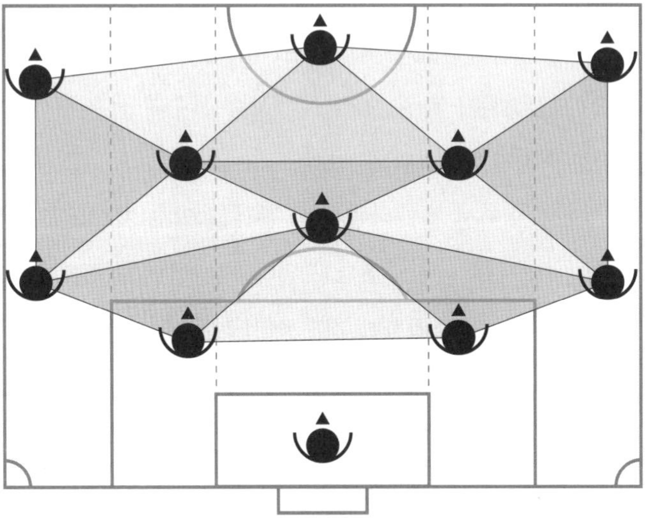

그림 2 3-4-3의 트라이앵글

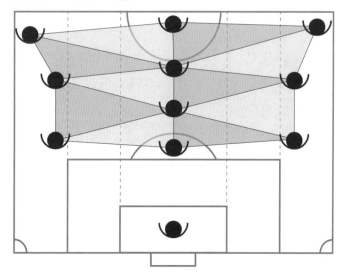

대 팀 선수도 따라오게 되므로 오히려 볼 소유자를 곤란하
게 만드는 결과가 될 수 있다. 무엇보다 선수와 선수 사이의
적절한 거리감이 붕괴되고 만다.

　그래서 포지션 플레이에서는 '동료를 믿고 자신의 위치
에 있는' 것이 최고의 서포트가 된다. 크루이프가 공을 만져
보지 못한 '치키'를 칭찬한 것도 이런 이유에서다. 선수끼리
거리감을 유지하는 것은 상대 팀 선수와의 거리를 떨어트
리는 결과로 이어지며, 넓어진 공간은 그 위치에 있어야 할
선수가 자신의 실력을 발휘하기 위한 밑바탕이 된다. 동네

축구처럼 우르르 몰려다니지만 않는다면 축구의 피치는 뛰어난 선수가 자신의 기술을 발휘하기에 충분한 넓이인 것이다. 이러한 축구관은 펩에게 계승되어 그의 축구 철학의 기초가 되었다.

펩은 이 혁신적인 비전을 가진 크루이프 감독의 눈에 띄어 불과 19세라는 어린 나이에 FC 바르셀로나 1군 데뷔를 이루었다. 처음에는 이 빼빼 마르고 연약해 보이는 청년을 회의적인 시선으로 바라보는 사람이 많았다고 하는데, 그것도 무리는 아니었을 것이다. 실제로 이 청년은 아직 근육도 충분히 발달하지 않은 상태였고 발도 느렸기 때문이다. 그러나 크루이프의 견해는 달랐다.

'이 팀에서 가장 스피드가 빠른 선수는 펩이야. 체격이나 달리기는 문제가 되지 않아.'

크루이프가 생각하는 스피드는 무엇이었을까? 그것은 경기에서 시시각각 변화하는 상황을 파악하고 다음 플레이의 아이디어를 이끌어내 실행하기까지 걸리는 시간을 의미했다. 펩은 이 처리 속도에 관해 타의 추종을 불허할 만큼 우수한 능력을 보유했다. 두뇌 성능이 다른 사람들과는 달랐다는 표현이 적절할지도 모르겠다. 공은 사람보다 빠르고, 두뇌의 회전 속도는 공보다 빠르다. 펩의 두뇌는 크루이프

그림 3 **4-3-3의 '4번'**

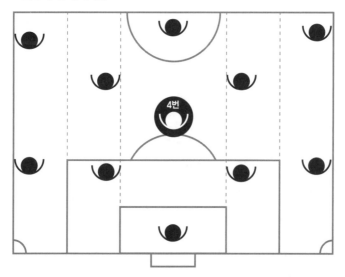

가 요구하는 이상적인 포지션 플레이에 반드시 필요한 요소
였던 셈이다. 크루이프는 펩을 팀의 배꼽에 해당하는 중앙
에 배치해 나침반 역할을 맡겼다. 4-3-3에서든 3-4-3에서
든 중원의 중앙에 위치한 이 포지션은 펩이 달고 있었던 등
번호인 '4번'으로 불리며 FC 바르셀로나에서 특별한 포지션
이 되었다(그림 3, 그림 4).

바르셀로나 선수는 공을 소유하면 일단 펩을 찾았다. 아
니, 좀 더 정확히 말하면 펩은 자신을 힘들게 찾을 필요가
없도록 항상 피치의 '배꼽'에서 기다리고 있었다. 공을 넘겨

그림 4 **3-4-3의 '4번'**

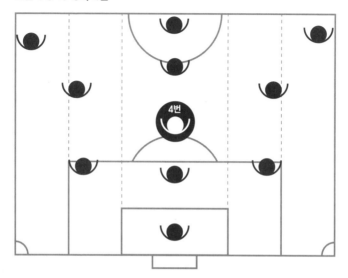

받은 펩은 올바른 방향으로 공을 운반했다. 오른쪽으로 운반할 것인가, 왼쪽으로 운반할 것인가, 서두르지 않고 일단 아래로 내려가서 시간을 벌 것인가, 아니면 날카로운 종패스로 빠른 공격을 감행할 것인가…. 이 모든 것을 배꼽에 있는 펩이 결정해서 패스라는 형태로 팀에 메시지를 보냈던 것이다.

필자는 펩의 플레이를 경기장에서 직접 보는 행운을 누린 적이 딱 한 번 있다. 펩이 스페인 국가대표로 유럽 선수권 대회에 참가했을 때였는데, 그의 인사이드 패스에 충격받았던 것을 지금도 생생하게 기억한다.

당시 내 자리는 피치의 바로 앞, 터치라인이 눈앞에 보이는 위치였다. 스페인의 풀백이 말 그대로 내 코앞을 전속력으로 달려 나가려 하고 있었는데, 그 순간 풀백으로부터 30미터 정도 떨어진 피치의 배꼽에 있던 펩이 그 풀백의 발끝에 정확히 공을 보낸 것이다. 가장 놀랐던 것은 스탠드에서 지켜보고 있던 내가 풀백이 움직이기 시작한 것을 인지한 바로 다음 순간 벌써 공이 도착했다는 사실이었다. 펩이 30미터 떨어진 위치에서 플레이를 하면서 다음에 어디로 패스를 보내야 할지 경로를 미리 예상하고 있었다고밖에는 생각되지 않는 속도였다. 정말로 펩은 크루이프의 말처럼 피치 위에서는 그 누구보다 '빨랐던' 것이다.

그 패스의 정확도도 놀라웠지만 다음으로 충격적이었던 것은 잔디 위를 구르는 공의 소리였다. 어디까지나 나의 주관이기는 하지만, 공에서 '소리'가 나지 않았다. 다른 선수가 찬 공은 약간이라도 회전이 걸려 있어 공이 바닥에 닿는 소리라든가 튀는 소리가 들리는데, 펩의 패스는 달랐다. 인사이드 킥으로 보낸 공은 불필요한 회전도 불규칙한 바운드도 전혀 없이 마치 양탄자 위를 미끄러져 나가듯 조용히 굴러가 내 코앞에 있는 풀백의 발끝에서 딱 멈췄다.

그런 패스를 경기장에서 목격한 것은 이전에도 이후에도 없었다. 순간적으로 나도 모르게 '저런 패스라면 나 같은 사람도 컨트롤할 수 있지 않을까?'라고 착각할 정도의 친절한 패스였다. 그것은 패스를 받는 선수가 잠시라도 공을 컨트롤하는 데 시간을 들인다면 팀의 손실로 이어진다는 감각 없이는 불가능한 영역처럼 생각되었다.

이 '시간 감각'도 크루이프가 구상한 포지션 플레이의 중요한 요소다. 아무리 적절한 위치에 선수를 배치해도 패스의 질이 나쁘면 시간을 들여 공을 컨트롤하느라 상대 팀에게 대응할 시간을 주고 만다. 그렇게 되면 적절한 배치를 위해 들인 노력이 무의미해진다.

크루이프와 펩에게 스킬은 이 시간을 단축시켜서 적절한 배치의 이점을 최대화하기 위한 도구라고 생각할 수 있다. 이는 바꿔 말하면 스킬은 어디까지나 도구일 뿐이라는 의미이기도 한데, 일본 축구는 오랫동안 이 도구에 불과한 기량에 과도하게 집착할 뿐 그 배경에 있는 '적절한 배치'에 대해서는 소홀히 하는 경향이 있었다고 말할 수 있을지도 모른다.

'라 파우자'의 중요성

포지션 플레이와 피치의 배꼽에 있는 포지션 플레이의 지휘관에게 요구되는 '시간 감각'은 무조건 시간을 단축시키는 것만은 아니다. 시간을 '지연시킬' 필요가 있는 상황도 존재한다. 바로 팀이 적절한 위치에 배치되어 있지 않을 때다.

축구에서 팀의 배치가 가장 무너지기 쉬운 때는 언제일까? 그것은 공수가 전환되는 순간이다. 가령 상대 팀에게 역습을 당해 황급히 자신들의 진영으로 돌아가는 과정에서 간신히 공을 빼앗았다고 가정하자. 그 순간 팀은 아직 적절한 위치에 자리 잡지 못한 경우가 종종 있는데, 이럴 때 무작정 공격의 속도를 높이는 종패스를 하는 행위는 팀을 불확실성이라는 혼돈(카오스)으로 이끌 위험성이 높다. 물론 그 불확실성에 몸을 맡기고 역습에서 활로를 찾는 길도 있기는 하다. 뒤에서 소개할 위르겐 클롭 등은 이 혼돈이야말로 승리의 기회라고 믿는다. 즉 여기에는 균형과 리스크의 판별이라는 문제가 자리하고 있다. 5 대 5, 3 대 7의 우세, 열세를 각각 기회로 파악하느냐 리스크로 파악하느냐의 문제이다.

크루이프와 펩이 실천하는 포지션 플레이는 불확실성의 배제와 확실한 플레이의 축적을 통해 '필연적으로' 승리를 거둔다는 발상이므로 당연히 리스크를 더 신경 쓴다. 불확실성에 몸을 맡기기보다는 피치 위에서 사라진 질서를 빠르게 되찾는 것을 우선하는 것이다. 따라서 질서가 사라진 상황에서는 팀이 적절한 배치를 되찾기 위한 '시간'을 버는 것이 최적의 답이 된다. 그리고 이를 위해 일단 백패스를 하거나, 공을 소유한 채 천천히 움직이거나, 2미터 정도의 아주 가까운 거리에 있는 동료와 언뜻 아무런 의미도 없는 패스를 주고받는 등 여러 가지 방법을 사용한다. 이런 플레이는 스페인어로 '라 파우자(짧은 휴식)'라고 불리며, 축구에서 중요한 플레이 중 하나로 명확히 정의되어 있다.

공격을 가속해야 할 때와 지연시켜야 할 때를 올바르게 판별하지 못하면 포지션 플레이의 전제인 올바른 포지셔닝을 유지할 수 없기 때문에 포지션 플레이가 성립하지 못한다. 그 증거로 포지션 플레이를 지향했지만 도중에 실패한 팀 대부분이 여기에서 좌절한다. 그런 팀들은 경기의 템포가 느려서 자신들이 공을 소유하고 있을 때는 올바르게 포지셔닝하지만, 상대 팀에게 강한 압박을 받거나 공수를 전환하는 상황이 많은 빠른 템포의 경기에서는 올바른 포지셔닝 '시간'을 만들어내지 못한다.

올바른 포지셔닝을 하지 못하면 기술적인 어드밴티지는 소실되고 만다. 앞에서도 이야기했듯이 스킬은 도구에 불과하기 때문이다. '스토밍(storming)'이라 불리는 압박 전술의 빠른 템포에 휘말려 버리면 포지셔닝과 기술을 겨루는 싸움이 아니라 양 팀의 포지션이 뒤섞인 혼돈 속에서 서로의 육체가 충돌하는 피지컬 싸움의 영역으로 돌입하고 만다. 이것이 '아류' 포지션 플레이의 전형적인 좌절 패턴이다. 이것만 봐도 포지션 플레이에서 올바른 '시간 감각'을 만들어낼 수 있는 나침반 역할을 하는 선수가 얼마나 중요한 존재인지 이해할 수 있을 것이다.

피치 위에 자신의 분신을 둔다

그런데 경기에서는 감독 자신이 그 나침반 역할을 할 수 없다는 모순이 존재한다. 당연한 말이지만 감독은 직접 피치 위에서 플레이할 수 없기 때문이다. 그렇다고 테크니컬 에어리어에서 지금 앞으로 나아가야 할지 기다려야 할지 일일이 지시할 수도 없다. 그런 지시는 한 박자 이상 늦을 수밖에 없기 때문이다. 그렇기 때문에 자신의 분신으로 신뢰할 수 있는 '두뇌'를 피치 위에 두고 싶어 하는 것이리라.

크루이프가 펩을 자신의 분신으로 피치의 배꼽에 배치했듯이, 펩도 감독이 된 뒤에는 이 '4번' 포지션을 유독 중요시했다. 아마도 자신이 직접 경험했기 때문일 것이다. 펩은 새로운 팀에 취임하면 반드시 축구 지능이 가장 높은 선수를 피치의 배꼽에 배치하는 것으로 팀의 구성을 시작했다. 2008년 바르셀로나 감독에 취임하자마자 당시 아직 무명이었던 20세의 세르히오 부스케츠를 발탁한 것은 이를 상징하는 사례라 할 수 있다. 체형과 플레이 스타일 모두 현역 시절의 펩을 방불케 한 이 청년은 이후 세계적인 선수로 성장했다.

또한 2013년 무대를 독일로 옮겨 바이에른 뮌헨 감독으로 취임했을 때는 당시 세계에서 다섯 손가락 안에 드는 풀백으로 평가받던 필립 람을 이 배꼽 포지션으로 전환시켰다. 펩의 이야기에 따르면 람이 '이 팀에서 가장 영리한 선수'였기 때문이다. 그 후 맨체스터 시티 감독으로 취임해 페르난지뉴의 재능을 개화시킨 것도 많은 사람이 기억하고 있을 터이다.

여담이지만, 크루이프 감독이 지휘하는 드림팀 바르셀로나에서 수석 코치를 맡았던 카를레스 르샤크는 지도자 커리어 말기에 J리그의 요코하마 플뤼겔스에서 지휘봉을 잡았던 적이 있다. 르샤크도 당연히 크루이프나 펩과 같은 축구 철학을 가진 정상급 지도자였다. 그런 의미에서 이때 일본에 처음으로 포지션 플레이가 도입되었다고 말할 수 있을지도 모른다.

르샤크는 요코하마 플뤼겔스 감독으로 취임하자마자 당시 고졸 신인이었던 18세의 엔도 야스히토를 팀의 배꼽으로 발탁했다. 물론 엔도가 이 팀에서 가장 '영리하고', '빠른' 선수임을 한눈에 간파한 르샤크의 혜안이었을 것이다. 르샤크는 엔도에게 "너는 경기 중에 센터 서클에서 나오지 마"라는 말도 했다고 하는데, 일본인에게 포지셔닝의 중요성과 배꼽의 역할을 최대한 단순하게 이해시키기 위한 그 나름의 표현이었을 것이다. 그 후 엔도 야스히토는 오랜 기간에 걸쳐 일본 국가대표팀의 배꼽을 맡았고, 40세가 넘은 지금도 현역 선수로 활약하고 있다. 포지션 플레이의 감각을 익힘으로써 축구 선수로서의 수명을 늘린 사례로도 흥미로운 일화다.

크루이프와 펩, 펩과 부스케츠, 그리고 르샤크와 엔도. 모두 포지션 플레이에서 배꼽의 중요성을 말해 주는 일화라 할 수 있다.

30년 전에 미래를 예견했던 크루이프

다시 감독 펩의 이야기로 돌아가자. 지금까지 크루이프와 함께한 경험이 펩의 축구관에 얼마나 깊은 영향을 끼쳤는지 살펴봤다. 선수 시절 크루이프 감독의 분신으로 오랫동안 피치 위의 지휘관을 맡아 왔기에, 이것은 어떤 의미에서 당연한 이야기다. 크루이프와 펩이 감독으로서 구현하는 축구를 비교했을 때 다른 점보다 닮은 점이 훨씬 돋보이는 것은 당연한 귀결이라고 할 수 있다.

30년 전 크루이프가 이끌던 바르셀로나의 경기를 지금 다시 보면 현재 펩이 보여주고 있는 축구의 원형이 당시 이미 완성되어 있었음을 깨닫게 된다. 상대 팀 진영에서 공을 지배하고 빼앗기면 즉시 되찾아오는 것은 물론, 뒤에서 이야기할 '제로톱'이나 '5레인'도 크루이프의 바르셀로나에서 그 원류를 발견할 수 있다. 놀라운 점은 현대의 전술로 생각되는, '가짜 풀백'을 측면이 아니라 중앙으로 움직이게 해서

그림 5 **중앙을 두텁게 만드는 '가짜 풀백'의 움직임**

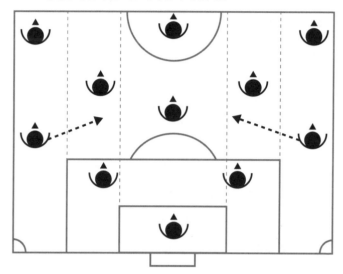

볼란치(수비형 미드필더) 옆에 배치함으로써 중앙을 두텁게 만
드는 전술조차도 크루이프가 30년 전 미래를 예견했던 것
처럼 보이는 흔적이 있다는 점이다(그림 5). 당시 크루이프는
이런 말을 했다.

현대 축구의 이론에서는 풀백이 최대한 앞으로 나가야 한다
고 말한다. 필드를 넓게 사용해야 한다는 말이다. 그러나 나
는 그다지 앞으로 나가지 않고 좀 더 중앙에 주의를 기울이
면서 끼어 있는 정도가 적당하다고 생각한다.

《요한 크루이프 "아름답게 승리하라"》

크루이프가 이끌었던 바르셀로나의 경기를 보면 실제로
가짜 풀백의 원류를 발견할 수 있다. 가령 후기에 해당하는
1993-94시즌 바르셀로나에서는 당시 주전 풀백이었던 알베
르트 페레르와 세르지 바르주안이 가짜 풀백으로서 배꼽인
펩의 바로 옆에서 플레이하는 모습을 볼 수 있다.

그로부터 약 30년 후, 펩이 가짜 풀백을 생각해내기에 이
른 것은 자신이 이끄는 팀의 축구가 상대 팀들에게 연구되
어 파훼되는 일이 늘어남에 따라 '좀 더 중앙에 주의를 기
울일' 필요성을 느꼈기 때문이었다. 그리고 스승인 크루이프
의 풀백에 대한 생각이 그 발상에 근본적인 영향을 끼친 것
이 틀림없다.

풀백이 양 측면으로 날개를 펼치고 높은 위치까지 진출
한 상태에서 공을 잃어버리면 중앙에 선수가 부족해져 상
대 팀의 역습이 골대를 직선적으로 향하게 된다. 크루이프
는 이 위험성을 예견하고 있었다(이렇게 되면 전방에 있었던 선수
들이 제 위치로 돌아오기 전에 실점할 가능성이 높아진다). 공을 안정
적으로 소유하면서 설령 공을 잃어버리더라도 중앙의 인원
수를 담보할 수 있는 '가짜 풀백'은 포지션 플레이에서 필연

적으로 탄생한 부산물이라고 할 수 있을지도 모른다.

'영원한 미완성작'을 이어받은 수재

이렇게 살펴보면 펩은 축구 역사에 갑자기 등장한 혁명가도 아니고 무(無)에서 무언가를 새롭게 만들어내는 발명가와도 조금 다른 위치에 있음이 분명해진다. 펩을 혁명가라든가 발명가로 인식하고 있다면 그것은 축구 역사를 잘못 이해한 우리의 잘못일 것이다. 크루이프가 바르셀로나 감독에서 물러나고 지도자에서도 은퇴한 1996년 이후 펩의 바르셀로나가 등장할 때까지 세상은 크루이프가 남긴 축구의 원류를 까맣게 잊어버리고 있었던 것 같다.

왜 그런 일이 일어났을까? 이것은 역시 1993-94시즌 UEFA 챔피언스리그 결승에서 황금기의 정점을 맞이할 줄 알았던 크루이프의 바르셀로나가 아리고 사키의 후계자인 파비오 카펠로의 AC 밀란에 0-4라는 충격적인 참패를 당한 것과 무관하지 않을 것이다. 이 경기를 계기로 세상의 관심은 이탈리아 축구에 집중된다.

공의 지배에 주안점을 뒀던 네덜란드(크루이프)를 원류로 삼는 축구와 공간의 지배에 주안점을 뒀던 이탈리아(사키)

를 원류로 삼는 축구가 격돌한 시대. 1993-94시즌 챔피언 스리그 결승전은 이탈리아와 사키의 승리로 일단락되며 시대의 조류가 바뀌었던 순간이었는지도 모른다. 그리고 거장 크루이프는 이상으로 삼았던 포지션 플레이의 완성을 보지 못한 채 현장의 최전선에서 물러나고 말았다.

바르셀로나에는 현대 건축의 거장 안토니 가우디가 설계한 대성당 사그라다 파밀리아가 있다. 약 140년이 지난 현재까지도 공사가 계속되고 있어 '영원한 미완성작'으로 불리는 이 대성당처럼, FC 바르셀로나에서는 크루이프가 지었던 대성당을 역대 감독이 이어받으면서 조금씩 진화시켜 나가고 있다.

펩은 바르셀로나 감독 시절 이런 말도 했다.

"크루이프는 훌륭한 대성당을 지었다. 지금 우리의 역할은 그것을 복구하는 것이다."

바르셀로나에는 크루이프가 현장의 최전선에서 물러난 뒤에도 루이 판 할이나 프랑크 레이카르트 등 그의 사상을 이어받은 축구로 결과를 남긴 감독이 있었지만, 어디까지나 단발적인 성과에 그쳤을 뿐 축구계의 조류를 완전히 바꿔놓을 정도의 혁명으로 이어지지는 못했다. 세계 축구는 그 후 지배자가 수시로 교체되는 난세에 돌입하는데, 그 난세에 일단 종지부를 찍은 것이 바로 펩의 등장이었다.

크루이프가 사키를 계승한 AC 밀란에 참패를 맛본 그날로부터 약 15년이 흐른 뒤, 펩이 등장해 축구계의 조류를 바꿔 놓았다. 따라서 '펩이야말로 혁명가다!'라고 생각하는 사람이 있는 것은 어쩔 수 없는 일인지도 모른다. 그러나 사실 펩은 이 대성당을 이어받아서 복구한 매우 뛰어난 후계자이지 가우디는 절대 아니었다.

그리고 바르셀로나에서 복구를 마친 펩은 스페인을 떠나 독일과 잉글랜드라는 신천지에서 새로운 대성당을 지으려 하고 있는지도 모른다.

'재능'을 전제로 삼는 축구의 한계

그렇다면 위대한 스승 크루이프와 그의 제자 펩의 차이점은 무엇일까? 분명히 펩은 크루이프로부터 직접 가르침을 받은 직계 애제자로서 크루이프의 최고 걸작이라 할 수 있을지도 모른다. 다만 그렇다고 해서 펩이 크루이프 원리주의자인 것은 결코 아니다. 현역 시절 막바지에는 크루이프의 이상과 정반대 축구 문화를 지닌 이탈리아(크루이프는 당시 이탈리아 축구를 '지나치게 수비적이다'라며 싫어했다)의 클럽으로 이적하기도 했고, 멕시코에서도 뛰었다. 이는 오로지 축구 지식을 넓히기 위한 작업으로, 자신의 축구관이 크루이프의 색으로 물드는 것을 거부하는 행동으로 보이기도 한다. 펩의 행보를 살펴보면 피치 위에서의 플레이 스타일 못지않게 경기장 밖에서도 넓은 시야를 자랑한다는 것을 깨닫게 된다. 그 넓은 시야가 지도자로서의 균형 감각을 뒷받침하고 있는 것이다. 그리고 세계 축구를 널리 둘러본 결과, 자신이 경험한 크루이프의 축구를 발전시키는 것이 지속적으로 승리하기 위한 길이라는 확신에 이른 것으로 생각된다.

펩이 발전의 여지를 발견한 부분은 무엇이었을까? 그것은 크루이프 축구의 근본적 구조인 재현성과 선수 개개인의 재능에 관한 문제들이었다. 크루이프의 축구는 선수 개개인의 절대적인 '재능'을 전제로 삼았다. 이는 크루이프 자신이 하늘로부터 넘쳐흐를 만큼의 재능을 부여받은 선수였기 때문에 그런 것이다. 극단적으로 말하면 크루이프의 공격 전술은 전방의 3톱이 공세를 펼칠 공간이 있는 상태에서 그들에게 공을 보내는 것이 최종 목적이자 종착점이었다. 공간이 있는 상태에서 재능 넘치는 선수에게 공을 보내기 위해 후방과 중원의 포지션을 정비하고 상대 팀 골대 30미터 앞까지 공을 운반한다. 그리고 "자, 이제 마음껏 날뛰어라"라고 하는 전술이었던 것이다.

전방의 3톱이 모두 천재라면 이 전술은 분명히 효과적이다. 만약 선수 크루이프가 감독 크루이프가 이끄는 바르셀로나에 있었다면 틀림없이 즐겁게 플레이할 수 있었을 것이다. 오늘날로 치면 리오넬 메시가 세 명 있는 3톱도 마찬가지라고 할 수 있을지 모른다.

3톱의 눈앞에 공세를 펼칠 공간이 있으니 일대일로 돌파해 버리면 되지 않겠는가? 지극히 크루이프다운 발상이지만, 범용성은 지극히 낮다고 할 수밖에 없다. 크루이프가 이끈 바르셀로나의 경기를 보면, 양 측면의 포워드에게 공이 갔을 때 주위 선수들은 전혀 물리적으로 가까이 다가가려 하지 않는 것을 알 수 있다. 그리고 모든 선수가 그 포워드가 개인기로 돌파한다는 전제 아래 움직이기 시작한다는 데 놀란다. 앞에서 이야기했듯이 크루이프가 생각하는 '서포트'는 가까이 다가가는 것이 아니라 오히려 멀리 떨어지는 것이므로 당연하다면 당연한 일이다.

그러나 이 방식은 필연적으로 한 가지 문제를 일으킨다. 상대 팀 수비수가 일대일에 강하거나 주위에 있던 수비수가 빠르게 수비를 도우러 와서 포워드가 개인기로 상황을 타개하지 못하는 순간, 할 수 있는 일이 없어지는 것이다. 실제로 크루이프가 이끈 바르셀로나의 경기 중에는 그런 식으로 전개된 상황도 많았다. 크루이프의 바르셀로나는 많은 경기에서 상대 팀을 압도하며 승리를 거뒀지만, 한편으로 박빙의 승리를 거두거나 결국 승리하지 못하고 비긴 경기 수도 그에 못지않게 많았다. 이와 같은 기복의 원인은 이런 구조에 있다고 봐도 무방할 것이다.

펩도 바르셀로나 감독이던 시절에는 비슷한 구조의 팀을 만들었다. 그것은 어떤 의미에서 정답이었다. 크루이프 세 명으로 구성된 3톱까지는 아니어도 세계 최고의 포워드 메시가 두각을 나타내기 시작한 시기였기 때문이다. 따라서 팀의 과제는 메시가 '어디'에서 공세를 펼치게 하느냐였고, 그렇다면 골대에서 가장 가까운 위치가 좋겠다는 생각에서 3톱의 한가운데에 배치했던 것이다. 바로 이것이 '제로톱'이라는 발상의 원점이다.

실제로 메시가 골대 앞에서 공세를 펼친다면 그를 저지할 수 있는 팀은 없었다. 그래서 펩은 메시가 골대 앞에서 공세를 펼치기까지의 과정을 정비하고 "자, 이제 마음껏 날뛰어라"라고 맡기면 되었던 것이다.

그러나 신천지에서는 펩의 진화가 급속히 가속되었다. 바르셀로나를 떠나 메시가 없는 팀을 지휘하게 된 펩은 크루이프가 전제로 삼았던 '재능 넘치는 포워드를 전방에 세우고 상대 팀 골대 30미터 앞까지 공을 운반하기' 전술을 수정하기 시작했다. 메시 같은 천재가 없는 팀에서는 골대 30미터 앞까지 공을 운반하는 것만으로는 공격이 완결되지 않았기에 남은 30미터를 돌파할 방법을 '정형화된 틀'로 진화시킬 필요가 있었다. 바르셀로나를 떠나 독일의 명문 바이에른 뮌헨 감독으로 부임한 펩은 그 필요성을 통감했을 것이다.

당시 바이에른에 메시는 없었지만 그 대신 아르연 로번, 프랑크 리베리(둘을 합쳐서 '로베리'라고 부르기도 한다)라는 세계 정상급 윙어가 있었다. 그러나 크루이프로부터 30년이라는 세월이 흐르는 동안 축구의 수비 전술은 크게 진보했다. 현대에는 측면 공격 시 터치라인이라는 경계선의 도움을 받으며 두 명 혹은 세 명의 수비수로 윙어의 돌파력을 봉쇄하는 조직적인 전술이 발전해 있었다. 따라서 펩에게는 각 팀의 '로베리 포위망'을 능가하는 전술이 요구되었다.

그렇다면 바르셀로나 시절처럼 터치라인이 없는 중앙에서 제로톱을 활용하는 전술이 정답일까? 실제로 펩은 감독에 취임한 직후의 연습 경기에서 로번의 제로톱을 몇 차례 시험해 봤지만, 결과적으로는 기대에 못 미쳤던 듯하다. 좁은 공간에서도 민첩하게 움직이는 메시와 달리 로번은 직선적으로 가속할 활주로가 필요한 유형이었기 때문인지도 모른다. 또한 부임 2년 차부터는 중앙에 로베르트 레반도프스키라는 강력한 공격수도 가세했기 때문에 바르셀로나 시절 같은 전술은 사용할 수 없었다.

그러나 상대 팀은 터치라인에 인원을 배치하고 필요할 경우에는 파울도 마다하지 않는 등 로베리 대책을 철저히 세우고 있었다. 그런 상태에서 공을 운반했으니 '이제 마음껏 날뛰어라' 전술에는 한계가 있을 것이 뻔했다. 그래서 펩은 로베리에게 수비수를 할당하지 못하게 하는 공격 전술을 도입했다. 이것이 이른바 '5레인'이다.

크루이프의 4-3-3은 3톱의 개인 돌파를 전제로 한 이른바 '3레인'의 축구였다. 크루이프에게 인사이드하프(IH)는 어디까지나 포워드가 돌파한 뒤의 크로스에 호응하기 위한 인원이거나 흘러나온 공을 회수하는 지원 요원에 불과했다. 펩도 4-3-3일 때는 로번과 리베리를 양 측면의 터치라인 바로 옆에 배치함으로써 최대한 간격을 벌렸다. 여기까지는 크루이프와 같다. 그러나 상대 팀 수비가 양 터치라인에 인원을 할당하면 그 배후의 레인과 레인 사이에 공간이 생긴다. 인사이드하프가 이곳으로 달려가게 하면 어떻게 될까(그림 6)? 자신의 배후를 돌파당하는 풀백으로서는 과감하게 터치라인 근처까지 나가기가 부담스러워질 것이다. 풀백이 터치라인 근처까지 나가지 못하면 공간이 생긴 로번과 리베리는 활발하게 움직일 수 있다. 그리고 만약 풀백이 개의치 않고 터치라인 근처까지 간다면 이번에는 풀백의 배후로 달려 들어간 인사이드하프가 자유로워진다.

그림 6 '하프 스페이스'를 향해 달려가는 인사이드하프

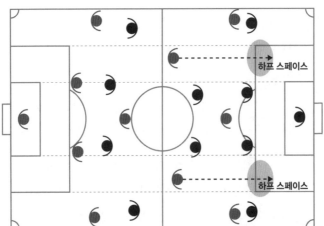

펩은 이 레인과 레인 사이를 '하프 스페이스'로 가시화, 언어화했다. 레인의 개념을 '3'에서 '5'로 늘린 것이다. 바이에른 훈련장에는 즉시 네 줄의 선이 그려졌고, 선수들은 플레이를 하면서 자연스럽게 하프 스페이스와 5개의 레인을 인지하게 되었다.

그전까지도, 이를테면 크루이프의 바르셀로나에서도 선수가 번뜩이는 기지로 하프 스페이스를 돌파하는 플레이가 단발적으로는 있었을 것이다. 그러나 펩은 이것을 가시화, 언어화함으로써 누구나 재현할 수 있는 '틀'로 승화시켰다. 이는 천재 크루이프가 갖지 못한, 수재 펩의 재능이다.

선수의 '판단'에 메스를 대다

그 후 프리미어리그의 맨체스터 시티로 이적한 펩은 상대 팀 진영 마지막 30미터의 정비를 더욱 진화시켜 나갔다. 이 신천지에는 로번이나 리베리 같은 강렬한 윙어가 없었다. 그래서 펩은 선수들이 교대로 측면에 들어가면서 로테이션으로 공격하는 방식을 도입했다. 윙을 고정하지 않음으로써 마크가 어긋나는 상황을 노린 것으로 생각된다. 선수가 교대로 들어가면서도 있어야 할 포지션에 '누군가'가 들어가 있는 그런 유동성조차도 패턴화해 버린 것이다. 또한 그럼에도 전방이 교착 상태일 때는 가짜 풀백의 위치에서 하프스페이스로 찌르고 들어가는 움직임도 옵션으로 추가했다. 역습을 당했을 때의 리스크 관리 요원에 불과했던 '가짜 풀백'까지도 업데이트한 것이다.

그리고 최근에 펩이 보여준 가장 큰 진화로는 드디어 선수의 '판단'이라는 영역에 메스를 대기 시작한 것을 들 수 있다. 이는 축구의 '수식화'라고도 볼 수 있는 급진적인 접근이다. 상대 팀 진영 마지막 30미터를 무너트리는 전술의 패턴화에 성공한 펩은 이어서 일정 수준까지 완성시켜 놓았던 마지막 30미터까지 공을 운반하는 빌드업 방식을 더욱 진화시키는 작업에 착수했다. 승리를 향한 길을 끊임없이 추구하는 구도자다운 모습이라고도 할 수 있다.

포지션 플레이에서 빌드업 개념은 단순하다. 올바른 포지셔닝을 하고 올바른 타이밍에 자신의 기술을 발휘해 공을 운반하는 것이다. 이론적으로는 그렇지만, 축구를 하다 보면 항상 사고가 일어나기 마련이다. 또한 세 팀의 감독을 역임하는 동안 펩의 축구에 대한 연구도 진행되었고, 그 결과 거북이처럼 자신들의 진영에 틀어박히기만 하는 것이 아니라 과감하게 전방에서부터 압박을 가하는 도전자도 늘어났다.

다시 한번 말하지만, 펩은 '항상' 승리하고 싶어 하는 사내다. 안정적인 승리를 손에 넣기 위해 계속해서 모든 전술을 업데이트한다. 그런 까닭에 상대 팀 진영으로 공을 운반하는 과정에서 일어나는 사고를 극한까지 줄이고 싶었을 것이 틀림없다. 극단적으로 말하면 사고를 완전히 없애고 싶었을 것이다. 기술적으로는 더할 나위가 없는 선수들을 보유하고 있고 올바른 포지셔닝도 하고 있다. 그럼에도 실수는 발생한다. 그 원인은 어디에 있을까? 이에 대해 펩이 이끌어낸 결론은 선수의 머릿속에서 실수가 발생하고 있다는 것이었다. 경기 중 선수가 무엇을 보고 그렇게 본 것으로부터 어떤 플레이를 하겠다는 판단을 이끌어내는가? 펩은 이러한 '인지'라고 불리는 영역까지 통제하고 싶어 했다.

이를 달리 말하면 피치 위에 11명의 펩 과르디올라를 세우고 싶은 욕심이라고도 할 수 있을지 모른다. 분명히 현역 시절의 펩은 이 '인지'라는 인풋과 '판단'이라는 아웃풋에서 지극히 오류가 적은 이지적인 선수였다. 크루이프 감독이 선수 크루이프가 피치 위에 있다는 전제로 마지막 30미터 전술을 구상했듯이, 펩은 피치 위에 자신이 있다는 전제로 자신들의 진영으로부터 70미터의 전술을 구상하고 싶어

했다. 이는 매우 흥미로운 유사점이라 할 수 있다.

다음 행동은 상대가 서 있는 위치에 따라 결정된다

펩은 즉시 개혁을 시작했다. 자신들의 진영에서부터 빌드업을 할 때 무엇을 봐야 하고 그것을 바탕으로 어떤 판단을 해야 할지를 가시화, 언어화해 나갔다.

과거 인터뷰에서 펩은 "무엇이 이상적인 축구라고 생각하십니까?"라는 질문에 "저에게 좋은 플레이란 상대방의 움직임을 근거로 플레이를 결정하는 것입니다"라는 취지의 발언을 한 적이 있다. 펩에게 '어디로 패스를 할 것인가?'는 절대 즉흥적인 발상에서 결정하는 것이 아니다. 여기에는 근거가 있으며, 그 근거는 '상대가 주는 것'이기 때문이다.

여러분이 맨시티의 센터백으로 경기를 뛰고 있다고 가정해 보자. 지금 여러분의 발밑에 공이 있는데 눈앞에 상대팀 선수가 공을 빼앗으려고 달려오고 있다면 어떻게 하겠는가? 정상급 팀들의 경기에서는 이 시점에 다음 플레이를 생각하는 것은 너무 늦다. 이미 상대의 압박에 선택지가 크게 줄어든 상태이기 때문이다.

그러나 펩의 팀은 다르다. 여러분이 다음에 해야 할 플레이는 이미 정해져 있으므로 망설일 필요가 없다. 다음에 해야 할 플레이를 상대가 정해 주었기 때문이다. 여러분을 향해 달려오는 선수가 윙어라면 풀백이 자유로워진 상태이므로 측면으로 공을 보내야 하고, 1톱인 포워드라면 옆에 있는 자유로운 상태의 센터백을 이용해야 한다. 이때 오른발을 사용할지 왼발을 사용할지 아니면 공을 한 번 드리블한 다음에 패스할지는 여러분의 선택이지만, 공을 보내야 할 목적지는 정해져 있다.

축구에서 필드의 크기와 선수의 수는 정해져 있다. 정해져 있지 않은 것은 공간으로, 공간은 선수가 이동한 뒤에 나타났다가 사라지는 신기루 같은 것이다. 그러나 펩의 말에 따르면 공간은 분명히 존재한다. 공을 움직이면 상대 팀 선수들도 움직이기 때문이다. 펩에게 '나쁜 플레이'란 즉흥적인 플레이에 의존한 나머지 공간이 만들어져 있음을 깨닫지 못하고 굳이 공간이 없는 지역으로 공을 운반하는 것이다. 그러나 동료들과 상대 팀 선수들의 포지션을 알고 있으면 '이곳에 있구나', '저곳이 비는구나'와 같은 감각으로 플레이할 수 있으므로 피치에 질서가 유지된다. 그러면 하나하나의 플레이와 그 플레이의 집합체인 90분은 재현성이 매우 높아지면서 필연적 승리로 이어진다는 것이 펩의 생각이다.

펩의 이러한 발상은 축구의 플레이를 수식화하려는 시도에 가깝다. 실제로 취임 5시즌째를 맞이한 맨시티의 경기를 보면 빌드업에서 매우 높은 재현성을 발견할 수 있다. 선수 개개인에 따라 그 특징의 차이는 있을지언정 누가 경기에 뛰더라도 같은 판단을 내릴 수 있는 프로그래밍이 된 팀으로 발전한 것이다.

참고로 주력 선수들이 칸테라(유스 팀) 출신이던 시절의 바르셀로나가 강했던 이유 중 하나는 선수들이 육성을 통해 이러한 판단을 통일한 상태로 1군에 올라오기 때문이었다. 오랫동안 같은 축구 철학을 주입받으며 육성된 선수들은 같은 상황을 접했을 때 같은 판단을 내리게 되었고, 이것이 찰떡 호흡으로 불리는 연계 플레이로 이어졌던 것이다.

다만 바르셀로나는 세계적으로도 특수한 사례다. 그래서 맨시티의 펩은 각자 다른 환경에서 성장한 선수들이 모인 팀에서도 이것을 재현하려는 시도를 하고 있다. "다른 환경에서 성장했다"라는 것은 다른 언어 체계로 축구를 이해하고 있다고 바꿔 말해도 무방하다. 축구를 배워 온 환경이라든가 무엇이 좋은 플레이이고 무엇을 하면 안 되느냐에 관한 인식 같은 근본적인 부분이 선수마다 천차만별이라는 말이다. 펩은 그런 선수들이 찰떡 호흡에 가까운 연계 플레이를 해낼 수 있도록 이 언어 체계를 일치시키는 공통 언어를 직접 만들어내고 있다.

펩 자신은 다른 말로 표현하고 있을지도 모르지만, 이를테면 '가짜 풀백'이라든가 '가짜 9번(제로톱)' 등의 말을 새롭게 정의함으로써 팀 내부에 공통 언어가 생겨난다. 이는 정보를 귀를 통해 입력함으로써 선수들의 두뇌에 접근하는 수법이라고 할 수 있다.

시각도 중요하다. 같은 것을 보게 하면 여기에서 공통의 이해가 생겨난다. 펩이 선수들에게 5레인을 이해시킬 때 그라운드에 선을 그리면서까지 가시화에 집착했던 것도 이 때문이다. 또한 선을 그리면 규칙화도 원활하게 진행할 수 있다. 가령 같은 레인에 두 명 이상 들어가서는 안 된다든가 누군가가 레인에 들어오면 원래 그 레인에 있었던 선수는 옆 레인으로 이동한다는 등의 규칙을 만들면 된다. 언어로 인지시키고, 시각적으로 인식시키고, 규칙을 통해 움직임에 대한 공통의 이해로 승화시키는 것이다.

장기전인 리그에서는 기복 없는 경기력으로 안정적인 승리를 얻을 수 있는 팀이 가장 강하다. 맨시티가 프리미어리그 역대 최고 승점 기록을 경신한 것은 펩의 이런 치밀한 프로그래밍의 결과물이라고 해도 과언이 아니다. 그러나 한편으로 클럽의 비원(悲願)인 챔피언스리그 우승은 한 번도 달성하지 못했을 뿐만 아니라 2016-17시즌부터 2019-20시즌까지 4시즌 연속 8강전의 벽을 넘지 못하기도 했다(2020-21시즌은 준우승). 그 이유는 무엇일까?

다시 한번 말하지만, 펩의 접근법은 장기적인 안목에서 승리를 놓치지 않는다는 전략 측면에서는 전적으로 옳다. 바르셀로나와 바이에른, 맨시티의 감독을 역임한 과거 10시즌 동안 기록한 리그 우승 7회라는 성적은 현대 축구 클럽에서는 비교할 대상이 없는 숫자다. 그러나 단기전(홈&어웨이)인 토너먼트에서는 이야기가 달라진다. 유럽의 컵 대회는 규칙을 상당히 교묘하게 만들어 놓아서, 가령 어떤 경기이든 2차전 마지막 20분쯤이 되면 전광판 스코어는 동점이더라도 두 경기 합계로는 어느 한 팀이 리드하고 있는 상황일 가능성이 매우 높다. 리그 경기라면 그대로 비겨서 승점

1점씩 나눠 갖는 상황도 염두에 두면서 신중하게 게임을 운영할 수 있지만, 지면 그것으로 끝인 토너먼트의 경우 리드당하고 있는 쪽은 잃을 것이 없다. 그래서 챔피언스리그에서는 리스크를 짊어지고 극단적인 총공세를 감행하는 모습도 드물지 않게 볼 수 있다. 평상시에는 강력한 펩의 팀도 이런 정돈되지 않은 진흙탕 싸움에서 평소처럼 정확한 판단에 의한 플레이를 하다가는 상대방의 기세에 잡아먹힐 수 있다.

이럴 때는 오히려 전술적으로 정해진 약속이 거의 없는, 여백이 많은 팀이 더 강한 힘을 낸다. 챔피언스리그 3연속 우승(2015-16~2017-18시즌)이라는 위업을 달성한 지네딘 지단 감독의 레알 마드리드는 바로 이런 '정해진 약속이 없는 팀의 강력함'을 유감없이 발휘한 좋은 예라고 할 수 있다.

이것이 선수의 판단 영역에 메스를 대는 접근법의 어두운 부분이다. 불확실한 부분을 극한까지 깎아내 매 경기를 패턴화함으로써 재현성을 높인다는 것은 그 밖의 불규칙한 부분을 버린다는 것과 같은 의미다. 프로그램이 정밀할수록 일단 톱니바퀴가 틀어지면 걷잡을 수 없게 된다. 펩이 토너먼트 경기에서 질 때 무기력하게 대패하는 패턴이 많은 것은 그런 팀을 만든 데서 비롯한 필연적인 결과가 아닐까?

그래서 펩은 특히 토너먼트 경기에서 예측하지 못한 사태가 일어나지 않도록 평소보다 더 철저히 상대 팀을 분석한다. 경기에서 일어날 수 있는 온갖 상황을 사전에 예상하고 그에 대비한 해답을 프로그래밍해 놓지 않고서는 마음이 놓이지 않는 것이다. 그런 의미에서 결국 펩은 선수를 신뢰하지 않는다고 볼 수 있을지도 모른다.

그러나 실제로는 펩이 지혜를 짜내 분석한 결과를 통해 만들어낸 묘책이 대실패로 끝나는 일도 많다. 숙고에 숙고를 거듭한 끝에 보통 사람은 도저히 이해할 수 없는 기이한 발상에 도달한 결과, 상대 팀보다 자신들이 먼저 혼란에 빠지는 것이다. 이와 같은 본말전도의 경기들은 팬들 사이에서도 흑역사로 기억되고 있다.

[펩의 묘책이 대실패로 끝난 사례]

2013-14시즌 챔피언스리그 4강전 : 바이에른 뮌헨 0 - 4 레알 마드리드

선수들의 의견도 있어서 포메이션을 4-2-3-1로 변경했지만 전혀 기능하지 않았고, 레알의 역습으로 무려 4점을 내주고 말았다.

2019-20시즌 챔피언스리그 8강전 : 맨체스터 시티 1 - 3 올랭피크 리옹

줄곧 4-3-3을 사용했던 맨시티가 이 중요한 경기에서 갑자기 시즌에 한 번도 사용한 적 없었던 3백으로 경기에 임했다. 그러나 공수 모두 전혀 기능하지 않았고, 60분에 원래의 포메이션으로 돌아간 뒤부터는 기세를 되찾았지만 전세를 뒤집기에는 이미 늦은 시점이었다.

2020-21시즌 챔피언스리그 결승전 : 맨체스터 시티 0 - 1 첼시 FC

앵커('4번' 포지션) 자리에 그전까지 주전으로 기용했던 페르난지뉴나 로드리가 아닌 일카이 귄도안을 발탁했다. 또한 공을 소유했을 때의 가변 포메이션도 평소와는 다른 방식의 '4-3-3에서 3-4-3 가변'으로 임했다. 결과적으로 귄도안은 자신의 장점을 전혀 발휘하지 못하다 교체되었고, 3-4-3 가변도 첼시 수비에 막혀 버렸다.

다만 펩의 경기는 묘책이 완전히 역효과를 불러와서 참패한 경기조차도 그 의도를 읽어내는 재미가 가득하다. 진경기도 참고할 가치가 있는 하나의 엔터테인먼트라고 말할 수 있는 몇 안 되는 감독이다. 또한 이런 경기들은 펩도 인간이기에 완벽하지는 않으며, 축구에는 예측이 불가능한 여백이 아직도 남아 있다는 증거이기도 하다. 그리고 이것이 야말로 축구의 매력이 아닐까 싶다.

Chapter 2

'티토 펩'의 관점에서 살펴보는 축구 전술의 역사

축구 전술의 진화는 어떻게 일어날까?

축구 전술의 진화는 어떻게 해서 일어나는 것일까? 이 질문의 답을 찾고자 축구 전술의 역사를 들여다보면, 그것은 '전술과 전술의 대립'이 낳은 산물임을 알게 된다. 누군가가 의도적으로 전술을 진화시키려고 노력한 결과 진화가 일어난다기보다 승리로 향하는 길을 필사적으로 모색하는 가운데 탄생한 부산물이라고 말하는 편이 좀 더 현실에 가깝지 않을까 싶다. 이 장에서는 최근 10년간의 동향에 초점을 맞춰서 그런 전술과 전술의 대립을 되돌아보려 한다.

2010년대 축구 전술의 역사를 되돌아볼 때, 2010년대의 시작인 2010-11시즌 레알 마드리드와 FC 바르셀로나의 전통적인 맞대결 '엘 클라시코'가 4연속으로 펼쳐진 일명 '콰트로 클라시코'는 시사하는 바가 많은 경기였다.

2008년 펩 과르디올라가 취임한 뒤의 바르셀로나는 획득한 타이틀 수라는 결과의 측면에서나, 보여준 축구의 수준이라는 질적인 측면에서나 다른 팀들을 압도하는 1강이었다. 바르셀로나를 쓰러트리지 않고서는 시대의 패권을 차지할 수 없다는 것이 당시 전 세계 축구팀의 공통적인 인식이었다. 유럽의 모든 팀이 '타도 바르셀로나'의 기치 아래 하나가 되었다고 해도 과언이 아니다.

그리고 '타도 바르셀로나'의 선두는 역시 같은 스페인의 강호이며 바르셀로나에 가장 가까운 존재이기에 바르셀로나의 황금기를 그 누구보다 고통스럽게 지켜봐야 했던 레알 마드리드였다. 당시 레알 마드리드의 플로렌티노 페레스 회장은 타도 바르셀로나, 아니 타도 펩을 위한 비장의 카드로 조세 무리뉴 감독에 주목했다. 직전 시즌 챔피언스리그에서 펩의 바르셀로나를 멋진 카운터 전술로 격침시키고 빅이어(우승컵)를 차지한 인테르 밀란의 지휘관을 자신의 팀에 초빙하는 것은 페레스에게 당연한 귀결이라고도 할 수 있는 선택이었다. 윤택한 자금력을 동원해 바르셀로나에 대항할 수 있는 스타 선수들을 갖추고 팀의 두뇌라고 할 수 있는 감독의 자리에는 펩 킬러로 이름 높은 스페셜리스트를 배치한다. 이런 레알 마드리드로도 이기지 못한다면 그때는 펩 바르셀로나 1강의 시대를 각오할 수밖에 없다는 분위기가 형성되어 있었다.

펩(공) vs. 무리뉴(공간)

펩과 무리뉴. 2010년대 전반의 축구 전술을 이야기할 때 절대 빼놓을 수 없는 이 두 감독이 가진 축구라는 경기에 대한 철학은 완전히 대조적이었다.

펩은 공을 전제로 축구를 생각한다. 공을 지배함으로써 상대 팀을 지배하고, 나아가 경기 자체를 지배한다는 것이 펩의 생각이다.

한편 무리뉴는 공간을 지배함으로써 상대 팀과 경기를 지배하려 한다. 이는 그의 수많은 발언을 통해서 미루어 짐작할 수 있다. "중원에서 공을 돌릴수록 상대에게 공을 빼앗길 확률이 높아진다.", "우리는 공을 소유하고 싶지 않았다. 그래서 그들에게 선물했고, 그들이 공을 소유한 것에 행복해하는 사이에 공간을 닫았다." 무리뉴는 이런 취지의 발언을 수없이 했다.

공을 지배하고 원하는 대로 움직이면 자신들의 힘으로 공간을 만들어낼 수 있다고 생각하는 펩과, 공간만 봉쇄해놓으면 결국 공을 빼앗을 수 있다고 생각하는 무리뉴. 두 감독의 대결은 결국 공의 지배와 공간 관리의 싸움이라고 할 수 있다.

2010-11시즌 초반에 편성된 두 감독의 첫 대결인 라리가 제13라운드의 엘 클라시코는 탐색전이라 할 수 있는 내용으로 펼쳐졌다. 무리뉴는 바르셀로나 전용 대책을 전혀 준비하지 않고 정면 승부를 거는 쪽을 선택했다. 일단 상대의 실력을 살펴보는 단계라고나 할까? 그 결과 레알은 상대 제로톱인 메시에게 수비 라인과 두 번째 라인 사이의 이른바 바이탈 에어리어(위험 지역)에 광대한 공간을 내줬고, 바르셀로나는 시종일관 자신들의 스타일로 경기를 지배했다. 그리고 경기는 0-5라는 레알의 완패로 끝이 났다. 이것은 그 누구보다 공간 관리에 심혈을 기울이는 무리뉴답지 않은 대패였다고 할 수 있다.

그러나 전문가들은 모두 이 경기가 전초전에 불과하다는

견해를 내비쳤다. 다들 무리뉴가 이대로 물러설 리는 없으며, 이 충격적인 엘 클라시코로부터 5개월 후에 열리는 라리가 제32라운드의 엘 클라시코에서 반격에 나설 것이라고 생각했다. 그런데 이 무슨 운명의 장난인지, 이 경기 직후에 열리는 국내 컵 대회인 코파 델 레이 결승전과 챔피언스 리그 4강전에서 두 팀이 연달아 맞붙게 됨에 따라 약 2주일 간격으로 네 차례의 엘 클라시코가 집중되는 특수한 상황이 만들어졌다. '전술과 전술의 격돌'이라는 관점에서는 이보다 좋을 수 없는 무대가 마련된 것이다.

무리뉴는 콰트로 클라시코의 첫 경기인 라 리가 제32라운드에서 바르셀로나 맞춤 전술을 즉시 가동했다. 이전의 엘 클라시코에서 메시가 자유롭게 활개 쳤던 공간을 봉쇄하기 위해 보통은 두지 않는 앵커 포지션에 팀내 최고의 피지컬을 자랑하는 페페를 배치했고, 나아가 앵커인 페페만으로는 억제가 안 될 경우에 대비해 센터백이 자신의 위치를 벗어나서라도 이동해 메시를 억제한다는 다음 수까지 준비했다. 메시가 사용하고 싶어 하는 공간을 철저히 봉쇄하는 '메시 대책'을 마련한 것이다

그러나 결과적으로 이 '콰트로 클라시코'는 무리뉴에게 참담한 결과로 막을 내렸다. 경쟁하던 타이틀 세 개(챔피언

스리그, 라 리가, 코파 델 레이) 가운데 우선순위가 가장 낮은 코파 델 레이에서는 레알이 승리하며 바르셀로나의 트레블을 저지하는 데 성공했지만, 가장 중요한 챔피언스리그에서는 바르셀로나가 승리했고 나아가 빅이어까지 들어 올렸기 때문이다. 또한 라 리가에서도 승점 8점을 앞서 있었기에 무승부로 승점 차이를 유지하기만 하면 충분했던 바르셀로나가 목적대로 무승부를 거둬 승점 차이를 유지했으며 그대로 여유롭게 리그 우승을 결정지었다. 숫자만 보면 1승 2무 1패로 동률이었지만, 양 팀의 명암은 분명하게 엇갈렸다.

전술적으로 보면 공을 지배하는 펩의 바르셀로나에 대해 무리뉴의 레알이 공간을 닫는 전술로 맞서는 구도였다. 그러나 이 네 경기는 공이 끊임없이 종횡무진 움직이면 선수와 선수의 움직임으로 공간을 메우는 데는 한계가 있다는 현실을 전 세계에 알려줬다. 즉 공을 지배함으로써 경기를 지배하고 싶어 하는 펩에게 처음부터 공을 넘겨주는 '수동적인' 전술은 자살 행위나 다름없었던 것이다.

2000년대의 축구 전술을 선도해 왔던 무리뉴는 이 결과를 통해 주역의 자리에서 내려왔고, 그 후 축구계의 중심에서 서서히 밀려나게 된다.

그리고 무리뉴를 대신해서 두각을 나타낸 인물은 기묘하

게도 '콰트로 클라시코'가 열린 시즌에 독일에서 10년 만의 분데스리가 우승을 달성한 보루시아 도르트문트의 지휘관 위르겐 클롭이었다.

펩(질서) vs. 클롭(무질서)

시대가 원했던 것은 펩을 상대로 '골대 앞에서 패스를 저지하는' 전술이 아니라 펩에게서 '공 자체를 빼앗는' 전술이었다. 즉 보루시아 도르트문트의 지휘관이었던 클롭이 제창한 '게겐프레싱'은 어떤 의미에서 필연적인 전술 진화였다고도 할 수 있다. 펩의 1강 지배라는 시대적 배경은 클롭에게 스포트라이트를 비추게 했다.

펩이 공을, 무리뉴가 공간을 지배하려고 한 데 비해, 클롭의 전술은 시간을 지배하려 하는 것이었다. 그의 지론은 "축구에서 가장 무방비 상태가 되는 때는 공을 빼앗긴 순간이다"였으며, 이를 뒤집어서 생각하면 '공을 빼앗은 순간이 골을 넣을 수 있는 최고의 기회다'라는 의미가 된다. 그리고 이것은 축구의 일면을 정확히 파악한 것이라고 할 수 있다.

펩의 축구에 맞설 때 처음부터 공을 넘겨줘 버리면 펩이 원하는 템포와 질서로 지배하는 경기가 진행되리라는 것은 불을 보듯 뻔하다. 반응할 것을 강요당하는 상대는 계속 펩의 의도대로 달리게 되고, 그 결과 영원히 공을 빼앗지 못한 채 어느 순간부터 경기에서 소외되는 것이다. 그렇게 해서 피치 위에는 '바르셀로나만이 존재하는 상황'이 된다. 이러한 펩의 철옹성 같은 승리 패턴을 무너트리려면 그들의 질서를 파괴하고 축구가 본래 지니고 있는 무질서(혼돈)를 되찾을 필요가 있었다.

축구에서 가장 무질서한 순간은 공수가 전환되는 순간이다. 클롭은 이 순간을 지배해야 한다고 생각했다. 무명이지만 젊고 빠른 선수들을 모아서, 공을 빼앗긴 순간에 즉시 다시 빼앗아 역습하는 플레이를 반복한다. 이런 특수한 훈련을 철저히 거듭함으로써 공수가 전환되는 국면에 특화한 팀을 만들어낸 것이다.

애초에 게겐프레싱이라는 발상 자체는 펩의 바르셀로나를 보고 아이디어를 얻었다고 클롭도 말한 적이 있다. 실제로 펩의 축구에서도 이 공수가 전환되는 국면을 공의 지배와 한 세트로 중요시한다. 펩의 경우 이는 상황이 무질서해지기 전에 공을 다시 빼앗아 즉시 공의 지배로 이행함으로써 경기에 질서를 되찾는다는 발상으로, 펩의 축구 철학의 핵심이기도 했다.

한편 클롭은 질서를 되찾으려는 펩과 달리 무질서가 계속되기를 바랐다. 경기가 무질서할수록 그 국면에 특화한 훈련을 거듭한 자신들이 유리해지기 때문이다. 이 무질서에 대한 클롭의 집착은 굉장해서, 한동안 자신들이 공을 계속 보유해 경기에 질서가 생기려 하면 의도적으로 공의 소유권을 포기하도록 선수들에게 지시했을 정도였다. 필요 이상으로 공을 돌릴 바에는 '차라리 빼앗기는 편이 낫다'라는 태도였다. 즉 펩과 클롭의 대결은 질서와 무질서를 둘러싼 공방이라고 할 수 있었다.

그런 클롭과 펩이 대결하는 순간은 생각보다 빠르게 찾아왔다. 바르셀로나에서 모든 것을 이룬 펩이 독일의 분데스리가를 신천지로 선택했기 때문이다. 펩이 바이에른 감독으로 취임한 2013-14시즌 최초로 치른 공식전 상대가 바로 클롭의 도르트문트였다(DFL-슈퍼컵). 이 경기는 현재까지도 라이벌 관계인 두 감독의 첫 대결로, 팀의 완성도에서 앞섰던 클롭이 팀에 취임한 지 얼마 안 된 펩에게 승리를 거뒀다.

그 후 펩의 바이에른은 급격히 완성도를 높여 나간 반면, 이미 취임 4년째를 맞이했던 클롭의 도르트문트는 쇠퇴기에 접어들었다. 결국 독일에서 실현된 두 감독의 맞대결은 클롭이 3승 1무 4패를 거둔 것으로 막을 내렸다.

독일에서의 맞대결을 서막이라고 한다면, 본편은 두 감독이 무대를 잉글랜드 프리미어리그로 옮긴 뒤라고 할 수 있다. 펩이 이끄는 맨체스터 시티와 클롭이 이끄는 리버풀 FC는 프리미어리그는 물론 챔피언스리그에서도 수없이 만나며 격전을 벌이고 있다. 그중에서도 가장 인상 깊은 경기는 2017-18시즌 프리미어리그 승점 기록을 경신하며 우승하는 등 압도적 강력함을 자랑하던 맨시티를 리버풀이 2경기 합계 5-1로 격파한 챔피언스리그 8강전일 것이다. 이 경기 이후, 리버풀이 문자 그대로 펩에게서 공을 빼앗을 정도의 격렬한 압박을 통해 경기를 혼돈 상태로 몰고 가서 맨시티에 대승을 거두는 구도를 종종 볼 수 있게 된다. 두 감독이 프리미어리그로 무대를 옮긴 뒤의 맞대결 성적은 클롭 6승, 펩 5승(2021년 기준)으로 클롭의 약우세인데, 과연 앞으로는 어떻게 될지 귀추가 주목된다.

이처럼 최근 10년 동안의 전술 트렌드 추이를 되돌아보면 '공'과 '공간'의 쟁탈전이라는 단순한 구도에서 경기의 '질서'와 '무질서'를 둘러싼 공방이라는 구도로, 더욱 전술적이고 메타적인 진화를 이룩해 왔음을 알 수 있다.

앞에서 이야기했듯이, 2010-11시즌에 열린 '콰트로 클라시코'에서 타도 펩의 선봉장이었던 무리뉴가 사실상 패배함에 따라 세계의 축구 트렌드는 펩(바르셀로나) 1강의 시대에 돌입했다. 이 흐름은 수많은 펩 신봉자와 바르셀로나 원리주의자를 만들어냈고, 전 세계의 수많은 팀이 바르셀로나를 따라 하려 노력하는 결과를 낳았다.

그런데 이러한 움직임은 어떤 잔혹한 현실을 노출시키고 말았다. 단적으로 말해, '차세대 바르셀로나'를 목표로 삼았던 포스트 펩들이 전혀 승리를 거두지 못했던 것이다. 언뜻 봐서는 포지셔닝도 제대로 하고 패스도 잘 돌린다. 그러나 어째서인지 경기에서는 패한다. 게다가 그들이 패할 때의 패턴도 판에 박은 듯 똑같았다. 자신들의 진영에서부터 착실히 패스를 돌리기에 자신들의 진영에서의 볼 점유율은 계속 상승한다. 그러나 상대 진영까지 공이 나아가지 못한다. 백패스와 횡패스를 반복하며 상대의 진영으로 나아가려는 시도를 거듭하는 사이 점차 상대 팀의 압박에 몰리고, 결국 자신들의 골대 앞에서 공을 빼앗긴다···. 데이터를 보면 볼 점유율만큼은 높지만, 자기 진영에서 공을 빼앗겨 실점하는 일이 늘어날 뿐만 아니라 상대 팀 진영으로 공이 나아가지 못하기 때문에 득점은 감소한다. 차비 에르난데스, 안드레스 이니에스타, 리오넬 메시 같은 특별한 재능을 보유하지 못한 팀은 바르셀로나를 흉내 내더라도 바르셀로나의 하위 호환조차 되지 못했으며, 목적지에 다다르지 못한 채 도중에 쓰러진 시체가 산을 이루었을 정도였다.

2011년, 무리뉴 시대의 영광에서 벗어나 최신 축구로 스타일 변화를 꾀하기 위해 당시 신진기예의 젊은 감독이었던 안드레 발라스 보아스를 초빙한 첼시(8개월 만에 해임)나 2012년, 2년 전까지 프리미어리그의 승격 팀일 뿐이었던 스완지에 점유율 축구를 도입해 선풍을 불러 일으켰던 브랜든 로저스를 초빙해 스타일 변화를 꾀했던 리버풀도 같은 사례에 해당한다. 결국 다음 전술 패러다임 전환을 위해 필요한 것은 바르셀로나의 복제가 아닌 다른 '무엇'임이 분명했다.

바르셀로나의 축구를 뒷받침하는 철학을 제창한 크루이프는 "공을 움직여라. 사람은 공보다 빠르게 달리지 못한다"라고 말했다. 그런데 만약 사람이 공보다 빠르게 달린다면? 이 발상에 진지하게 도전한 인물이 앞에서 소개한 클럽이었다. 물론 사람이 공보다 빠르게 움직이는 것은 물리 법칙상 불가능하다. 그러나 축구에서는 굳이 물리적으로 공과 경주할 필요가 없다. 축구에서는 선수가 선수에게 공을 보낼 때 공을 컨트롤하는 시간이나 다음에 어떤 플레이를 할지 판단하는 시간, 패스를 보내기 위해 행동하는 시간 등이 가산된다. 클럽이 주목한 것은 바로 이 '시간'들이었다. 공과 공 사이에 '사람'이 개입하는 이상 사람이 공보다 빠르게 달릴 여지가 있다고 생각한 것이다. 전 세계가 바르셀로나(크루이프)의 가르침에 따라 어떻게 공을 '움직일 것인가?'에 주목하는 상황에서, 클럽은 전혀 다른 방향을 바라보고 있었다.

FC 바르셀로나의 경기에서는 차비, 메시, 이니에스타가 피치 위에서 화려한 발재간을 보여주며 경기를 운영했다. 이에 각 나라의 클럽들은 일제히 그들을 대신할 플레이메이커나 '차세대 차비'를 찾기 위해 혈안이 되었다. 그리고 이러한 움직임은 일시적으로 이런 유형 선수들의 시장 가치가 급등하는 결과를 낳았다.

[이적 사례]

2013년 아시에르 이야라멘디(레알 소시에다드 → 레알 마드리드)

이적료는 3,000만 유로 이상. 그러나 거의 출전하지 못한 채

2시즌 후 친정에 복귀했다.

2014년 후안 마타(첼시 → 맨체스터 유나이티드)
당시 맨유의 최고 이적료를 기록했다.

2014년 조 앨런(스완지 → 리버풀)
'웨일즈의 차비'로 불렸던 앨런이 브랜든 로저스 감독과 함께 리버풀로 이적했다. 이적료 1,500만 파운드는 당시 스완지에서 이적한 선수로서는 최고액이었다.

2014년 세스크 파브레가스(바르셀로나 → 첼시)
추정 이적료는 3,000만 파운드.

'무너트리기'가 어렵다면 '무너지도록 만든다'

그러나 바르셀로나 유스 육성 시스템에서 장기간의 치열한 경쟁을 이겨내며 특별한 재능과 재능의 결합으로 완성된 그들에 필적하는 선수를 시장에서 찾아내기는 현실적으로 어려운 일이었다. 우리도 바르셀로나 같은 축구를 하고 싶다. 그러나 차비나 메시는 아무리 돈이 많아도 살 수 없을 뿐만 아니라 단기간에 만들어낼 수도 없었다. 이는 많은 클럽의 머리를 아프게 만드는 문제였다.

그러나 클롭은 차비나 메시를 필요로 하지 않았다. 그는 이런 상황을 비웃으며 "게겐프레싱이야말로 최고의 플레이메이커다!"라고 단언하면서 이렇게 말했다. "10번 선수(플레이메이커)가 득점을 연출하는 결정적인 패스를 한다. 그런 상황을 만들어내기 위해 대체 얼마나 많은 패스가 필요할지 생각해 보라고.", "하지만 게겐프레싱이라면 단 한 번의 패스로 결정적인 기회를 만들어낼 수 있지. 전 세계의 어떤 플레이메이커보다 이상적인 상황을 말이야."

클롭은 상대 팀을 '무너트린다'라는 발상 자체를 전환해, 무너트리기가 어렵다면 상대가 '무너지도록' 상황을 만들자고 생각했다. 축구에서 '수비하자'라는 의식으로 통일된 상대를 공격해서 무너트리는 것은 쉬운 일이 아니다. 많은 득점이 역습에서 만들어지는 것은 그 때문이다. '자, 공격하자'라며 공격으로 의식을 전환한 순간 공을 빼앗기면 팀은 가장 무방비한 상태를 노출하게 된다. 아무리 수비가 견고하다고 평가받는 팀도 이 공수가 전환되는 순간만큼은 허무하게 실점을 허용하는 경우가 생긴다. 이는 '상대 팀의 공격에 수비가 무너진' 것이 아니라 자신들이 수비를 정비하기 전 단계, 다시 말해 '스스로 무너진' 순간에 공격을 당했기 때문이다. 클롭이 제창한 게겐프레싱은 그 찰나를 노리는, 축구의 구조를 날카롭게 파고든 전술이었다.

또한 이 공수가 전환되는 순간은 공을 빼앗기에도 매우 좋은 타이밍이다. 패스를 돌리고 있을 때는 문자 그대로 공도 사람도, 그리고 두뇌도 계속 움직인다. 그런데 일단 수비를 위해 사람과 두뇌가 움직이기 시작한 상태에서 다시 공을 빼앗았을 경우, 두뇌가 즉시 수비에서 공격으로 전환되지 않는 경우가 종종 있다. 인간의 두뇌가 멈추면 공의 움직임도 멈춘다. 클롭의 팀은 사전에 이 순간을 노리며 움직임으로써 짧은 시간이지만 사람이 공보다 빠르게 움직이면서 좋은 기회를 만들어내는 것이다.

선수의 편성이라는 측면에서도 클롭의 전략은 매우 시대에 적합했다고 할 수 있다. 앞에서 이야기했듯이 펩 바르셀로나의 충격으로 공을 다루는 솜씨가 뛰어난 선수의 시장 가치가 급등한 가운데, 클롭의 팀은 공을 다루는 데는 다소 서툴러도 젊고 빠른, 강인한 선수들을 노렸다. 그리고 당시 이적 시장에서는 블루오션이었던 이런 유형의 적절한 인재를 매우 저렴하게 수집할 수 있었다. 실제로 도르트문트는 중심 선수로 활약한 일카이 귄도안을 400만 유로, 로베르트 레반도프스키를 450만 유로, 카가와 신지를 35만 유로라는 저렴한 가격에 영입했다. 당시 정상급 선수의 이적료가 4,000만 유로 이상이었던 것을 생각하면 얼마나 저렴한 가격인지 알 수 있다.

바르셀로나에서 얻은 '게겐프레싱'이라는 아이디어

그러면 이번에는 위르겐 클롭의 이력을 되돌아보자. 클롭의 지도자 경력은 당시 분데스리가 2부 소속이었던 FSV 마인츠 05에서 시작되었다. 이곳에서 선수로 뛰었던 클롭은 아리고 사키의 영향을 받은 볼프강 프랑크 감독 휘하에서 지역 압박 수비(존 프레싱) 전술을 주입받았다. 클롭의 회상에 따르면, 프랑크 감독은 클롭에게 사키의 비디오를 수백 번은 보게 했다고 한다.

2001년에 선수에서 은퇴하고 곧바로 마인츠의 감독이 된 클롭은 압박 축구를 팀에 주입시켜 1부 리그 승격으로 이끌었다. 그 후 2006년 독일 월드컵 때 TV 중계 해설자로서 적확하면서도 유머 넘치는 해설로 일약 인기인이 되었고, 2008년에 당시 최악의 부진을 겪고 있었던 보루시아 도르트문트의 감독으로 취임했다. 공교롭게도 펩 과르디올라가

FC 바르셀로나 감독으로 취임한 것과 같은 해였다.

클롭이 게겐프레싱이라는 아이디어를 얻은 것은 도르트문트의 감독이 된 뒤였다. 그 계기는 본인도 이야기했듯이 바르셀로나의 경기를 계속 보는 과정에서 그들이 항상 공을 빼앗긴 직후에 즉시 되찾아 온다는 사실을 깨달은 것이었다고 한다. 일반적으로 아무리 공의 지배력이 뛰어난 팀이라 한들 축구에서 한 경기 볼 점유율이 70~80%를 넘기는 일은 매우 드물다. 그러나 당시 바르셀로나는 이런 비정상적인 수치를 종종 기록했는데, 그 비밀은 사실 공을 소유하는 기술보다 빼앗긴 공을 즉시 되찾아 오는 탈환 능력에 있었다. 그리고 그 비결은 패스를 돌리는 와중에도 자신들의 거리감을 유지하며 공격 중에도 수비 준비까지 갖춰 놓는 것이었다. 이런 준비를 하고 있기에 설령 공을 잃더라도 곧바로 여러 명이 상대 선수를 둘러싸서 순식간에 공을 되찾아 올 수 있었던 것이다.

클롭은 이 '즉시 탈환'의 메커니즘만이라면 차비나 메시가 없어도 재현이 가능하다고 판단한 것으로 생각된다. 그리고 오히려 이런 상황을 의도적으로 계속 만들어내며 상대방이 무너지는 순간을 노림으로써 승리하는 방법을 발견했다.

펩은 되찾은 공을 금방 빼앗기지 않도록 대열을 정비하는 경향이 강했지만, 클롭은 오히려 빼앗은 공으로 즉시 승부를 거는 방식을 선호했다. 설령 그러다 공을 잃더라도 게겐프레싱을 통해 곧바로 되찾을 기회가 찾아온다고 생각한 것이다. 양자의 결정적인 차이는 이 한 가지로 집약된다고 할 수 있다.

클롭은 이 게겐프레싱을 앞세워 도르트문트에서 수많은 타이틀을 획득하며 황금기를 구축한 뒤, 2015년에 프리미어리그의 명문 클럽 리버풀 FC 감독으로 취임했다. 리버풀의 서포터들은 물론 전 세계 축구 팬들은 클롭이 프리미어리그라는 신천지에 게겐프레싱을 이식해 줄 것을 기대했다.

그러나 처음에는 게겐프레싱을 이식하는 데 어려움을 겪었다. 그 원인은 도르트문트와 리버풀의 차이에 있었다. 간단히 말하면 선수 구성이 크게 달랐던 것이다. 당시 리버풀에는 클롭이 원하는 하이템포의 축구에 적응할 수 있는 젊고 빠르며 강인한 선수가 절대적으로 부족했다. 그러나 클롭에게 다행이었던 점은 리버풀의 선수 편성을 관장하는 스카우팅 부문이 매우 유능했다는 것이다. 그들은 클롭이 어떤 인재를 원하는지 즉시 이해하고 적확한 보강을 통해 아직 블루오션이었던 시장에서 강인한 선수들을 모아 나갔다.

클롭 취임 첫해를 8위라는 성적으로 마친 리버풀은 2년 차에 사디오 마네, 조르지니오 베이날둠, 조엘 마티프 등을 보강했고, 유스 팀에서 18세의 트렌트 알렉산더 아놀드를 1군으로 승격시켰다. 이 시기에 이미 훗날 빅이어를 들어 올리게 되는 황금기 멤버들을 갖추기 시작한 것이다(호베르투 피르미누는 클롭의 취임 첫해에 이미 팀에 합류해 있었다).

그리고 3년 차 시즌에는 모하메드 살라와 알렉스 옥슬레이드 체임벌린, 앤디 로버트슨, 겨울 이적 시즌에는 버질 반 다이크가 가세하면서 마침내 최강 멤버가 모두 모이게 되었다. 이로써 최전방에는 피르미누와 마네, 살라로 이루어진 위협적인 3톱이 완성되었다.

리버풀의 '외곽 봉쇄' 수비의 이점

클롭은 도르트문트 시절과는 또 다른 우수한 선수들을 다수 손에 넣음으로써 자신의 축구를 더욱 업데이트해 나갔다. 리버풀의 4-3-3을 들여다보면, 중원에는 세계 최강의 강인함을 자랑하는 게임 브레이커들(제임스 밀너, 조던 헨더슨, 베이날둠, 옥슬레이드 체임벌린)을 배치했다. 또한 최전방의 3톱도 속도와 파괴력이 뛰어난 살라와 마네, 뛰어난 원터치 패스 기술을 통해 그 두 명을 활용하는 피르미누로 구성함으로써 이 세 명만으로 숏 카운터(짧은 역습)를 완결시키기에 충분한 진용을 갖췄다.

수비 방식 자체도 도르트문트에 있을 때와는 미묘하게 달라졌다. 축구에서는 피치의 중앙 지역을 닫아서 상대방을 외곽으로 몰아낸 다음 공을 빼앗는 방식으로 수비하는 것이 일반적이다. 이런 방식으로 수비하는 첫 번째 이유는 골대가 있는 중앙으로부터 공을 물리적으로 멀리 떨어트리기 위함이고, 두 번째 이유는 측면 지역의 경우 터치라인이 존재하는 구조상 도망칠 곳이 없기 때문에 상대를 몰아넣기 쉬워서다.

그러나 다른 관점에서 바라보면 이는 공을 빼앗았을 때 자신들도 터치라인 근처의 좁은 공간에서 공격을 시작해야 함을 의미한다. 게다가 기껏 발을 뻗어서 빼낸 공이 터치라인을 넘어가는 바람에 역습으로 이어지지 못하는 상황도 나오기 쉽다.

다시 한번 말하지만, 클롭은 공을 빼앗은 순간을 기회로 바꾸고 싶어 한다. 그래서 이 구조를 바꾸기 위해 중앙을 닫아서 외곽으로 쫓아내는 방식이 아니라 외곽을 차단해서

그림 7 리버풀의 '외곽 봉쇄' 수비

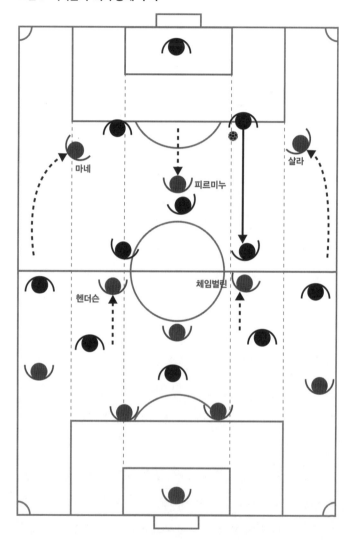

중앙으로 끌어들이는 방식으로 바꾼 것이다(그림 7). 이 '중앙 봉쇄'와는 정반대 발상인 '외곽 봉쇄'에는 몇 가지 이점이 있다.

먼저 공을 빼앗는 관점에서 생각하면, 측면 지역의 경우 터치라인 쪽에서는 공을 빼앗으러 달려들 수 없는데 비해 중앙 지역에서는 어떤 방향에서든 공을 빼앗으려 달려들 수 있다. 그리고 리버풀에는 중원의 중앙 지역에 혼자 힘으로 공을 빼앗을 수 있는 최강의 볼 헌터가 모여 있다. 따라서 상대방의 공격을 이 맹수들이 사는 필드 중앙으로 유도하는 것은 함정을 파는 것과 같다.

다음은 공을 빼앗은 순간에 골대가 가깝다는 점이다. 역습의 성공률은 어떤 지역에서 공을 빼앗느냐에 크게 좌우되며, 당연히 측면보다 중앙에서 빼앗는 편이 공격을 마무리하기까지 걸리는 시간과 수고도 적다. 현대 축구에서는 공을 소유하고 있을 때 양 풀백을 높은 위치에 배치하고 센터백에게 공을 운반시키는 전술이 일반화되어서 많은 팀이 이 전술을 도입하고 있는데, 이것도 클롭에게는 매우 유리한 상황이다. 공을 빼앗은 순간 상대는 2백(혹은 3백)이 되어 있음을 의미하기 때문이다. 리버풀은 양 윙어에게 높은 위치에서 외곽 봉쇄를 시켜 상대가 중앙으로 공을 보내게 한

다음 그 공을 빼앗는데, 그 순간 리버풀이 자랑하는 강력한 3톱은 상대의 2백에 맞서 3 대 2라는 수적 우위를 만들어 낼 수 있다.

또한 전방 공격수의 체력을 온전히 보존할 수 있다는 점도 빼놓을 수 없다. 측면 선수도 중앙으로 이동해서 수비해야 하는 중앙 봉쇄의 경우, 이 상태에서 측면으로 공이 보내지면 포워드는 두 번 움직여야 한다. 그에 비해 외곽 봉쇄의 경우 양 측면 포워드가 측면에 진을 친 채로 배후에서 패스 코스를 지운다. 그래도 공이 측면으로 보내졌을 경우에는 그 공을 따라가는 역할을 포워드가 아니라 뒤에 있는 미드필더가 맡는다. 즉 포워드가 비교적 높은 위치에 머무른 채로 수비할 수 있는 것이다. 공을 빼앗았을 때 역습을 통해 득점을 해야 할 그들이 공격을 위해 체력을 보존할 수 있다는 것은 매우 큰 이점이다.

물론 그만큼 미드필더 세 명의 운동량이 증가하고 활동 범위가 넓어진다는 반작용은 있다. 그런 까닭에 리버풀은 이 미드필더 포지션에 혼자서 세 명분을 달릴 수 있는 선수만을 영입한다. 만약 리버풀의 압박을 견디지 못한 상대 팀이 중원을 건너뛰려고 롱볼을 찼을 때는 수비 라인이 나설 차례로, 그 공을 확실히 처리할 수 있는 반 다이크를 중심으로 한 탄탄한 수비 라인이 기다리고 있다. 이와 같이 선수의 개성과 전술이 절묘하게 맞아 떨어지도록 구성되어 있다는 것이 클롭이 만들어낸 리버풀의 강점이었다.

'게겐프레싱 대책'의 대책

한편 클롭의 리버풀이 특출한 존재가 되어 가자 당연히 그들에게 대항하는 전술도 등장하기 시작했다. 펩은 "클롭의 팀을 상대할 때 공을 계속 소유하는 것은 매우 위험한 행위다"라고 분명히 이야기했는데, 실제로 리버풀을 상대할 때 제대로 공을 소유하지 않는 팀이 점점 늘어났다. "공을 가지고 있지 않으면 게겐프레싱에 빼앗길 일도 없잖아?"라고 말하듯이 처음부터 공의 소유권을 포기하고 리버풀에 공을 넘겨주려 하는 팀이 늘어난 것이다. 앞에서도 이야기했듯이, 리버풀의 선수 구성에 '게임 브레이커'는 있어도 '플레이메이커'는 없다. 그런 그들에게 공을 떠넘겨 경기의 템포를 늦춤으로써 클롭이 바라는 하이템포의 경기 전개에 휘말리지 않는다는 대항책이다.

아무리 전방을 향해 롱볼을 보내서 억지로 게겐프레싱의 기회를 만들려고 해도 상대 팀은 처음부터 자신들의 진영 깊숙이 물러나 있다. 이미 그곳에는 리버풀이 공 주변에 만들고 싶어 하는 밀도 이상의 밀도로 상대 선수들이 밀집한 상황이다. 그 결과, 공을 소유한 상태에서 공격하는 익숙하지 않은 전개에 공격이 제대로 풀리지 않아 교착 상태에 빠지는 경기가 늘어 갔다. 클롭이 취임한 이래 3시즌 연속으로 기록한 두 자릿수 무승부는 이런 경기 구조에서 벗어나지 못하는 리버풀의 고뇌를 여실히 말해주는 것이었다. 순위도 8위 → 4위 → 4위로, 챔피언스리그 진출에는 성공했지만 프리미어리그 우승을 노리려면 무승부 경기를 어떻게든 개선해야 했다.

도르트문트 시절에도 이런 게겐프레싱 대책이 진행된 결과 급속히 기세를 잃었던 과거가 있다. 팀의 한계를 누구보다 잘 이해하고 있던 클롭은 점차 공의 지배 능력을 개선하고자 노력하기 시작했다. 숙적인 펩이 포지션 플레이라 불리는 전술로 만들어낸 '5레인'이나 '가짜 풀백' 등도 적극적으로 도입하면서 공을 소유하고 있을 때도 무서운 팀으로 만들어 갔다. 토털 풋볼로 진화하기 시작한 것이다.

공을 소유하고 있을 때의 플레이를 진화시키는 데 크게 공헌한 곳은 수비 라인이었다. 특히 풀백은 필드를 넓게 사용하는 측면 전환과 중원에서의 플레이메이킹에도 참가했다. 센터백인 반 다이크는 매우 정확도 높은 롱패스로 상황을 단숨에 바꾸는 전개 능력을 보여줬다. 그전까지 세로 방향으로 좁게 공격했던 클롭의 축구에 가로 방향의 너비가 추가되자 상대 팀 수비진은 자연스럽게 간격을 넓혀야 했고, 그렇게 넓어진 공간에서 리버풀이 자랑하는 3톱이 또다시 맹위를 떨치기 시작했다.

이 성과는 숫자로도 여실히 드러났다. 클롭의 취임 4년 차인 2018-19시즌에는 무승부가 한 자릿수인 7경기(패배는 단 1경기!)까지 감소한 것이다. 이 시즌에는 맨체스터 시티에 승점 1점이 뒤져 아쉽게도 우승을 놓쳤지만(2위로서는 역대 최다 승점), 5년 차인 2019-20시즌에는 3무승부만을 기록하며 2위와 18포인트 차이를 벌이는 독주를 선보인 끝에 프리미어리그 우승을 차지했다. 사실 우승에 이르지 못한 시즌에도 패배한 경기 수 자체는 5~6경기로 우승팀과 비교해도 손색이 없는 성적이었음을 생각하면, 그전까지 무승부로 끝났던 경기를 어떻게 승리로 바꾸느냐가 우승의 열쇠였던 것이다.

프리미어리그 우승을 거둔 뒤 맞이한 클럽의 취임 6년 차, 리버풀은 과감한 보강에 나선다. 바이에른 뮌헨에서 세계 굴지의 플레이메이커 티아고 알칸타라를 영입한 것이다.

티아고는 FC 바르셀로나의 칸테라에서 순수 배양된 미드필더로, 점유율 축구 원리주의 아래서 성장한 선수다. 어린 시절에 펩 바르셀로나의 황금기를 경험했을 뿐만 아니라 그 후 펩이 부임한 바이에른 뮌헨에 영입되어 중원의 왕으로 군림한 경력이 있다. 부스케츠, 차비, 이니에스타를 연상케 하는 창조적인 패스를 보내는 선수로, 명백히 기존의 리버풀에는 없었던 유형이다. 고집스럽게 플레이메이커를 두지 않고 "게겐프레싱이야말로 최고의 플레이메이커다"라고 호언했던 클럽이 이 선수를 영입한 것은 큰 의미를 지닌다.

클럽이 이 결단에 이른 진정한 이유는 티아고가 팀을 다음 단계로 이끌기 위해 반드시 필요한 퍼즐 조각이라고 판단했기 때문일 것이다. 공을 소유하게 되는 전개가 늘어난다면 공의 소유에 강점이 있는 선수를 추가하자. 중원에 티아고를 배치하면 수비 라인에서뿐만 아니라 중원에서도 3톱에게 질 높은 패스를 보낼 수 있게 될 것이다. 패스의 기점이 늘어날수록 수비 측은 당연히 대응하기가 어려워지며, 리버풀이 자랑하는 3톱도 활발하게 움직일 수 있다는 것이 클럽의 생각이었으리라.

티아고는 처음에는 기존 스타일과 정반대의 축구에 익숙해지는 데 시간이 필요했지만, 서서히 자신의 진가를 발휘하기 시작했다. 특히 상대에게 공을 넘겨받아 지공을 펼칠 때는 클럽의 기대대로 공을 컨트롤하며 팀의 공격을 지휘했다. 좁은 공간에서도 매끄럽게 공을 운반하는 티아고의 스킬은 상대의 견고한 수비 블록을 무너트려야 하는 현재의 리버풀에 없어서는 안 될 무기가 되고 있다.

한편 공을 빼앗아 속공하는 상황에서는 공이 중원의 티아고를 건너뛰어 직접 전방의 3톱에게 보내지는 경우가 많기 때문에 아직 티아고의 활용법이 제대로 정립되지 않은 것처럼 보이기도 한다. 클럽도 이 문제를 인식하고 있는지, 자신들에게 공을 떠넘길 것으로 예상되는 약팀을 상대할 때는 티아고를 선발로 기용하지만 상대가 강팀이어서 주로 역습을 노릴 때는 후반의 조커 카드로 활용하고 있는 듯하다. 아마도 장기적으로는 공을 빼앗은 순간에도 역습 일변도에서 벗어나 때때로 티아고를 경유해 지공을 펼치는 선택지도 만들려는 것이 진짜 노림수가 아닐까 싶다.

과거 바르셀로나의 축구를 "지루하다"라며 평가절하한 적도 있는 클럽이지만, 필요하다면 티아고 같은 유형의 선수도 주저 없이 영입한다. 이것이야말로 현대 축구의 전술 대결이 얼마나 치열한지를 보여주는 하나의 증거라고 할 수 있지 않을까? 그전까지 끔찍하게 싫어했던 전술이든 숙적이 키워낸 선수든, 승리를 위해 탐욕스럽게 받아들여 전 세계의 전술을 종합적으로 망라하지 않고서는 살아남을 수 없는 시대가 되었는지도 모른다.

진화와 원점 회귀의 균형

2010년대 중반부터 계속되고 있는 '포지셔닝' 대 '스토밍'의 대결은 그때그때 우세와 열세를 반복하면서 아직도 진화 중에 있다. 그러나 이 대결이 오래 계속되면 점차 자신들의 승리 패턴이나 상대의 강점 모두 공공연한 사실이 되어 가고, 그 결과 서로가 서로를 너무나도 잘 이해함에 따라 교착 상태에 빠지는 상황이 발생한다. 그리고 양자는 이 교착 상태를 타파하기 위해 상대의 강점까지도 흡수하려 노력하면서 진화의 가능성을 모색하기 시작한다. 이는 승리를 탐욕스럽게 추구하는 펩과 클롭이라면 어떤 의미에서 필연이라고 할 수 있다.

그러면 펩과 클롭이 어떤 진화의 가능성을 모색하고 있는지 각각 살펴보자. 먼저 클롭의 특징은 혼돈을 만들어내고 그 혼돈 속에서 힘을 발휘하는 팀을 만드는 것이다. 그러나 혼돈에 휘말리기 싫어한 상대 팀이 일부러 자신들에게 공을 넘겼을 때의 대응에는 골머리를 앓아 왔다. 그래서 최근에는 맨시티처럼 자신들도 공을 운반하는 포지션 플레이의 요소를 탐욕스럽게 도입하고 있다. 이는 리버풀의 과거 5시즌에 걸친 1경기 평균 패스 수 추이를 봐도 분명하다.

[리버풀의 1경기 평균 패스 수 추이](Wyscout 조사)

2015-16시즌…499개

2016-17시즌…573개

2017-18시즌…562개

2018-19시즌…582개

2019-20시즌…619개

클롭이 리버풀 감독으로 취임한 첫 시즌과 비교하면 2019-20시즌에는 패스가 1경기 평균 100개 이상 증가했다. 그러나 얄궂게도 그 결과 그들의 가장 큰 강점이었던 역습의 날카로움과 세로 방향으로의 추진력은 점차 약해져 갔다. 현재 리버풀의 평균 볼 점유율은 60%가 넘는다. 이 정도면 포지션 플레이형 팀으로 축을 옮겼다고 해도 지나친 말이 아닐 것이다. 그전까지는 공을 빼앗은 순간 망설임 없이 롱볼을 차서 전방으로 공을 보내고 혼돈에 몸을 맡겼던 팀이었는데, 질서를 추구하면서 시간을 만드는 비율이 명백히 높아지고 있다.

그렇게 맞이한 2020-21시즌에는 부상 선수의 영향도 있어서인지 이 균형이 마침내 임계점을 넘어섰고, 그 결과 우승을 거둔 맨시티와 승점 17점 차이가 나는 3위에 머물렀다. 특히 이 시즌 종반에는 공을 조금 '과도하게' 소유하지 않았나 싶다. 물론 앞에서 이야기한 티아고의 활용에 따라서는 이 과제가 원만하게 해결될 가능성도 없지는 않다.

한편 펩은 맨시티의 4-3-3을 연구한 팀들이 앵커(배꼽)의 양 옆 공간을 노리고 역습하는 전술로 대응함에 따라 실점이 증가해 고민에 빠져 있었다. 본래 펩은 '가짜 풀백'을 이용해서 앵커의 옆 공간을 방어했는데, 2019-20시즌 주앙 칸셀루를 영입해 보강하기 전까지는 만족스러운 적임자를 찾지 못하고 있었다.

그리고 가짜 풀백 자체도 만능은 아니다. 레인과 레인을 이동해 가변하기까지의 '공백의 시간'을 상대가 노릴 위험성이 있기 때문이다. 이에 대처하기 위해 펩은 사전에 2볼란치를 배치해 중앙을 두껍게 만드는 경기를 점차 늘려 나갔다. 4-4-2로 맞서서 역습의 위험성을 억제하면서 자신들도 역습으로 승점을 따내는 스타일을 도입해 나간 것이다.

그러나 전방의 인원을 한 명 줄이고 볼란치를 두 명으로 늘린다는 것은 펩의 전매특허이기도 했던 5레인으로 상대의 4백에 대응해 우위성을 만드는 전술의 근간을 흔드는 선택이기도 했다. 4-4-2로는 5레인을 형성하기가 어렵고, 4레인으로 공격하면 4백과 맞붙었을 때 그대로 봉쇄당하고 만다. 그런 까닭에 포지션 플레이의 강점은 점차 희석되어 갔다. 4레인으로 상대의 수비를 무너트리려면 상대보다 많이 달려서 마크를 떼어내거나 수비가 정비되기 전에 역습으로 득점을 노리는 공격을 늘릴 필요가 있다. 이는 그전까지 리버풀이 장기로 삼았던 공격 패턴이다.

역사적인 승점을 기록하며 우승한 2017-18시즌과 2018-19시즌에는 거의 4-3-3만 사용했고, 2볼란치를 사용한 경기는 시즌 전체의 4%와 6%에 불과했다. 그런데 2019-20시즌에는 27%로 단숨에 증가했고, 2020-21시즌에는 32%가 되었다. 세 경기 중 한 경기는 2볼란치를 사용한 셈이다.

결과적으로 2019-20시즌에는 우승팀과 승점 17점 차이가 났고, 2020-21시즌에는 개막하자마자 심각한 부진에 빠졌다. 그러자 영리한 펩은 이 시점에 원점 회귀를 결단했고, 그 뒤로는 파죽지세로 연승을 기록하며 부진에서 벗어나는 데 성공했다. 펩은 그 요인을 다음과 같이 이야기했다.

"우리가 바뀐 점은 뛰는 거리를 줄인 것이다. 그전까지는 대부분의 경기에서 너무 많이 달렸다. 공이 없을 경우에는 달려야 하지만, 공을 소유하면 포지션에 머무르면서 공을 달리게 한다. 사람이 아니라 공을 달리게 해야 하는 것이다."

크루이프의 가르침에 입각한 원점으로 회귀했음을 알 수 있다.

PART 2

현대 축구를
업데이트하는 지장들

Chapter 3

조세 무리뉴
~한 시대를 풍미한 '공간 관리'~

★ ★ ★

공간을 메움으로써 피치를 장악한다

　예나 지금이나 축구장 피치의 크기는 대체로 만국 공통이다. 그렇다면 105미터×68미터의 피치 위를 완벽하게 장악하는 것이 이 스포츠의 필승법이라고 말할 수 있지 않을까? 앞에서 소개한 무리뉴가 2000년대에 전성기를 보낼 수있었던 이유는 피치 위의 공간을 정밀하게 관리하는 능력이 뛰어났기 때문이었다.

　1980년대 말부터 지역 압박 수비와 한 세트로 사용되기 시작해, 순식간에 전 세계의 기본 포메이션이 된 4-4-2 포메이션의 이점은 피치 위의 공간을 균등하게 분담할 수 있는 배치의 특성에 있었다. 각 선수가 균등하게 지역을 담당함으로써 공간을 지키는 지역 수비의 운용을 효율화하기에 용이한 포메이션이었던 것이다.

그러나 2000년대 들어 공격 패턴이 진화함에 따라 이 4-4-2도 점차 견고함을 잃었다. 수비 라인의 '4'와 두 번째 라인의 '4'가 같은 간격으로 나란히 줄지어 있는 까닭에 상대 팀이 그 '사이(틈)'를 노리기 시작한 것이다. 피치의 가로 폭인 68미터를 네 명이 나란히 서서 수비하는 이상 선수와 선수 사이에는 물리적인 틈이 생길 수밖에 없다. 이 틈을 패스로 뚫고 그 공을 받는 기술이 일반화됨에 따라 4-4-2 포메이션의 우위성은 상대적으로 낮아지기 시작했다. 상대가 노리는 곳은 골대 앞의 위험 지역, 즉 수비수 라인과 미드필더 라인 사이에 생기는 공간이다(그림 8).

4-4-2의 지역 수비를 공략할 때 포인트가 되는 것은 어떻게 위험 지역으로 공을 운반하느냐다. 반대로 수비 측 관점에서는 볼란치 두 명의 '사이'를 어떻게 닫느냐가 수비의 열쇠가 된다. '사이'를 뚫고 공이 연결되어 위험 지역에서 상대 공격수가 앞을 향하는 순간, 수비 측은 치명적인 상황에

그림 8 **위험 지역**(바이탈 에어리어)

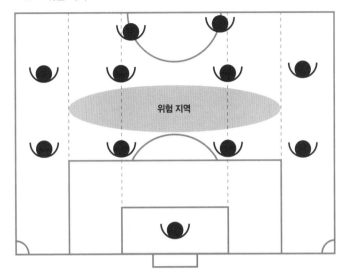

빠진다. 공을 빼앗기 위해 수비 라인이 앞으로 나가면 그 배
후에 공간을 만들어 주게 된다. 그렇다고 엉거주춤 뒤로 물
러나면 정확하게 겨냥한 슛을 허용할 수 있다. 요컨대 선수
와 선수 사이로 핀포인트 패스를 보낼 수 있는 높은 기술을
보유한 상대와 대치할 경우 위험 지역에서 상대 공격을 허
용할 수 있는 4-4-2 포메이션의 치명적 약점이 노출된 것
이다.

무리뉴는 먼저 이 위험 지역에 대한 공략을 봉쇄하기 위
해 2볼란치 사이에 선수를 한 명 더 배치했다. 상대가 볼란

치와 볼란치 사이를 노린다면 그곳에 한 명을 더 배치하면
되지 않겠는가? 이렇게 생각한 것이다. 이는 무리뉴의 공간
관리 개념에서 기본을 이루는 발상이다. 앞으로 계속 나오
게 되는 발상이므로 기억해 두기 바란다.

볼란치 사이에 배치된 선수는 그 포지션 명칭처럼 '앵커
(닻)' 역할을 한다. 이것으로 볼란치 사이를 통과해 위험 지
역으로 침입하는 공은 배제할 수 있게 되었다. 포메이션을
숫자로 표현하면 4-5-1이라고 할까?

그러나 통상적인 4-5-1 포메이션은 고립된 1톱이 상대에
게 마크당해 역습이 여의치 않다는 약점이 있다. 그래서 옛
날에는 어떻게든 버텨내 무승부라도 만들어내려고 하는 약
팀이 즐겨 사용하는 포메이션이었다. 그러나 수비를 안정시
키는 가운데 공격력도 떨어트리고 싶지 않았던 무리뉴는
전방의 임무와 운동량으로 이 문제를 해결하는 메커니즘을
만들어냈다.

기본적인 포메이션은 4-3-3이지만, 수비 상황이 되면
3톱의 양 측면 포워드가 그대로 두 번째 열까지 내려가
는 것이다. 이렇게 해서 중앙의 미드필더 세 명을 움직이는
일 없이 중원을 3에서 5로 변화시켰다. 요컨대 수비할 때만
4-5-1로 만드는 것이다. 무리뉴는 이 가변 포메이션으로 중

앙과 측면의 공간을 동시에 봉쇄하는 데 성공했다. 그리고 일단 공을 빼앗아서 역습을 하게 되면 중원까지 내려가 있었던 양 측면 포워드들이 다시 전방으로 올라가 3톱을 형성한다. 그 모습은 마치 13명으로 경기를 하는 것 같은 착각을 불러일으킬 정도였다.

그러나 이만큼 위아래로 움직이게 되면 양 측면 포워드의 운동량은 크게 늘어날 수밖에 없다. 개중에는 이 역할에 노골적인 불만을 드러내는 선수(이를테면 인테르 시절의 사무엘 에토)도 있었다. 그러나 무리뉴는 결과를 냄으로써 이런 불만을 잠재워 나갔다. 2004년부터 감독을 맡은 첼시 FC에서는 이 가변 포메이션을 완성의 수준까지 끌어올려, 당시의 프리미어리그 최고 승점 기록을 갈아치우는 등 압도적인 성적을 남겼다.

다만 무리뉴는 하나의 포메이션을 고집하는 감독이 아니다. 실제로 이탈리아의 인테르로 옮긴 뒤에는 포메이션을 미세하게 조정했다. 당시의 세리에 A에서는 프리미어리그와 달리 빠른 측면 공격을 볼 수 없었고, 그런 까닭에 강렬한 측면 공격수도 없었다. 무리뉴는 이런 리그의 특성을 간파하고 측면에 포워드를 두지 않는 대신 중앙을 두텁게 만드는 4-3-1-2를 채용했다. 세리에 A에서 승리하기 위한 최적의 해법은 중앙의 공간을 관리하는 것이라고 판단했기 때문이리라. 그리고 이 판단이 정확했음은 2년 연속 리그 우승이라는 결과로 증명되었다. 한편 인테르가 챔피언스리그에서 경기할 때는 양 측면에 포워드를 두는 포메이션으로 변경하는 유연성도 보여줬다. 포메이션의 미세 조정을 통해 이미 전술적으로 뒤처지기 시작했던 당시의 세리에 A와 유럽 강호들 사이의 격차를 메웠던 것이다.

이처럼 무리뉴는 리그나 상대에 맞춰서 메워야 할 공간의 구조를 꿰뚫어보고 피치 위를 장악해 나가는 수완을 발휘함으로써 한 시대를 풍미했다.

선수 구성의 패키지화

무리뉴는 자신이 무엇을 하고 싶은지(공간 관리)가 명확했기에 선수에게 요구하는 능력도 명쾌했다. 그가 이끌었던 역대 팀들을 되돌아보면 반드시 비슷한 역할을 맡은 선수가 있었음을 깨닫게 된다. 그것은 패키지라고 불러도 지장이 없을 만큼 패턴화되어 있다.

먼저 센터백부터 살펴보자. 자신들의 진영으로 물러나서 수비하는 전술상, 빠른 속도보다 파워가 뛰어난 볼 위너를 우선한다. 최후미에서 팀을 통솔하는 정신력과 빼앗은 공을 즉시 역습으로 연결할 수 있는 롱패스 기술도 갖췄다면 금상첨화다. FC 포르투 시절의 히카르두 카르발류, 첼시 시절의 존 테리, 그리고 레알 마드리드 시절의 세르히오 라모스 등은 그런 이상형으로서 감독의 전폭적인 신뢰를 받았다.

중원의 세 명 중 중앙(앵커)에는 자신의 정해진 위치를 지키며 절대 팀의 균형을 무너트리지 않는 숨은 일꾼 스타일의 선수를 필수적으로 배치했다. 포르투 시절의 코스티냐, 첼시 시절의 클로드 마켈렐레, 인테르 시절의 에스테반 캄비아소 등이 대표적이다.

앵커의 양 옆에 있는 선수에게는 피치를 폭넓게 움직일 수 있을 뿐만 아니라 공을 빼앗아서 공격으로 전환하는 종합적인 능력을 요구했다. 마니시, 프랭크 램파드, 마이클 에시엔, 데얀 스탄코비치, 사미 케디라 같은 선수는 이 포지션에 최적의 인재였다.

그리고 가변 포메이션의 열쇠를 쥐고 있는 양 측면의 포워드에게 요구하는 것은 혼자의 힘으로 측면을 돌파할 수 있는 힘과 수비에서 두 명분의 활약을 할 수 있는 운동량이다. 앞에서 잠시 언급한 에토를 비롯해 데이미언 더프, 고란 판데프, 앙헬 디 마리아 등이 그런 능력을 갖췄다.

무리뉴는 이렇게 해서 필승 패키지를 완성시켜 나갔는데, 특징적인 점은 기존 전력을 그대로 활용할 부분과 영입을 통해 보강할 부분의 판별이 매우 적확하다는 것이었다. 취임 첫해에 팀의 구성을 파악하고 부족한 퍼즐 조각의 목록을 작성한 다음 적확한 보강으로 그 구멍을 메워서 다음 시즌에 임한다. 이 사이클은 어떤 팀을 이끌 때든 거의 변함이 없었다. 커리어 내내 취임 2년 차에 그 패키지가 완성되어 최고의 성적을 남기는 경우가 많았던 것도 이 사이클을 확립한 덕분일 것이다.

무리뉴의 수완을 상징하는 '푸른 감옥'

그런 무리뉴의 '공간 관리 감각'이 유감없이 발휘된 경기를 되돌아보려 한다. 인테르를 이끌었던 2009-10시즌 챔피언스리그 4강전에서 펩의 바르셀로나를 상대로 완승을 거둔 경기다. 당시 이미 '유럽 최강'이라는 평가를 받았던 펩의 바르셀로나를 완전히 궁지로 몰아넣었던 이 경기는 무리뉴의 명성을 확고하게 만들었다.

무리뉴는 이 경기에서 바르셀로나의 가장 큰 강점이었던 우측 측면에 대응하는 전용 시프트를 짰다. 당시 바르셀로나의 우측 측면은 포워드 메시와 공격형 풀백 다니엘 알베스 콤비가 만들어내는 연계 공격으로 유럽을 뒤흔들고 있었다. 먼저 이 두 명의 연계를 단절시켜야 한다고 생각한 무리뉴는 이 경기에서 기본적으로 4-2-3-1의 포메이션을 사용하면서, 좌측 사이드 하프인 판데프에게 알베스가 공격을 위해 올라오면 따라붙어서 대응할 것을 지시했다(그림 9). 일단 알베스를 지워서 메시를 고립시키려는 노림수였다. 중책을 맡은 판데프는 때때로 수비 라인까지 내려가는 것도 마다하지 않는 수비를 보여줌으로써 메시와 알베스를 분리시

그림 9 **알베스를 따라서 수비에 복귀하는 판데프**

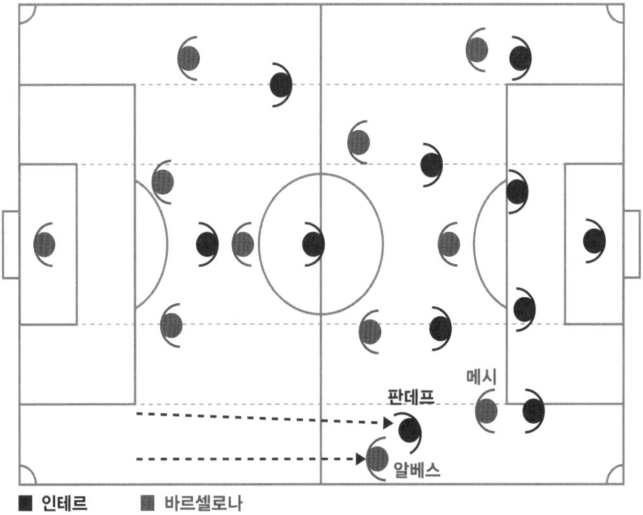

판데프
메시
알베스

■ 인테르 ■ 바르셀로나

키는 데 성공했다.

고립된 메시에 대해서는 일대일 대응 능력이 뛰어난 풀백 하비에르 사네티가 세로 방향의 진로를 끊고, 중앙으로 컷인할 경우 좌측 볼란치인 캄비아소가 메시를 마크했다. 물론 이렇게 해도 메시는 억지로 공간을 열어서 비집고 들어올 것이다. 무리뉴는 여기까지 읽고 이에 대한 대책에도 만전을 기했다.

메시는 우측 45도에서 컷인을 하며 들어오는 순간이 가장 위험한 공격수다. 컷인을 한 뒤 왼발로 먼 쪽 골대를 향해 감아차기 슛을 하는 능력이 뛰어날 뿐만 아니라, 슛을 할 듯이 속이고 드리블을 하거나 동료에게 스루패스를 보내기도 한다. 일대일로는 도저히 메시의 공격에 대응할 수가 없다. 그래서 메시가 컷인을 할 경우에는 우측 볼란치인 티아고 모타를 가세시킬 뿐만 아니라 공격형 미드필더인 웨슬리 스네이더에게도 뒤에서 협공하도록 지시했다. 메시의 최고 장기인 컷인에 대응하기 위해 그 동선에 차례차례 선수를 배치한 것이다. 이 공간 관리야말로 무리뉴의 진면목이라고 할 수 있다. 단순히 보드에 자석을 올려놓을 뿐인 정적인 배치론을 초월한, 경기의 움직임에 맞춘 동적인 시점은 다른 감독들에게서 찾아볼 수 없는 것이었다(그림 10).

그림 10 **메시의 컷인에 대응하는 인테르의 수비망**

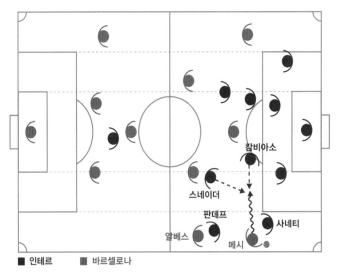

실제로 이 경기에서 메시는 어디를 가든 인테르의 푸른
감옥에 둘러싸여 침묵할 수밖에 없었다. 그 모습을 본 이탈
리아의 언론은 '메시 전용 감옥'이라고 표현하며 무리뉴의
멋진 대책에 찬사를 보냈다.

펩 바르셀로나에 거둔 '완승'이 가져온 영향

무리뉴는 푸른 감옥으로 메시를 고립시키는 데 성공했

다. 그렇다면 연계 대상인 알베스에 대해서는 어떻게 대응했을까? 사실은 이 알베스에 대한 대책이야말로 공간 관리의 달인 무리뉴의 수완이 선명하게 드러난 대목이었다. 공격을 위해 올라오는 알베스를 이용해서 교묘하게 중앙의 공간을 제압한 것이다.

알베스가 조금이라도 높은 위치에 포지션을 잡으면 인테르는 1톱인 디에고 밀리토가 빈 측면 공간으로 돌아 나아간다. 그러면 바르셀로나의 센터백은 밀리토에 대응하기 위해 의식과 포지션을 우측 측면으로 향하게 된다. 그 결과 중앙이 허술해지면 에토와 스네이더, 판데프, 그리고 풀백인 마이콘 등이 단숨에 허술해진 중앙으로 밀고 들어간다. 그것도 압도적인 주력으로(그림 11). 이런 날카로운 역습 전술로 바르셀로나를 농락한 인테르는 이 경기에서 3-1의 완승을 거뒀고, 2차전을 0-1로 패하기는 했지만 종합 스코어에서 3-2로 앞서며 결승 진출에 성공했다.

이 4강 1차전의 충격은 엄청나서, 챔피언스리그 결승전에도 큰 영향을 끼쳤다. 결승전 상대는 네덜란드인 감독 루이 판 할이 이끄는 바이에른 뮌헨이었다. 판 할은 펩과 마찬가지로 크루이프의 축구에 많은 영향을 받은 인물로, 그가 바이에른에서 구현했던 축구 또한 포지션 플레이라고 부

그림 11 **인테르의 역습 공격**

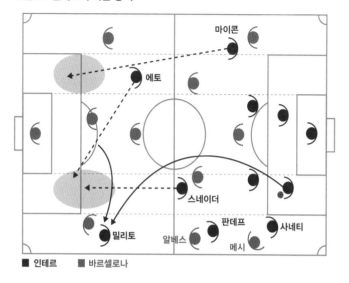

마이콘

에토

스네이더

판데프

밀리토   알베스   사네티

메시

■ 인테르   ■ 바르셀로나

르기에 손색없는 것이었다. 그런 판 할을 상대할 때도 무리
뉴는 피치 위의 공간을 완벽하게 관리함으로써 바이에른을
무력화시켰다.

바이에른의 포메이션은 4-3-3으로, 우측 측면에는 세계
에서도 손꼽히는 윙어인 로번이 있었다. 그리고 로번도 메시
와 마찬가지로 오른쪽에서의 컷인이 최고의 무기였다. 당연
히 무리뉴는 로번에 대해서도 '감옥'을 준비했다. 게다가 바
이에른에서는 평소라면 로번을 도와줬을 풀백 람이 섣불리

위로 올라오지 못했다. 바르셀로나와의 경기에서 풀백 알베스가 공격에 가담할 때마다 그 후방을 집요하게 공략했던 인테르의 잔상이 그만큼 강렬하게 남아 있었던 것이다. 바이에른은 완전히 무리뉴의 손바닥 위에서 놀아났고, 고립된 로번은 경기에서 완전히 지워져 버렸다. 판 할의 포지션 플레이는 본래 로번의 돌파라는 마무리가 있기에 기능하는 것이었다. 최후의 돌파가 없어지면 그저 시종일관 패스만 돌리게 되는 것이다.

데이터를 보면 볼 점유율은 바이에른이 66%로 인테르를 압도했다. 그러나 이는 무리뉴가 바이에른이 공을 '가지고 있도록' 교묘하게 유도한 것일 뿐이었다. 반대로 슈팅 수는 24 대 7로 인테르의 압승인 것에서도 알 수 있듯이, 기회를 만드는 쪽은 항상 인테르였다. 2-0이라는 스코어도 지극히 당연한 결과로, 어떤 의미에서는 4강전에서 바르셀로나를 완전히 봉쇄한 시점에 결승전 결과도 결정된 것이나 다름없었다고 할 수 있다.

호날두를 이용한 '살을 내주고 뼈를 치는' 함정

무리뉴는 레알 마드리드로 옮긴 뒤에도 같은 수완을 발

휘했다. 레알은 인테르와 달리 측면 포워드에 수비를 위해 복귀하지 않는 크리스티아누 호날두라는 강력한 공격수를 보유하고 있었다. 그러나 무리뉴는 그런 호날두의 특성을 역이용했다.

포메이션은 4-2-3-1과 4-3-3을 병용했는데, 좌측 측면 포워드인 호날두가 수비를 위해 복귀하지 않는 만큼 우측 측면 포워드 디 마리아를 더 달리게 함으로써 중원의 수를 맞췄다(실질적으로는 4-4-2로 가변). 상대 팀으로서는 호날두가 수비를 포기한 레알의 좌측 측면을 찌르면 자동으로 공을 상대 진영까지 운반할 수 있을 것처럼 느껴진다. 그래서 기회를 노리며 공략하지만, 이는 함정이었다. 실제로는 호날두가 수비에 가담하지 않을 뿐, 디 마리아가 호날두의 분량을 보충함으로써 최소한의 수비는 되고 있었던 것이다. 게다가 레알은 설령 수적으로 불리한 상황에 빠지더라도 개개인의 능력으로 대처할 수 있는 수준 높은 수비진을 보유하고 있기에 호날두를 수비에 참가시키지 않아도 최종적으로는 수비가 가능하다. 아니, 오히려 호날두를 수비에 참가시키지 않는 편이 팀 차원에서 얻는 이익이 더 크다고까지 말할 수 있다.

공을 빼앗은 순간, 측면 공간에 자유롭게 '남아 있는' 호날두는 상대에게 최대의 위협이다. 공간이라는 활주로만 주어진다면 호날두는 혼자 힘으로 슈팅까지 연결시킬 능력을 지니고 있다. 수비에 참가하지 않음으로써 공간을 얻은 호날두는 물을 만난 고기처럼 약동하며 득점을 양산했다.

즉 언뜻 보면 쉽게 깊숙한 곳까지 침투할 수 있을 것 같은 레알의 측면 공간은 사실 역습을 위한 미끼가 되고 있었던 것이다. 레알의 경기는 자연스레 서로가 역습을 주고받는 전개로 진행되었다. 그리고 서로의 진영을 오가기를 반복하는 사이 양 팀의 포진은 자연스럽게 세로로 길쭉해져 버렸는데, 이것이야말로 무리뉴가 바라는 전개였다. 선수 사이의 거리를 떨어트림으로써 상대가 뭉쳐서 조직적으로 수비하는 상황을 회피한 것이다. 이렇게 해서 서로가 개인 대 개인으로 공격하고 수비하는 전개를 만들면 재능의 측면에서 더 뛰어난 레알이 우위에 설 것은 자명한 이치다. 그다음에는 역습의 정밀도와 결정력의 차이가 경기의 승패를 좌우하는 흐름으로 몰고 가면 반드시 승리할 수 있다. 수비가 안 되는 호날두 같은 강력한 공격수를 이용한 '살을 내주고 뼈를 치는' 전술 역시 무리뉴의 특기다.

문제는 바르셀로나와의 엘 클라시코였다. 바르셀로나와 맞붙을 때의 과제는 2009-10시즌부터 점차 측면 포워드에서 중앙 포워드로 포지션을 바꾸고 있었던 메시를 어떻게 억제하느냐였다. 제로톱이라 불리는 메시의 포지션은 일반적인 포워드보다 약간 낮은 어중간한 위치였다. 수비 측으로서는 센터백이 마크하기가 거북한 포지션이다.

이에 대해 무리뉴는 '그렇다면 메시가 내려가서 공을 받는 지역에 처음부터 센터백을 두자'라는 대항책을 생각해냈다. 4-3-3 포메이션의 중원 중앙에 강인한 센터백인 페페를 배치하고, 상대가 노리는 공격 경로에 미리 선수를 배치했다. 여기에서 무리뉴의 일관된 자세를 엿볼 수 있다.

그러나 이때의 바르셀로나는 과거처럼 메시만 억제하면 어떻게든 되는 팀이 아니었다. 분명히 인테르 시절에 맞붙었던 바르셀로나는 우측 측면의 메시와 알베스만 억제하면 공격력이 절반 이하로 떨어지는 팀이었지만, 이 시기에는 '중원이 주역'인 팀으로 새롭게 태어난 상태였다. 바르셀로나의 미드필더 차비와 이니에스타, 부스케츠 등은 레알이 분명히 봉쇄했다고 생각한 공간에서 활개를 쳤고, 그 결과 메시에게 온 신경을 집중했던 레알의 중원은 무참하게 유린당했다. 게다가 중원의 열세를 본 수비수가 참지 못하고 미드필더진을 도우러 가면 이번에는 메시가 자유로워지는 악순환까지 일어났다. 무리뉴의 '감옥'이 완전히 파괴되어 버린 것이다.

이 무렵부터 무리뉴의 팀은 점차 두 가지 모습을 보이기 시작한다. 첫 번째 모습은 시대의 흐름이 '포지셔닝' 대 '스토밍'이라는 대결 구도로 이행하는 가운데 그 흐름으로부터 서서히 뒤처져 가는 일면이다. 페레스 회장의 지원 아래 풍부한 자금력으로 세계 유수의 스타 선수들을 사 모아 '뉴 갈락티코(새로운 은하계 군단)'라고까지 불린 팀을 지휘했지만, 그의 전술은 이미 최첨단에서 멀어져 있었다. 그리고 최첨단을 달리는 클럽이나 펩의 축구와 대치했을 때 그들을 저지하지도 못했다. 상대의 실수를 기다리기만 하는 수비로는 공간의 개념을 근간부터 뒤엎었다고 해도 과언이 아닌 펩의 포지션 플레이를 상대로 공을 빼앗을 수 없었다. 또한 폭풍처럼 몰아치는 클럽의 스토밍을 상대할 때는 무리뉴의 장기인 역습이 제대로 기능하지 못했다. 결국 무리뉴는 3년의 임기 동안 페레스 회장이 그토록 염원했던 챔피언스리그 우승을 단 한 번도 이루지 못했다.

한편 아직 최첨단의 흐름에 탑승하지 못한 수많은 평범한 팀을 상대할 때는 여전히 강력함을 뽐냈는데, 이것이 두 번째 모습이다. 펩의 바르셀로나 같은 축구는 따라 하고 싶다고 해서 쉽게 따라 할 수 있는 것이 아니기에, 아직 많은 팀이 기존과 같은 축구를 하고 있었다. 공간만 봉쇄하면 아무것도 하지 못하는 그런 팀들을 상대할 때는 무리뉴의 강점이 아직 건재했던 것이다.

무리뉴는 기존 수법이 통하는 상대에게는 절대적인 우위에 설 수 있다는 점을 최대한 활용해, 레알에서도 2년 차에는 스페인 리그를 초반부터 독주했다. 바르셀로나와의 엘 클라시코는 어떻게든 1승 1패로 넘기면서 승점 하락을 막고 나머지 경기에서 자신들보다 전력이 약한 상대를 사냥하면 된다. 이런 자세를 고수함으로써 리그 종반에 바르셀로나가 맹렬히 추격해 오기는 했지만 별다른 어려움 없이 뿌리치고 우승을 차지할 수 있었다.

'3년 사이클'이라는 유통기한

그리고 맞이한 레알에서의 세 번째 시즌. 펩이 정신적인 피로를 이유로 바르셀로나 감독을 사퇴한 이 시즌은 본래

라면 무리뉴에게 절호의 기회가 되었어야 했다.

그러나 챔피언스리그 우승은커녕 국내 리그에서도 전력이 약한 상대에게 패하는 일이 늘어나면서 타도 바르셀로나가 문제가 아닌 상황이 되어 버렸다. 승리 패턴이 리그 내의 모든 클럽에 알려진 결과, 상대는 무리뉴의 의도대로 공격해 들어오지 않게 되었다. 이 무렵이 되자 '살을 내주고 뼈를 치는' 전술이 완전히 탄로 나버린 것이다. 3년이나 같은 축구를 하고 있으니 어떤 의미에서는 당연한 결과였다. 상대가 대책을 찾아내자 '공을 소유하고 있는' 상황에 약한 무리뉴의 한계가 드러나기 시작했다. 이제는 반대로 상대가 레알의 공간을 봉쇄하자 공간이 있을 때 진가를 발휘하는 에이스 호날두의 위력이 반감되어 버렸다. 공간이 없어도 활개를 치는 바르셀로나와는 결정적인 격차가 생겨난 것이다.

아무런 성과도 올리지 못한 채 3년 차 시즌이 끝나자 레알은 무리뉴를 해임했다. 그리고 무리뉴는 과거에 자신의 명성이 확고해지는 계기가 되었던 첼시로 복귀했다. 그에게 프리미어리그 복귀는 두 가지 측면에서 이점이 있었다. 첫째는 첼시의 서포터들이 여전히 과거의 카리스마 감독을 '스페셜 원'이라고 부르며 절대 숭배하고 있었다는 점이다. 스페인에서는 실추된 듯 보였던 무리뉴의 위상도 런던에서는 아직 건재했다. 둘째는 프리미어리그에는 약소팀이라 해도 기본적으로 물러서서 수비하는 것을 선호하지 않는 문화가 있었다는 점이다. 요컨대 공간의 봉쇄가 통용되고 역습을 주고받는 전개가 있는 프리미어리그에서는 아직 무리뉴의 축구가 힘을 발휘할 여지가 충분히 남아 있었다. 당시는 펩도 클롭도 영국에 상륙하기 전이었기에 더더욱 그랬다.

첼시에 복귀한 무리뉴는 첫 시즌인 2013-14시즌을 팀의 부족한 퍼즐 조각을 파악하는 데 사용했다. 그리고 두 번째 시즌에 대량 보강을 감행해, 역습이 특기인 스트라이커 디에고 코스타를 영입하고 과거의 제자인 디디에 드록바를 다시 불러들였다. 여기까지는 참으로 무리뉴다운 선택이라고 할 수 있다. 그러나 세 번째 대형 보강은 그전과는 명백히 느낌이 달랐다. 놀랍게도 숙적 바르셀로나에서 기교파 미드필더 세스크 파브레가스를 영입한 것이다. 이는 아마도 스페인에서의 경험을 통해 프리미어리그에서도 상대 팀들이 같은 대책을 세우지 않을까 우려한 결과로 생각된다. 무리뉴의 축구는 기본적으로 선수의 배치가 전부다. 역습을 하지 못하게 되면 힘을 쓰지 못하는 이유는 전술 이전에 역습이 아닌 축구에 적합한 인재가 배치되어 있지 않기 때문이다. 그래서 이 문제를 해결하는 가장 손쉬운 방법은 바르셀로나의 정수를 도입하는 것이라고 생각한 것이 아닐까?

본인이 원하는 전력을 갖춘 2년 차의 무리뉴는 역시 강력했다. 이 시즌에는 프리미어리그를 독주했고, 캐피털 원컵(EFL컵)도 들어 올리며 더블을 달성했다. 그러나 역시라고 말해야 할까, 상대가 무리뉴에 대한 연구를 마치는 3년 차가 되자 팀은 붕괴되었다. 시즌 중반인 16라운드를 맞이하는 시점에도 팀이 16위에 머무르며 부진에서 벗어나지 못하자 첼시는 무리뉴를 해임했다. 아무리 '스페셜 원'이라고 해도 성적이 좋지 못하면 시즌 도중에 해임당한다 한들 할 말이 없을 것이다.

무리뉴는 자신이 처음으로 빅 클럽을 맡았던 첼시 이후 취임 2년 차에 최고 성적을 올리고 3년 차에 붕괴되는 사이클을 반복하는 듯 보이기도 한다. 유일한 예외는 빅이어를 작별 선물로 안기고 2년 차에 사임한 인테르 시절뿐이다. 마치 유통기한이라도 있는 것처럼 3년 차 이후에는 팀이 벼랑 끝에 몰리는 상황이 두드러진다. 정말로 무리뉴에게는 '유통기한'이 있는 것일까?

어쩌면 정말로 있는지도 모른다. 그의 축구는 다분히 선수의 희생을 통해서 성립하는 측면이 있기 때문이다. 특히 전방의 선수는 수비에서도 큰 헌신을 요구받는다. 그 헌신이 없다면 무리뉴의 상징이기도 한 측면 포워드가 두 가지 역할을 겸임함으로써 실질적으로는 '4-5-3'이 되는 4-3-3 가변 포메이션을 실현할 수 없다. 결과에 굶주려 있을 때는 그런 희생도 마다하지 않을 것이다. 그러나 최고의 성적을 남긴 다음 시즌에도 계속 과중한 노동을 강요받는다면 어떻게 될까? 어떤 선수라도 인내심에는 한계가 있다. 무리뉴의 가혹한 요구가 팀을 붕괴시키는 한 가지 원인이라 해도 이상하지는 않다.

또한 그 이상으로 근원적인 문제도 숨어 있다. 처음부터 공을 내주고 함정을 파는 데 열중하는 무리뉴의 축구는 플레이하는 선수들에게는 지나치게 수동적이라는 측면이다. 축구가 본래 지니고 있는 능동성과는 거리가 먼 발상이라고 해도 무방하다. 본래 축구는 규칙이 단순한 까닭에 모든 선수에게 자유로운 판단이 허용되는 압도적인 능동성을 지니고 있다. 모든 축구 선수는 본능적으로 공을 가지고 싶어

하며, 공을 가지면 이번에는 그 공을 계속 소유한 채 전진하고자 하는 욕구로부터 자유롭지 못하다. 자발적으로 공을 상대 팀에게 넘기고 싶어 하는 선수는 그리 많지 않다. 무리뉴 감독의 영고성쇠를 감안하면 선수들이 가진 그 근원적 욕구를 간과해서는 안 된다는 걸 알 수 있다. 무리뉴는 자신의 카리스마와 승리라는 결과를 통해 선수들의 반발을 통제했던 측면이 있었을 것이다.

처음으로 공을 찼던 소년 시절의 즐거움을 이성으로 억제할 수 있는 기간. 어쩌면 그것이 2년이라는 길다면 길고 짧다면 짧은 시간인지도 모른다. 하드워킹으로 육체를 갉아먹고 정신적으로도 인내를 강요당하는 상황을 견딜 수 있는 한계점이 2년이라고 가정한다면 우리가 무리뉴에게 마치 유통기한이 있는 것처럼 느끼는 것도 이상한 일은 아니지 않을까? 나도 모르게 이런 생각을 하게 될 만큼 무리뉴의 팀은 명확한 사이클을 보이는 경향이 있다.

Chapter 4

디에고 시메오네
~새로운 시대의 무리뉴~

★ ★ ★

'2강'을 상대로 한 발도 물러서지 않는 투장

철저한 공간 관리를 바탕으로 현대 축구에서 한 시대를 풍미한 무리뉴. 그런 무리뉴보다 한 세대 젊으면서 동등한 존재감을 보인 인물이 있다. 아르헨티나인 감독 디에고 시메오네다. 시메오네가 구현하는 축구에서는 무리뉴와 공통되는 부분을 다수 찾아볼 수 있는데, 그런 시메오네의 축구를 자세히 살펴보기 전에 먼저 그의 경력을 되돌아보려 한다.

시메오네는 현역 시절에 '투장'으로 불리기에 손색이 없는 전투적 볼란치였던 것으로도 유명하다. 1998년 프랑스 월드컵의 잉글랜드전에서는 당시 각광받는 젊은 선수였던 데이비드 베컴을 반칙 직전의 더티 플레이로 괴롭혔고, 이에 화가 난 베컴이 보복 행위를 했다가 퇴장당한 일이 있을 정도였다.

그런 시메오네는 2006년 현역에서 은퇴하고 지도자로 변신하자마자 순식간에 두각을 나타내기 시작한다. 모국 아르헨티나에서 에스투디안테스 데 라플라타와 CA 리버 플레이트 같은 클럽을 이끌고 리그 우승을 달성하는 등, 시작부터 감독으로서 확고한 역량을 드러낸 것이다. 그리고 2011년에 그 실적을 높게 평가받아 스페인의 명문 아틀레티코 마드리드 감독에 취임했다.

스페인에서 아틀레티코는 2강인 FC 바르셀로나와 레알 마드리드를 뒤쫓는 2위 그룹에 속하는 존재이지만, 실질적으로는 '2강과 나머지'라고 불러도 될 만큼 이름값과 전력 모두 확연한 차이가 있었다. 그러나 시메오네는 취임 3년 차 시즌에 그런 압도적 존재인 2강을 제치고 리그 우승을 달성했다. 클럽의 선수 인건비 예산 규모가 레알 마드리드의 절반 이하임에도 도전자로서 2강에 한 발도 물러서지 않고 용감하게 맞서는 모습은 '투장'으로 불렸던 현역 시절을 떠올리게 했다.

또한 시메오네는 아틀레티코를 스페인 국내뿐만 아니라 유럽에서도 존재감을 드러내는 클럽으로 탈바꿈시켰다. UEFA 유로파리그 우승 2회와 챔피언스리그 준우승 2회는 클럽의 예산 규모를 생각하면 쾌거라고 부르기에 손색이 없다.

시메오네는 어떻게 이런 수많은 업셋을 이뤄낸 것일까? 그 실마리는 그가 자신에 대해 이야기할 때 종종 사용하는 '초(超)현실주의자'라는 표현에 있다고 생각한다. 무리뉴와 마찬가지로 시메오네는 공의 소유에 전혀 집착하지 않는다. 이 점에서 두 사람은 매우 닮았으며, 이것을 그들의 언어로 표현한 말이 바로 '현실적'이다. 이는 두 사람의 과거 발언에서도 미루어 짐작할 수 있다.

> "요컨대, 공이 있기에 우리의 마음을 사로잡는 이 구기(球技)는 공이 없는 스포츠인 것이다."
>
> – 시메오네

"공의 소유에는 흥미가 없다. 만약 내일의 경기 결과가 볼 점유율로 결정된다면 우리는 질 준비를 해야 한다."

– 무리뉴

설령 공을 갖고 있더라도 공간이 비어 있다면 대놓고 상대에게 역습 기회를 제공할 뿐이다. 이는 자신들을 위험에 빠트리는 행위에 지나지 않는다. 그들이 하고 싶은 말은 바로 이것이리라. 반대로 공이 없더라도 공간만 관리할 수 있다면 그저 상대의 자멸을 기다리기만 하면 된다. 시메오네도 무리뉴와 마찬가지로 공이 아니라 공간을 관리함으로써 승리의 길을 찾아내는 발상의 소유자였던 것이다. 이러한 생각, 즉 지극히 현실적인 '공간 관리'의 발상이 가장 진하게 드러난 경기는 역시 펩의 바르셀로나와의 일전이었다.

'바깥'을 버리는 과감한 공간 관리

2011년부터 스페인 리그에서 활약하고 있는 시메오네는 펩의 바르셀로나와 수많은 격전을 치렀다. 펩의 바르셀로나를 상대하는 시메오네의 접근법은 매우 독특했다. 공간 관리를 할 때 특정 영역을 '버린' 것이다. 펩의 바르셀로나의 모든 공격 경로를 막으려는 것은 현실적으로 무리라고 판단했기 때문일 것이다. 피치 전체의 공간을 관리하려고 하면 자연스럽게 선수와 선수의 거리가 멀어져 버리는데, 바르셀로나 선수들의 뛰어난 기술을 생각하면 어딘가에 빈틈이 만들어져 결국 무너질 수밖에 없다. 바로 무리뉴처럼….

이렇게 생각한 시메오네는 측면 공간을 포기한다는 과감한 결단을 내렸다. 바르셀로나가 애초에 메시를 제로톱으로 세워 '골대 앞' 공간을 일부러 비워 놓는 전술을 채택했다는 점도 있고, 당시 바르셀로나의 전방이나 중원에 180센티미터가 넘는 장신 선수가 드물었던 점도 있다. 따라서 그들을 상대할 때는 측면에서 날아오는 크로스를 두려워할 필요가 없다는 것이 시메오네의 생각이었을 것이다.

실제로 측면을 버리는 전술은 시메오네의 생각처럼 바르셀로나를 상대할 때 효과를 발휘했다. 4-4-2를 기본 포메이션으로 삼는 아틀레티코는 자신들의 진영에서 수비할 때 10명 전원이 페널티 에어리어의 가로 폭 안에 들어가도록 자리를 잡았다. 즉 페널티 에어리어의 폭보다 바깥쪽 지역의 수비는 반쯤 포기한 것이다. 측면 공간에 대해서는 '안쪽으로 들어오면 그때 수비한다', '크로스는 허용해도 무방하다'라는 자세로 펩의 바르셀로나에 대적한 것이다(그림 12).

바르셀로나는 이 시메오네 블록을 어떻게 공략해야 할지
감을 잡지 못한 기색이 역력했다.

당시 바르셀로나는 좌우 양 측면의 터치라인 근처에 포
워드를 배치하고 있었다. 그러나 이는 상대의 주의를 '측면'
으로 유도해 수비 블록을 옆으로 넓히려는 노림수일 뿐이
었다. 펩의 진짜 노림수는 그 결과 넓어진 '중앙' 공간에서
메시와 이니에스타, 차비 등이 날뛰게 하는 것이었다. 앞 장
에서 이야기했듯이, 수비 측이 피치의 가로 폭 68미터 공간
을 메우려고 하면 바르셀로나는 그 결과 물리적으로 생긴

그림 12 **페널티 에어리어 바깥을 버리는 아틀레티코의 수비**

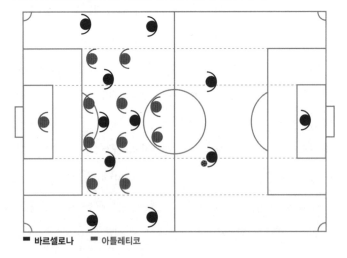

■ **바르셀로나**　■ **아틀레티코**

틈새에서 자유롭게 플레이할 수 있었기 때문이다.

그러나 시메오네처럼 과감하게 페널티 에어리어 '바깥' 공간을 버리면 이 가로 폭은 40미터로 단축된다. 이 좁은 가로 폭에서 밀집 수비를 하자 아무리 바르셀로나라 해도 패스와 개인기로 상황을 타개하기가 어려웠던 것이다.

물론 그 대가로 측면 공간을 비웠기 때문에 바르셀로나가 자유롭게 진입할 수 있었다. 그러나 바르셀로나가 측면에서 높게 크로스를 올린들 득점을 기대할 수 없다는 것은 그들 자신이 가장 잘 알고 있었다. 그 결과 바르셀로나와 아틀레티코의 경기에서는 페널티 에어리어 폭 안쪽에서 수비하는 아틀레티코를 상대로 바르셀로나가 페널티 에어리어 폭 안쪽에서 공격하는 기묘한 현상이 매번 나타났다. 양 팀이 측면 공간에는 눈길도 주지 않고 중앙의 좁은 폭에 모여서 공방을 펼친 것이다. 측면에서 크로스를 올린다는 선택지가 없었던 당시의 펩으로서는 중앙을 비집고 들어가는 수밖에 없었다.

시메오네는 바르셀로나의 공격 경로 가운데 치명상으로 연결될 수 있는 공간만 집중적으로 봉쇄했다. 이는 무리뉴와 닮았으면서도 다른 점이다. 필드 전체 공간을 장악하려고 한 무리뉴와 달리, 시메오네는 버릴 공간은 과감하게 버렸다. 이를 두 사람의 차이점이라고 생각해도 될 것이다.

물론 여기에는 당연히 팀 사정의 차이도 있다. 바르셀로나를 상대로도 항상 승리할 것을 요구받았던 무리뉴의 공간 관리는 어디까지나 공을 빼앗아서 역습을 노리기 위한 것이었다. 한편 시메오네가 이끄는 아틀레티코의 경우, 바르셀로나를 상대로는 비기기만 해도 성공이다. 그렇기에 처음부터 11명 전원을 수비에 동원한다는 과감한 판단도 가능했을 것이다.

스트라이커＋판타지스타의 조합에 집착하는 이유

공간을 관리한 뒤에 공을 빼앗는 방식에서도 두 감독은 명확한 차이를 보인다. 시메오네의 노림수는 단순 명쾌하다. 가급적 높은 위치에서 빼앗을 수 있다면 빼앗자는 것이다. 무리뉴는 상대가 들어오기를 기다리면서 끌어들인다는 노림수가 명확한 반면, 시메오네는 공의 위치에 따라 자신들의 수비 블록을 변화시킨다. 상대가 자신들의 진영 깊숙한 위치에서 패스를 돌리고 있다면 적극적으로 강하게 압박하기도 한다. 그리고 중원까지 공을 몰고 온다면 후퇴한 다음 그 지역에서 블록을 쌓고 수비한다.

이 차이도 역시 팀 사정과 관계가 있지 않을까 싶다. 아틀레티코에는 호날두나 로번처럼 혼자서 장거리 역습을 성공시킬 수 있는 강력한 공격수가 없다. 빅 클럽을 이끄는 무리뉴와 달리 시메오네는 차와 포 없이도 득점을 올려야 한다. 따라서 개인의 능력에 의존하지 않아도 피니시까지 연결할 수 있는 단거리 역습이 팀의 중요한 득점 패턴이 되었다.

시메오네는 수비뿐만 아니라 공격에서도 무리뉴의 패키지화 발상과 비슷한 특징을 지니고 있다. 그러나 동시에 차이점도 발견할 수 있다. 특히 전방의 2톱에 관해서는 반드시 '스트라이커+판타지스타'의 조합을 기본으로 삼았다. 이는 선수 시절 세리에 A에서 오랫동안 뛰었던 경력과도 깊은 관계가 있지 않을까? 이탈리아에서는 역습을 할 때 기본적으로 인원을 많이 할애하지 않고 2톱만으로 득점을 올리는 사고방식이 뿌리 깊게 남아 있다. 수적으로 불리한 상황을 판타지스타의 번뜩이는 플레이로 타개하고, 동료인 스트라이커가 정확한 슛으로 골을 넣는 것이다. 이렇게 하면 단 두 명의 연계만으로도 득점을 할 수 있다. 이른바 '카테나치오(빗장 수비)'로 불리는 수비 문화가 지배하는 이탈리아 축구에서는 공격에 인원을 할애하지 않음으로써 리스크를 줄이는 것을 최우선으로 생각한다. 시메오네의 공격 설계도 기본적으로는 이런 이탈리아적인 사고방식을 답습하고 있다고 할 수 있다.

시메오네는 아틀레티코에서도 취임 첫해(2011-12시즌)를 당시 유로파리그 2년 연속 득점왕을 차지한 스트라이커 라다멜 팔카오와 브라질인 판타지스타 디에구 리바스의 조합으로 시작했다. 그리고 이후에도 디에고 코스타(스트라이커)와 아르다 투란(판타지스타), 앙투안 그리즈만(판타지스타)과 스트라이커 페르난도 토레스, 케빈 가메이로와 같이 자신의 '기본 패키지'를 답습하며 팀을 구성했다.

시메오네가 이 2톱 패키지를 얼마나 중시하는지는 2019년의 주앙 펠릭스 이적 사건에서도 여실히 드러났다. 이 해에 그때까지 5시즌에 걸쳐 판타지스타의 역할을 해 왔던 그리즈만이 바르셀로나로 떠나자, 아틀레티코는 포르투갈의 벤피카에서 두각을 나타내고 있었던 차세대 판타지스타 펠릭스를 영입하기 위해 파격이라고도 할 수 있는 1억 2,600만 유로의 이적료를 제시했다. 클럽 역사상 최고액인 동시에 역대 축구 선수 중에서도 5위 안에 드는 금액이었다(2021년 4월 기준). 늘 "머니 게임을 할 생각은 없다"라고 말해왔던 시메오네의 팀에서는 유례를 찾아볼 수 없는 대형 보강으로, 빠진 판타지스타의 자리를 메워서 패키지를 유지하는 것이 시메오네에게 얼마나 중요한 일이었는지를 짐작케 한다.

아틀레티코로 이적한 펠릭스는 첫 시즌만 해도 좀처럼 새로운 환경에 적응하지 못했다. 주위에서는 "최대의 이적 실패작"이라는 목소리도 나왔고, "너무 일찍 스페인 리그에 왔다"라는 비판도 줄을 이었다. 그러나 시메오네는 인내하며 그를 기용했고, 그 결과 이적 2년 차 시즌에는 서서히 팀에 적응시키는 데 성공했다. 특히 공격에 관해서는 완전한 자유를 부여해 성장을 촉진시켰다. 그만큼 기대가 크다는 방증일 것이다.

펠릭스의 진가는 정해진 포지션에 얽매이지 않는 자유로운 플레이 스타일에서 드러난다. 온갖 상황에 모습을 드러내 공에 관여하며, 번뜩이는 플레이로 상황을 타개한다. 처음에는 아틀레티코 선수들도 펠릭스의 움직임을 이해하지 못한 것 같은 느낌을 줬는데, 거꾸로 말하면 이는 상대로서도 예측하기가 매우 어려운 선수라는 의미다. 지금은 아틀레티코 선수들도 펠릭스의 자유로운 플레이를 활용하는 방법을 찾아냈으며, 특히 공을 소유하고 지공을 펼칠 때는 자연스럽게 공을 펠릭스에게 집중시킨다.

여기에서도 분명하게 드러나듯, 시메오네는 공격의 경우

부족한 요소를 메울 수 있는 선수를 영입함으로써 해결하려 한다. 이 점은 무리뉴와 같다. 다만 무리뉴와 달리 그의 클럽은 이미 완성된 상태의 대어를 영입할 능력이 없다. 그래서 미완의 대기를 영입해 직접 성장시키는 선택을 한다. 시메오네에게 펠릭스는 무리뉴의 세스크 같은 존재였던 것이다.

장기 집권을 가능케 하는 '열정'

2011년부터 아틀레티코를 지휘하고 있는 시메오네는 벌써 10년 차 시즌을 맞이했다. 현재 유럽에서 보기 힘들어진 장기 정권을 구축했다고 할 수 있다. 임기라는 측면에서 보면 무리뉴가 3년 주기로 팀을 옮기는 것과는 실로 대조적이다.

시메오네의 축구 역시 선수들에게 하드워킹을 요구한다는 측면에서는 극심한 소모를 동반하는 축구다. 단순히 '버스를 세우는' 것이 아니라 적극적으로 '패스를 돌리면서 버스를 세우는' 전술임을 생각하면 오히려 무리뉴의 축구보다도 체력 소모가 극심하다고 말할 수 있을지 모른다. 높은 위치에서 압박을 가하는가 싶더니, 다음 순간에는 전부 자신들의 골대 앞으로 돌아가 블록을 형성한다. 이런 넓은 가동 범위는 선수들을 소모시킬 수밖에 없기 때문에 원래대로라면 무리뉴가 이끌었던 클럽처럼 언제 한계가 찾아와도 이상하지 않다.

그렇다면 시메오네가 장기 정권을 구축한 비결은 무엇일까? 그것은 벤치에 있는 시메오네 본인이 팀의 누구보다 열심히 움직이고 있기 때문이 아닐까? 만약 시메오네에게 GPS를 부착하고 경기 중의 활동량을 측정한다면 경기에 출장한 골키퍼보다 더 긴 거리를 주파했다는 결과가 나오지 않을까 싶다. 진심으로 그런 생각이 들 만큼 경기 중의 시메오네는 피치 옆 테크니컬 에어리어를 종횡무진 달린다. 선수들이 투지 넘치는 플레이를 하도록 고무하고, 득점 기회를 놓치면 머리를 감싸며, 수긍되지 않는 판정이 있으면 누구보다 앞장서서 심판에게 항의한다. 홈구장을 찾아온 관중들의 분위기를 띄우는 솜씨도 일품이다. 그런 모습은 '투장'으로 불렸던 현역 시절 그대로다.

아틀레티코의 경기를 보고 있으면 선수들이 힘들 때 벤치 쪽으로 시선을 향한다는 사실을 깨닫게 될 것이다. 물론 그 시선의 끝에는 몸과 마음을 다해 싸우고 있는 시메오네가 있다.

시메오네는 선수 시절과 마찬가지로 감독으로서도 결코 약삭빠른 유형이 아니다. 그러나 그런 우직한 사내이기에 선수들은 그의 뒤를 따른다. 어떤 의미에서는 시대착오적이라고도 할 수 있는 매니지먼트로 이례적인 장기 집권에 성공하고 있는 시메오네는 참으로 흥미로운 사례라 할 수 있다.

시대의 요청＝5레인 대책

시메오네는 매니지먼트 측면에서는 약간 시대착오적이라고도 느껴지는 고풍스러운 분위기를 풍기지만, 전술 측면에서는 의외로 최첨단 트렌드에 상당히 민감하다. 이는 포지션 플레이에 대한 대응에서도 현저히 드러난다. 2010년대 후반이 되자 펩의 맨시티에서 시작된 포지션 플레이가 유럽의 정상급 클럽들 사이에 널리 침투해 갔다. 이들 포지션 플레이 세력과 경기할 때의 핵심은 4백의 약점을 찌르는 5레인 공격에 어떻게 대응하느냐다.

시메오네는 처음에는 4-4-2 포메이션을 무너트리지 않으면서 대응했지만 고전을 면치 못했다. 펩의 맨시티를 비롯해 대부분의 포지션 플레이 세력은 페널티 에어리어 바끝에서의 공격으로도 상대에게 치명상을 입힐 능력이 있다. 페널티 에어리어 바깥에서도 상대를 무너트릴 수 있는 5레인 상대로는 펩의 바르셀로나 때와 마찬가지로 '바깥을 버리는' 전법을 사용할 수 없는 것이다. 다만 그렇다고 해서 바깥에서의 공격에도 대응하려고 하면 이번에는 하프 스페이스라고 불리는 페널티 에어리어와 가까운 쪽 공간을 돌파당하고 만다. 오히려 상대를 바깥으로 유인한 다음 하프 스페이스를 급습하는 것이 포지션 플레이 세력의 진짜 노림수다.

4-4-2로는 포지션 플레이 세력에 대응할 수 없다고 판단한 시메오네는 포메이션을 변경한다는 결단을 내린다. 2010년대가 끝나고 2020년을 맞이할 무렵이 되자, 시메오네는 5레인 대책으로 5-3-2를 도입했다(그림 13). 5-3-2의 특징은 하프 스페이스에 미리 많은 인원을 배치할 수 있다는 점이다. 상대가 사용하고 싶어 하는 공간에 미리 선수를 배치해 관리하는, 참으로 시메오네다운 대응이었다.

그러나 아무리 5백을 배치한다 해도 '안'과 '밖'을 동시에 지키기는 어렵다. 펩의 바르셀로나를 공략할 때는 과감하게 '바깥'을 버림으로써 성과를 거뒀다. 그러나 진화에 성공해 '안'에서의 공격과 '바깥'에서의 공격을 모두 꾀하는 포지션

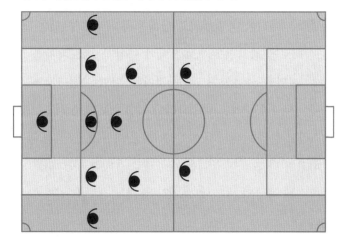

그림 13 시메오네가 '5레인' 대책으로 도입한 5-3-2

플레이 세력과 맞서게 된 시메오네는 결국 무리뉴와 마찬가지로 '어디도 버리지 못하는' 상황에 몰렸다.

이 전략의 한계는 5레인을 상대할 때 5백으로 인원수를 맞추더라도 상대 선수들의 수준이 높으면 완전히 막아낼 수 없다는 데 있다. 당연한 말이지만, 수적으로 동등하면 일대일에서 열세이더라도 도우러 갈 수 없다. 특히 2020년대 들어 스페인 국내의 2강이나 챔피언스리그의 강호들을 상대로 열세를 면치 못하고 있는 이유는 바로 이 때문이다.

궁지에 몰린 시메오네의 해결책은 한 가지뿐이었다. '선수를 배치해 공간을 지우는' 것이다. 다섯 명으로 수비가 안 된다면 여섯 명으로 늘리는 수밖에 없다. 현재 시메오네의 팀이 강호를 상대할 때 6백을 도입하는 것은 어떤 의미에서 당연한 귀결이었다.

수동적인 전략의 한계

아틀레티코에서 10년을 보내는 동안 시메오네가 보여준 변화는 현대 축구를 필사적으로 따라잡으면서도 서서히 뒤처져 가는 모습으로 보이기도 한다. 펩의 바르셀로나를 상대로 4-4-2를 무너트리지 않고 대응했던 전성기를 지나, 5백을 도입하며 5-3-2로 변경한다. 그러나 5-3-2로는 중원의 세 명이 가로 폭을 온전히 커버할 수 없다고 판단하자 2톱 중 한 명을 내려서 5-4-1로 만드는 과도기도 있었다. 그리고 5-4-1로도 강호의 5레인에는 열세라고 판단하자 이번에는 중원에서 한 명을 수비 라인으로 내려 6-3-1로 만들었다. 결국 앞쪽 인원을 줄여서 뒤쪽을 채우는 작업의 반복이라고도 할 수 있다.

무리뉴와 시메오네. 그들은 '선수를 배치해서 공간을 지운다'라는 수동적인 전략으로 한 시대를 풍미했다. 그러나 이제는 그런 전략도 한계를 맞이하고 있는 듯하다. 시대가 요구하는 것은 공수(이제는 공수라는 구분 자체가 시대착오적인지도 모르지만)에서 적극적으로 나서는 전략이다.

지금부터 소개할 두 명, 마르셀로 비엘사와 지안 피에로 가스페리니는 이러한 시대적 요청에 부응해 적극적인 전략을 수행하는 마에스트로라고 볼 수 있다. 무리뉴를 필두로 한 '공간 관리파'와 그들의 차이는 무엇일까? 그들은 시대적 요청에 어떻게 부응하고 있을까? 지금부터 살펴보자.

Chapter 5

마르셀로 비엘사
~광기의 축구 마니아~

★ ★ ★

'사람'을 기준으로 삼는 능동적인 수비

공간만 관리하는 수비는 더 이상 현대 축구에서 통용되지 않는다. 그 배경에는 선수 전체의 기술적인 수준 향상이 자리하고 있다. 1990년대까지 기술적 소양이 그다지 중시되지 않았던 수비수도 전체적으로 공격 전개 능력이 향상되는 경향을 보이고 있다. 그 결과 2010년대 중반이 되자 후방에서 중원을 건너뛰고 전방으로 직접 패스를 공급할 수 있는 능력이 정상급 수비수의 필수 요건이 되었다. 아무리 공간을 기준으로 수비한들, 기술 수준이 높은 선수들에게 자유로이 공을 다룰 여지를 줘 버린다면 그들을 막기는 어렵다. 반대로 말하면, 공간 관리가 효과적이었던 시대에는 아직 선수 개개인의 기술 수준에 큰 차이가 없었다는 말이다.

오늘날에는 상대 선수가 높은 수준의 기술을 발휘하기 전에 승부하는 적극적 스타일의 수비가 요구되고 있으며, 그런 배경에서 '공간'이 아니라 '사람'을 기준으로 수비하는 대인 전술이 또다시 주목받고 있다. 본래 축구의 수비 방법은 '공간'을 관리하는 지역 수비와 '사람'을 관리하는 대인 수비 두 가지로 나뉘어 있었는데, 시대의 트렌드가 다시 '사람'을 관리하는 수비 전술을 요구하기 시작했다고 할 수 있다. 이 전술의 이점은 각 선수가 마크할 상대를 정하고 그 상대에게 달라붙음으로써 공을 받기 전부터 압박을 가할 수 있다는 데 있다. 요컨대 상대 선수가 기술을 발휘하기 전에 수비 측에서 먼저 공격할 수 있는 것이다. 공이 온 다음에 대응하는 공간 기준의 수비에 비하면 대인 수비 전술은 훨씬 '능동적'인 수비라고 할 수 있다.

또 다른 이점으로는 특히 포지션 플레이 축구 세력과 맞붙었을 때 라인과 라인의 '사이'라는 개념이 소실된다는 점을 들 수 있다. 지역 수비와 달리 사람을 기준으로 포지셔 닝을 하는 대인 수비에는 미드필더나 수비수에게도 옆으로 나란히 서서 수비한다는 개념이 없다. 이렇게 보면 대인 수비는 사람과 사람 '사이'의 공간을 기점으로 삼아 상대의 수비를 무너트리는 포지션 플레이의 천적이라고 할 수 있는 지도 모른다.

2000년대 초엽부터 현재에 이르기까지 이 대인 수비를 바탕으로 한 축구를 계속해 온 이채로운 감독이 있다. 바로 마르셀로 비엘사다. 아르헨티나인인 비엘사는 남아메리카 감독으로는 드물게 유럽을 비롯한 전 세계 축구 사정에 정통한 인물이다. 그도 그럴 것이, 그는 '초(超)'를 앞에 붙여야 할 정도로 엄청난 축구 마니아다. 전 세계의 축구 비디오를 수집했고, '연구실'이라고 불리는 축구 경기 관람 전용관까지 만들었다. 축구 마니아들에게는 그야말로 꿈같은 환경이다. 그리고 이 연구실에서 수만 경기를 분석하며 독자적인 전술을 연구하고 있다. 마니아 중의 마니아인 것이다.

그중에서도 비엘사가 감명을 받고 심취했던 것은 네덜란드의 AFC 아약스가 보여준 공격적인 축구였다. 즉 그 또한 펩 등과 마찬가지로 네덜란드와 요한 크루이프로부터 큰 영향을 받은 사내였던 것이다. 비엘사의 경우는 공격 축구라는 '이상'을 관철하는 자세에서 크루이프에게 영향받았음이 강하게 엿보인다. 앞에서 소개한 무리뉴와 시메오네가 '초(超)현실주의자'라고 한다면 비엘사는 틀림없이 '초(超)이상주의자'다.

비엘사의 이상은 공격하고, 공격하고, 또 공격하는 축구다. 승리도 중요하지만, 동시에 '어떻게 승리할 것인가?'라는 '과정'도 중요시하는 것이다. 비엘사는 "공격을 전혀 하지 않고 상대방이 실수하기만을 기다리는 팀에게는 승리가 어울리지 않는다"라고 말한다. 또한 공격 스타일을 구축하지 않고 상대의 축구를 파괴하는 것만을 목적으로 플레이하는 안일한 '지름길'을 선택하려는 최근의 풍조에 대해서도 그다운 표현으로 경종을 울렸다.

"'지름길'이 반드시 목표에 도달할 수 있게 해 주는 것은 아닙니다. 화단을 피하지 않고 지름길로 가려고 하면 일찍 도착할 수는 있겠지만 꽃을 밟아서 화단을 망쳐 버릴 겁니다. 한편 화단을 피해서 우회하면 그만큼 시간은 더 걸리겠지만 화단의 아름다운 꽃을 지킬 수 있지요."

비엘사는 공을 소유하고 패스를 연결하면서 공격을 계속

하는 것에 강하게 집착한다. 그래서 상대에게 공을 빼앗겼을 때는 1초라도 빨리 공을 빼앗고자 수비를 한다. 공이 없으면 공격을 할 수 없기 때문이다. 즉 비엘사는 '공격'을 위해서 '수비'를 한다. 무리뉴나 시메오네가 가진 '기다림'이라는 자세는 눈곱만큼도 찾아볼 수 없다. 그리고 자신들이 공을 빼앗으러 간다면 공간을 메우는 지역 수비보다 공과 상대에게 공격할 수 있는 대인 수비가 더 합리적이라고 생각한다. 비엘사가 대인 수비를 바탕으로 한 축구를 20년 이상 계속해 온 것은 그런 공격적인 사상 때문이었다.

약자의 대인 수비를 담보하는 메커니즘

앞에서도 이야기했듯이, 대인 수비의 이점은 '공격적인 수비'와 상성이 좋다는 것이다. 다만 당연하게도 약점 또한 있다. 개개인이 같은 인원수로 대응하기 때문에 돌파를 당했을 때 커버가 안 된다는 점이다. 비엘사는 과거의 경력을 보더라도 강팀보다는 도전자의 위치에 있는 팀을 이끌 때가 많다(월드컵에서는 칠레 국가대표팀, 스페인에서는 중위권인 아틀레틱 빌바오, 잉글랜드에서는 프리미어리그 승격 전후의 리즈 유나이티드 FC 등). 일반적으로 생각하면 선수 개개인의 수준에서 밀리는 팀이 대인 수비를 기본으로 삼는 것은 자살 행위가 될 수도 있다. 그러나 비엘사는 두 가지 방법을 통해 이 문제를 해결했다.

첫째는 최후미에서 반드시 '+1'의 수적 우위를 확보하는 메커니즘이다. 비엘사는 상대 팀에 맞춰서 포메이션을 선택한다. 상대가 2톱이라면 '+1'을 만들 수 있는 3백을 선택하고, 상대가 1톱이라면 2센터백의 4백을 선택한다(그림 14, 그림 15). 최후미에서 '+1'을 확보하기에 일대일에서 돌파를 당했을 때 즉시 근처에 있는 선수가 자신이 마크하던 선수를 버리고 커버하러 가더라도 인원수를 맞출 수 있다는 계산이다.

물론 최후미에서 '+1'을 확보하는 만큼 어딘가에서는 '-1'의 수적 불리를 받아들어야 하는데, 보통은 자신들의 골대에서 가장 먼 포워드가 이 불리함을 짊어지게 된다. 요컨대 최후미에서 '+1'의 수적 우위, 최전방에서 '-1'의 수적 불리, 나머지는 전부 대인 수비를 하는 구도로 균형을 맞추고 있는 것이다.

둘째는 개개인이 단련된 강인함과 주력을 바탕으로 '돌파당하더라도 쫓아간다'를 철저히 실천하는 것이다. 이처럼 주력을 전제로 깔고 있기에 설령 돌파를 당하더라도 커버해

그림 14 **비엘사의 대인 수비**(상대가 2톱일 경우)

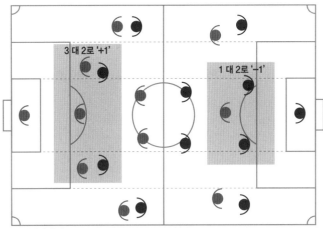

3 대 2로 '+1'

1 대 2로 '−1'

■ 비엘사의 팀

그림 15 **비엘사의 대인 수비**(상대가 1톱일 경우)]

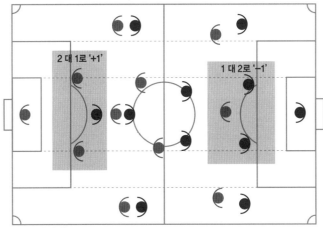

2 대 1로 '+1'

1 대 2로 '−1'

■ 비엘사의 팀

주는 선수가 상대의 공격을 지연시키는 동안 돌파당한 선수가 돌아와서 수적 우위를 만들 수 있다.

애초에 대인 수비라는 전술 자체가 상대보다 많이 달릴 것을 전제로 한 것이다. 이는 공을 빼앗은 뒤의 공격을 생각해 봐도 명백하다. 대인 수비를 한다는 것은 공수가 전환되었을 때, 즉 공을 빼앗은 순간 전원이 상대와 거리가 가까운 상태(마크를 하고 있었기 때문에)라는 의미이기 때문이다. 이 상황을 타개하고 공격을 성립시키려면 어떻게 해야 할까? 답은 간단하다. 전원이 상대보다 많이 달려서 마크를 떼어내면 된다.

'전설의 경기' 바르셀로나 대 빌바오

비엘사의 공격적인 대인 수비 전술은 때때로 세계를 깜짝 놀라게 만든다. 그 대표적인 사례도 역시 펩의 바르셀로나와의 경기였다. 비엘사는 2011년부터 2시즌에 걸쳐 스페인 아틀레틱 빌바오의 지휘봉을 잡았는데, 펩의 바르셀로나와 처음 맞붙은 홈경기에서 훗날 '전설의 경기'로 꾸준히 회자되는 놀라운 난타전을 만들어냈다.

당시에는 전 세계의 모든 팀이 좁은 공간에서 초절정 기교를 발휘하는 메시와 차비, 이니에스타 등에게 속수무책으로 당하고 있었다. 그런 상황 속에서 비엘사는 당연하다는 듯이 그들을 대인 수비로 억제하는 전술로 맞불을 놓았는데, 이 대인 수비 전술 때문에 본래 바르셀로나의 선수들이 날뛰어야 할 '사이' 공간이 필드에서 사라져 버렸다. 바르셀로나가 어디로 공을 투입하든 패스를 받은 선수에게는 마크가 달라붙어 있었고, 중원은 자연스럽게 몸과 몸이 부딪히는 전장이 되어 갔다.

물론 메시를 일대일로 억제하기는 매우 어려운 일이다. 그래서 비엘사는 메시에게 패스가 공급되지 못하게 함으로써 메시의 존재감을 최소화시키는 데 성공했다. 만에 하나 메시에게 공이 넘어갔을 경우는 두 번째, 세 번째 수비수가 자신이 마크하는 선수를 버리고서라도 빠르게 메시를 마크하게 했다. 도전자 빌바오가 펩의 바르셀로나를 상대로 한 발도 물러서지 않고 격렬한 승부를 펼치는 모습은 지장들의 치열한 지략 대결로서 많은 이들을 흥분시켰다.

경기가 요동치기 시작한 때는 전반 20분이었다. 공격적인 높은 압박으로 바르셀로나 진영에서 공을 빼앗은 빌바오가 짧은 역습으로 선취점을 낸 것이다. 공을 빼앗은 위치부터 측면에서 골대 앞까지 공을 운반해 마무리하기까지 전부 비엘사가 의도한 대로였다. 바르셀로나도 반격에 나서 즉시 동점을 만들었지만, 그 후에도 빌바오가 우세하게 경기를 이끌었다. 그리고 맞이한 후반 15분, 공격의 기세를 늦추지 않는 빌바오에 대해 펩은 큰 결단을 내렸다. 중원의 몸싸움에서 계속 밀리고 있었던 지휘관 차비를 교체한 것이다. 차비와 교체된 선수는 속도가 무기인 공격수 알렉시스 산체스였다. 이처럼 펩이 티키타카를 포기하게 만들어 일대일 싸움으로 유도한 것 자체가 비엘사의 전술상 승리라고도 할 수 있을 것이다. 경기는 그 후 난타전 양상을 띠었는데, 결국 2-2 무승부로 마무리되었다.

경기 후 펩의 입에서는 적장인 비엘사를 칭찬하는 말이 끊임없이 나왔다. "그는 나보다 바르셀로나를 더 잘 알고 있었다", "전술적으로 믿을 수 없는 경기였다. 내 인생에서도 가장 아름다운 경기였다고 생각한다."

규격 외의 선수가 탄생하는 이유

비엘사는 설령 상대가 자신들보다 강팀이라 해도 끝없이 공격한다는 이상을 절대 포기하지 않는 사내로, 그 이상을 위해 선수에게 가혹하다고도 할 수 있는 하드워킹을 부과

한다. 비엘사가 실시하는 유명한 훈련으로 '머더 볼(살인 볼)'
이라는 것이 있다. 이 머더 볼은 45분 동안 11명 대 11명으
로 프리킥도 없이 시종일관 인플레이 상태로 계속 달리면서
경기하는 것이다. 언뜻 비상식적인 훈련으로 생각되기도 하
지만, 비엘사가 요구하는 쉴 새 없이 달리고 몸싸움을 하며
공수에 걸쳐 플레이하는 선수를 육성하기에는 적합한 방법
이다. 실제로 과거에 비엘사의 팀에서는 규격 외의 선수가
여러 명 탄생했다. 특히 플레이 지역을 균등하게 나누는 지
역 수비 개념에서는 도저히 생각할 수 없는 광대한 지역을
혼자서 커버하는 앵커를 만들어내는 것이 비엘사의 전매특
허다.

비엘사가 키운 앵커로 첫손에 꼽을 수 있는 선수는 하비
에르 마스체라노일 것이다. 리버 플레이트의 하부 조직에서
뛰고 있었던 프로 계약 전의 17세 소년을 A대표 선수로 발
탁해 데뷔시킨 사람이 바로 당시 아르헨티나 국가대표팀 감
독을 맡고 있었던 비엘사다(당연한 말이지만, 프로 계약 전의 선수
가 성인 국가대표로 데뷔한 것은 세계적으로도 매우 이례적인 사례다).

마스체라노의 '개인기'로 공을 빼앗는 능력은 대인 수비
에 안성맞춤이었다. 그리고 무한한 스태미나를 살릴 수 있
도록 활동 지역을 한정하지 않음으로써 그 재능을 꽃피우

게 했다. 칠레 국가대표인 아르투로 비달(현 CR 플라멩구)과 아틀레틱 빌바오의 안데르 에레라(파리 생제르맹 FC에서 임대)도 비엘사의 가르침을 받고 세계 정상급 앵커로 발돋움했다. 최근까지 비엘사가 지휘봉을 잡고 있었던 리즈 유나이티드에서 앵커로 활약한 칼빈 필립스(현 맨체스터 시티)도 대망의 잉글랜드 국가대표 선수로 데뷔했다.

이처럼 대인 수비 전술은 때때로 이론에서 벗어난 선수를 키워내는 일면이 있다. 뒤에서 소개할 가스페리니도 비엘사처럼 대인 수비 전술을 애용하는데, 그가 육성 감독으로 높은 평가를 받고 있는 것도 이 전술과 무관하지 않을 것이다.

또한 일본 국가대표팀 감독을 맡았던 이비차 오심도 대인 수비 전술을 구사하는 감독 중 한 명이다. 그런 오심의 가르침을 받은 아베 유키와 하뉴 나오타케 또한 그 전술이 키워낸 캐릭터라 할 수 있다.

마니아다운 지극히 체계적인 접근법

지금까지 주로 비엘사의 공격적인 수비 메커니즘을 살펴봤는데, 그의 진가는 역시 공격 전술이라고 할 수 있다. 네덜란드와 크루이프의 영향을 받은 비엘사는 펩의 바르셀로나가 등장하기 10년 전에 이미 남아메리카에서 포지션 플레이를 도입해 실천하고 있었다.

아르헨티나와 멕시코의 클럽에서 실적을 쌓은 비엘사는 1998년에 아르헨티나 국가대표팀 감독에 취임하면서 즉시 아약스의 3-4-3 포메이션과 포지션 플레이를 도입했다. 3톱의 양 측면 포워드를 터치라인 근처에 배치해 간격을 벌리고 규칙적으로 패스를 돌리며 철저히 측면 공격을 전개했던 모습은 크루이프의 축구 그 자체로, 비엘사의 아르헨티나 국가대표팀은 남아메리카의 다른 국가대표팀과는 분명히 다른 이채로운 존재였다.

당시 남아메리카 축구는 여전히 느린 템포와 선수 개개인의 번뜩이는 플레이를 중요시하던 시기였다. 4년 후에 열리는 2002년 한일 월드컵에서 우승하게 되는 브라질이 공격의 대부분을 '3R(호나우두, 히바우두, 호나우지뉴)'이라 불리는 천재들의 번뜩이는 플레이에 의지했던 것은 이런 분위기를 잘 말해 준다. 그랬던 시기에 당시 남아메리카의 상식과는 선을 그은 비엘사의 축구는 필자를 매료시키기에 충분했다.

비엘사가 만든 아르헨티나 국가대표팀의 3-4-3 포메이션은 매우 체계적으로 구성되어 있었다. 중원의 지휘자 후안 세바스티안 베론이 장기인 중장거리 패스를 좌우로 뿌리고, 드리블러 아리엘 오르테가와 빠른 속도가 자랑인 클라우디오 로페스가 측면을 돌파한다. 배후에서는 풍부한 운동량을 자랑하는 후안 파블로 소린과 사네티가 공격을 위해 올라온다. 측면에서의 크로스를 골대 앞에서 슛으로 연결하는 것은 센터포워드인 가브리엘 바티스투타(혹은 에르난 크레스포)의 몫이다. 각 포지션의 역할이 이처럼 명쾌하게 정해져 있었다.

시스템이 명쾌하게 정해져 있어서 비엘사의 선수 기용에도 한 점의 망설임이 없었다. 당시 아르헨티나에는 바티스투타와 크레스포라는 세계에서도 손꼽히는 스트라이커가 있었다. 즉 이 두 선수를 동시에 활용하는 2톱 체제로 팀을 구성하더라도 전혀 이상한 일이 아니었다. 그러나 비엘사에게 센터포워드 포지션은 한 명으로 정해져 있어서 선발로 기용되는 선수는 둘 중 한 명뿐이었다.

그뿐만이 아니다. 당시는 스트라이커뿐만 아니라 플레이메이커 자리에도 파블로 아이마르와 후안 로만 리켈메라는 재능이 풍부한 선수들이 있었지만, 선발 출장하는 주전 선수는 베론으로 고정되어 있었다. 3-4-3에서 플레이메이커 포지션은 공격형 미드필더 한 명이 담당했기 때문이다. 아이마르는 베론의 교체 선수로만 출장할 수 있었고, 이는 결국 월드컵 본선까지 바뀌지 않았다. 리켈메 역시 짧은 패스와 원투를 중심으로 한 중앙 돌파에 집착하는 플레이 스타일상 애초에 팀의 구상에서 제외되어 있었다. 비엘사에게는 공을 짧게 소유하고 짧은 패스보다는 중장거리 패스를 좌우로 분배할 수 있는 '기계' 베론이 이상적인 공격형 미드필더였던 것이다.

이런 비엘사의 체계적인 취향은 축구라는 스포츠의 구조를 철저히 해석한 결과로 생각된다. 그는 자신의 연구 성과를 다음과 같이 이야기했다.

"나는 지금까지 2만 5,000경기를 비디오로 분석했는데, 축구의 역사에서 전술이라는 것은 28종류뿐이며 패턴은 125가지로 나눌 수 있었다."

나 같은 범인(凡人)은 도대체 무슨 말인지 도저히 이해가 안 가지만, 비엘사는 자신의 지론을 절대적으로 확신했다. 이는 그의 독자적인 훈련법에서도 드러난다. 그는 축구의 상황을 부분적으로 분해하고 그 상황별로 패턴화된 움직임을 철저히 주입시킴으로써 팀을 만들어 나갔다. 상황을 세분화한 다음, 수비수도 두지 않고 콘과 막대를 표식으로 삼아 패턴 연습을 계속 반복시켰다. 옆에서 보면 무엇을 하고 있는지 전혀 알 수 없었다. 세계 각국의 지도자들이 비엘사의 훈련을 견학하러 오는데, 머릿속에 물음표를 띄우면서 돌아가는 경우도 적지 않은 모양이다.

애초에 그 훈련을 하는 선수들도 웃으면서 "처음에는 훈련의 의도를 전혀 이해할 수 없었습니다"라고 말할 정도다. 그러나 비엘사는 그런 것에 전혀 신경 쓰지 않았다. 자신의 머릿속에 완성된 그림이 있어서 그것으로 충분하다고 생각했다. 실제로 비엘사의 팀은 세분화해서 훈련해 온 각각의 상황이 경기 속에서 연결되기 시작할 무렵(팀이 시동을 건지 4~5개월 후)부터 갑자기 승리하기 시작한다는 특징이 있다. 선수들이 비엘사의 의도를 이해하기 시작하면서부터 신기할 정도로 패스가 연결되고 자연스럽게 측면을 무너트릴 수 있게 되는 것이다. 축구의 메커니즘을 깨우친 축구 마니아 감독의 진가가 발휘되는 순간이라고 할 수 있다.

비엘사는 축구의 구조를 너무나도 잘 이해하고 있는 까닭에 선수 개개인의 번뜩이는 플레이나 재능을 과대평가하지 않는다. 그렇다 보니 스타 선수들이 즐비한 아르헨티나 국가대표팀에서는 당연히 반발도 있었다. 그러나 압도적인 결과가 비엘사를 뒷받침했다. 당시 남아메리카 국가들은 아르헨티나 국가대표팀의 빠른 템포의 볼 돌리기와 포지션 플레이에 전혀 대응하지 못했고, 그 결과 아르헨티나는 월드컵 남아메리카 예선을 13승 4무 1패라는 성적으로 독주했다(2위인 에콰도르와는 승점 12점 차이). 당연히 월드컵 본선에서도 비엘사의 아르헨티나는 유력한 우승 후보로 주목받았다.

그러나 2002년 한일 월드컵은 비엘사의 기나긴 커리어에서도 가장 쓰디쓴 경험이 되어 버렸다. 잉글랜드, 나이지리아, 스웨덴이 속한 '죽음의 조'였다고는 하지만 1승 1무 1패의 성적으로 조별 리그에서 탈락하고 만 것이다. 탈락 원인은 남아메리카 예선에서 선보였던 비엘사의 축구가 너무나도 충격적이었던 탓에 본선을 맞이할 무렵에는 전 세계가 그의 전술에 대한 연구를 마친 상태였다는 점을 들 수 있다. 오르테가는 철저한 마크와 반칙을 두려워하지 않는 거친 태클로 인해 경기장에서 지워져 버렸고, 빠른 속도를 자랑하는 로페스는 활약할 공간을 얻지 못했다. 게다가 플레이메이커 베론이 본선에서 최악의 컨디션 난조를 보이는 불운도 겹쳤다.

또한 남아메리카 예선에서 맹위를 떨쳤던 포지션 플레이도 크루이프의 축구를 경험한 유럽 국가들의 눈에는 딱히 새로운 것이 아니었다. 비엘사가 중시한 측면에서의 크로스를 통한 공격은 골대 앞에 장신 수비수가 즐비한 잉글랜드와 스웨덴이 가장 대처하기 쉬운 공격 경로였다고 할 수 있다. 데이터를 보더라도 아르헨티나는 잉글랜드와의 경기에서 25개, 스웨덴과의 경기에서 32개의 크로스를 올렸지만 같은 편 선수에게 연결된 것은 두 경기를 통틀어 9개에 불과했다(성공률 약 16%). 비엘사의 팀을 연구해 골대 앞에 덩치큰 선수들을 세워 놓은 상대에 맞서 아르헨티나는 오로지 측면 공격만 거듭했다. 이처럼 치밀하게 조립된 기계는 바로 그 치밀함 때문에 기능 불능 상태에 빠지자 너무나도 무력해지고 말았다.

이런 상황에서 잉글랜드와의 경기 후반에 부진한 베론을 대신해 출장한 아이마르의 생기 넘치는 플레이를 보고 있자니 참으로 얄궂은 기분이 들었다. 그때까지 측면 공격에만 집착하던 상황에서 등장한 이 판타지스타는 단조로웠던 공격 리듬을 순간적으로 변화시켰다. 그때까지 비엘사에게 아이마르는 일종의 버그 같은 존재였는지도 모른다. 그러나 아이마르의 드리블과 중앙 돌파는 잉글랜드를 당황시키는 가장 효과적인 수단이었다. 만약 또 한 명의 판타지스타인 리켈메가 벤치에 있었더라면 어땠을까? 잉글랜드와의 경기는 아르헨티나 국민이 아니더라도 그런 생각이 들 수밖에 없는 경기였고, 그런 경기에서 한 줄기 희망이 되었던 것이 바로 아이마르의 분투였다.

결국 비엘사는 바티스투타와 크레스포의 2톱도 끝까지 사용하지 않았다. 마지막까지 선수 개인에게 의지하지 않고 자신이 만들어낸 시스템을 고집하다가 탈락한 것이다. 이런 패배 방식 또한 참으로 비엘사답다고 할 수 있을지 모른다.

판타지스타와의 공존으로

한일 월드컵으로부터 2년 후에 열린 아테네 올림픽에서 비엘사는 오명을 씻기 위해 아르헨티나 U-23 국가대표팀을 이끌고 금메달에 도전했다. 그리고 아르헨티나는 6전 6승,

17골이라는 압도적인 성적으로 금메달을 획득했다. 역시 톱 니바퀴가 맞물려 제대로 기능할 때의 비엘사의 팀은 다른 차원으로 느껴질 만큼 강력했다. 아테네 올림픽에서 자신의 지론이 정당함을 증명한 비엘사는 국가대표팀 감독을 사임하고 3년의 휴식 기간을 가졌다. 아마도 이 기간 동안 한일 월드컵의 패인 분석과 최첨단 축구 전술 연구에 몰두하지 않았을까 싶다. 그렇게 생각하는 이유는 휴식 기간을 마친 뒤 지휘봉을 잡은 팀에서 보여준 전술에서 상당한 진화를 엿볼 수 있었기 때문이다.

2007년에 휴식을 마치고 칠레 국가대표팀 감독에 취임한 비엘사는 즉시 칠레 국가대표팀을 대인 수비를 기본으로 하면서 높은 압박과 포지션 플레이가 융합된 친숙한 스타일로 만들었다. 새롭게 태어난 칠레 국가대표팀은 남아메리카 예선을 브라질에 이은 2위라는 좋은 성적으로 통과했고, 비엘사는 자신의 두 번째 월드컵에 도전하게 되었다.

문제는 당시의 칠레에도 재능 넘치는 두 명의 판타지스타가 있었다는 점이다. 2006년 남아메리카 최우수 선수상을 받기도 한 마티아스 페르난데스는 뛰어난 기술과 속도감 넘치는 드리블이 무기인 뛰어난 공격형 미드필더다. 플레이 스타일도 어딘가 아이마르를 연상시킨다. 그리고 또 한 명의 판타지스타 호르헤 발디비아는 느릿한 템포의 패스 돌리기와 발군의 볼 소유 능력으로 공격에 '홀드업'을 만들어내는 고전적인 유형의 공격형 미드필더였다. 그의 플레이 스타일은 '칠레의 리켈메'라고 할 수 있었다.

비엘사는 이 두 명을 항상 국가대표팀에 소집했고, 상대와의 경기 전개에 맞춰 적절히 기용했다. 전반전에는 페르난데스의 속도로 경기장을 휘저었고, 후반전에는 발디비아를 기용해 리듬을 바꿈으로써 상대를 농락하는 식이었다. 때로는 두 명을 동시 기용하는 과감한 결정을 내리기도 했다. 과거의 비엘사라면 상상도 할 수 없었던 기용법이다. 한일 월드컵에서 이루어지지 않았던 아이마르와 리켈메의 공존이 칠레 국가대표팀에서 다른 선수들을 통해 이루어진 셈이다.

2010년에 열린 남아공 월드컵 스위스전에서도 비엘사의 영리한 선수 기용이 빛을 발했다. 거한이 즐비한 유럽의 전통 강호 스위스가 수비를 단단히 함에 따라 경기는 교착 상태에 빠진 채 0-0으로 전반전이 종료되었다. 이는 2002년을 떠올리게 하는 전개였다. 그러자 비엘사는 하프타임에 발디비아를 투입하며 페르난데스와의 '더블 판타지스타' 시스템으로 방향을 전환했다. 이 선수 기용은 멋지게 적중해, 칠레는 후반 30분 발디비아의 천재적인 스루패스를 통해 결승점을 올릴 수 있었다. 비엘사는 이 대회에서 칠레를 16강에 올려놓았다.

5레인을 발전시킨 '레인 바꾸기'

2010년 이후에도 비엘사의 전술은 끊임없이 업데이트되고 있다. 이는 그 후 지휘봉을 잡은 아틀레틱 빌바오와 리즈 유나이티드에서도 마찬가지다. 특히 상대 팀이 골대 앞을 굳게 수비할 때의 측면 공격에 관해서는 변화가 현저하다. 그 일례로, 측면을 깊게 파고든 다음 땅볼로 크로스하는 패턴을 들 수 있다. 무턱대고 크로스를 올리던 모습은 자취를 감추고, 둔각으로 땅볼 크로스를 하는 경우가 분명하게 늘어났다. 높이만으로는 막을 수 없는 패턴의 크로스를 의식적으로 도입할 필요가 있었기 때문일 것이다.

측면을 무너트리는 패턴에 관해서도 비엘사는 '5레인'이라는 키워드가 세상에 나돌기 훨씬 전부터 하프 스페이스의 유용성을 깨닫고 있었다. 이는 2010년 칠레 국가대표팀이 안쪽의 레인을 언더래핑으로 파고드는 공격 패턴을 거듭한 것에서도 알 수 있다. 2020년대에 들어서자 펩이 바이에른과 맨시티에서 5레인 공격을 세상에 퍼트리고, 이와 함께 그에 대한 대책도 널리 보급되었다. 그러자 비엘사는 자신이 지휘하던 리즈에서 5레인을 한 단계 발전시킨 듯한 공격 패턴을 보여준다. 그것은 말하자면 '레인 바꾸기'라고도 할 수 있는 공격이었다.

일반적으로 5레인 공격에서는 하프 스페이스를 인사이드하프가 파고든다. 그러나 비엘사는 그 발전형으로서 반대쪽 측면의 인사이드하프가 반대편 하프 스페이스에서 대각선으로 달리는 패턴을 많이 사용한다(그림 16). 수비하는 쪽에서는 센터백의 사각(死角)에서 달려 들어오는데다가 반대쪽

그림 16 **비엘사의 '레인 바꾸기'**

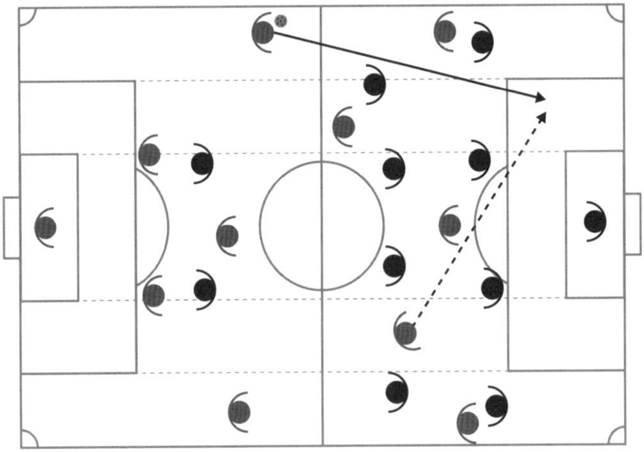

측면의 인사이드하프가 들어온 레인에 순간적으로 수적 불리 상태가 만들어지기 때문에 완벽히 대처하기가 매우 어렵다.

그러나 정말로 놀라운 점은 이것이 아니다. 이미 10년 전에 비엘사가 지휘했던 아틀레틱 빌바오에서 '레인 바꾸기'의 원형을 찾아볼 수 있다는 점이다. 이 '레인 바꾸기'는 연구와 업데이트를 끊임없이 거듭하는 비엘사 특유의 진화와 심화를 상징하는 일례라 할 수 있을 것이다.

그리고 이런 현상들에서 도출되는 결론은 비엘사가 과거에 했던 발상이 늘 최신 축구와 연결되어 있다는 점이다. 그렇다면 비엘사의 축구를 보는 행위는 곧 축구 전술의 미래 모습을 보는 것이라고 할 수 있지 않을까? 비엘사가 비엘사인 이유는 시간조차 가볍게 뛰어넘어 미래를 투시하는 초월성에 있다고 단언해도 결코 과대평가는 아닐 것이다.

Chapter 6

지안 피에로 가스페리니
~프로빈차의 영웅~

'갖지 못한 자'의 교본

지역 수비의 전성시대에 대인 수비 전술을 '약자의 병법'으로 사용하는 인물이 있다. 이탈리아의 지방 클럽에 불과한 아탈란타 BC를 유럽 컵 대회의 단골로 탈바꿈시킨 지안 피에로 가스페리니. 2016년 아탈란타의 감독으로 취임한 가스페리니는 취임 첫해부터 클럽을 사상 최고 성적인 4위로 이끌며 유로파리그 티켓을 획득했다. 이후에도 꾸준히 팀을 유럽 컵 대회에 진출시켰을 뿐만 아니라 2018년부터는 2년 연속 유럽 최고의 무대인 챔피언스리그 진출에 성공했으며, 챔피언스리그에서도 2019-20시즌에는 조별 리그를 돌파해 8강까지 오르는 등 아탈란타의 존재감을 계속 드높이고 있다.

참고로 2019-20시즌 챔피언스리그 8강전 상대는 넘쳐나는 오일 머니를 배경으로 스타 선수를 긁어모은 파리 생제르맹이었다. 생제르맹의 에이스 네이마르 한 명의 연봉으로 아탈란타 선수 전원의 연봉을 줄 수 있을 만큼 자금력의 차이가 압도적인 클럽 간의 대결이었다. 그러나 아탈란타는 그런 생제르맹에 용감하게 맞섰고, 홈 앤 어웨이 180분이 끝나는 시점에 1점을 리드하는 상황까지 생제르맹을 몰아붙였다. 최종적으로는 생제르맹이 추가 시간에 개인기 차이를 보여주며 역전극을 연출했지만, 패배했다고는 해도 아탈란타의 투지에 전 세계가 아낌없는 찬사를 보냈다. 카스페리니의 아탈란타는 홈구장 수용 인원수가 2만 5,000명도 안 되는 '갖지 못한 자'가 지향해야 할 하나의 교본 같은 팀이라 할 수 있다.

가스페리니의 커리어를 보면, 하부 조직의 육성 감독으로서 평가를 높인 뒤 주로 이탈리아의 프로빈차(지방 도시의 축구 클럽)에서 실적을 쌓았다. 이런 커리어를 쌓으며 '약자의 병법'을 터득한 것이 틀림없다.

가스페리니가 아탈란타 감독으로 취임한 2016년 당시는 대부분의 팀이 지역 수비를 주축으로 한 축구를 실천하고 있었다. 그리고 지역 수비의 구조를 날카롭게 찌른 포지션 플레이가 맹위를 떨치기 시작한 시기이기도 하다. 아탈란타 같은 작은 클럽이 그들과 같은 전법으로 맞서서는 싸움이 되지 않는다. 이에 대한 가스페리니의 해답은 명쾌했다. 시대의 주류가 지역 수비라면 반대로 '대인 수비'를 전술의 중심으로 삼아야 한다는 것이었다. 약자가 활로를 열기 위해서는 강자와 다른 전법으로 승부해야 한다고 판단한 것이다.

'+1'조차 버린 올코트 대인 수비

가스페리니가 채택한 대인 수비 또한 과감한 것이었다. 비엘사조차도 최종 라인의 '+1'을 확보하면서 대인 수비를 가동했지만, 가스페리니는 '+1'을 버린 올코트 대인 수비를 지향했다. 기술 수준이 높은 선수들을 갖춘 강호를 상대로 공을 넘겨준 상태에서 수동적인 수비를 해서는 승리할 수 없다고 생각한 것이리라. 상대가 자신들의 진영에 6명을 배치하고 빌드업을 한다면 아탈란타도 상대 진영에 6명을 보냈다. 이런 강경한 자세의 배경에는 물론 가스페리니 나름의 계산도 있었을 것이다.

지역 수비의 전성시대에 육성된 공격수는 요컨대 지역 수비를 부수는 기술이 뛰어난 선수라고 할 수 있다. 차비나 이니에스타, 다비드 실바 등은 지역 수비의 아주 작은 틈새에서 플레이할 수 있는 선수들이다. 그러나 상대 팀 선수가 대인 수비로 달라붙었을 경우의 대응에는 그다지 능숙하지 못하다. 지역 수비를 상대할 때는 작은 틈새에서 민첩하게 움직일 수 있는 작은 체격이 유리하지만, 처음부터 몸을 부딪쳐야 하는 대인 수비에서는 반대로 작은 체격이 불리하게 작용하기 때문이다.

시대의 트렌드에 맞는 공격수는 이적 시장에서 비싼 가격에 거래되고, 이는 곧 자금이 풍부한 빅 클럽에 엘리트가 몰리게 됨을 의미한다. 따라서 약팀을 이끄는 가스페리니가 강팀을 쓰러트리기 위해 시대를 역행하는 대인 수비 전술을 채용한 것은 합리적인 선택이었다. 이것이야말로 '약자의 병법'이라고 할 수 있다.

물론 '올코트 대인 수비'에는 커다란 리스크도 동반된다. 가령 상대 팀 포워드가 중원의 낮은 위치까지 내려갔을 경우, 센터백은 기본적으로 그 포워드를 마크하기 위해 따라가게 된다. 그러면 수비 중앙부가 텅 비어 버리기 때문에 언뜻 상당히 위험하게 느껴지기도 한다. 그러나 대인 수비적인 발상에서 공간은 상대가 사용하고 싶어도 사용할 수 없는 단순한 '공터'에 불과하다. 각각의 선수가 자신이 담당하는 선수를 철저히 마크한다면 상대가 누구라도 자유롭게 공간에 진입할 수 없기 때문이다.

물론 이는 어디까지나 이상론이며, 실제 경기에서는 상대 팀이 중앙 공간을 활용함에 따라 결정적인 위기를 맞이하는 상황이 반드시 일어난다. 그러나 아탈란타는 이런 리스크를 메우고도 남을 혜택을 누리고 있다. 수적으로 같은 대인 압박은 자유로운 선수를 만들지 않기 때문에, 언제라도 패스가 도착하는 곳에서 공을 빼앗기 위해 시도할 수 있음을 의미한다. 요컨대 공을 빼앗아서 역습을 펼칠 기회를 최대화할 수 있다는 말이다. 가스페리니는 이런 전술을 수지맞는 장사라고 생각했으리라.

아울러 대인 수비의 이점은 선수에게서 실력 이상의 경기력을 이끌어낼 수 있다는 점이다. 두 명 이상이 한 조가 되어 공을 빼앗으려 시도하는 역할과 이를 커버하는 역할을 분담하는 지역 수비와 달리, 올코트 대인 수비는 기본적으로 커버가 없다. 즉 자신이 돌파당한다면 곧 팀이 위기에 빠지는 것을 의미한다. 그러나 아탈란타의 수비를 지켜보고 있으면 오히려 이런 긴장감이 선수의 집중력을 120% 이끌어내고 있다는 느낌을 받는다. 선수 개개인에게서 '최악의 경우, 상대를 붙잡아서라도 저지한다'라는 기개 같은 것이 느껴질 정도다. 축구에서는 2 대 1의 수적 우위 상황에서 수비할 때 어중간한 대응을 하다가 두 명 사이를 돌파당하는 일이 의외로 종종 발생한다. 그러나 모든 것이 자신의 책임으로 귀결되는 대인 수비에서는 동료에게 의지하면서 긴장의 끈을 늦추는 것이 용납되지 않는다.

상대 팀 입장에서도 올코트 대인 수비는 상당히 거북하다. 일반적으로 자신들의 진영에서 빌드업을 할 때는 '+1'의 수적 우위를 전제로 삼는다. 수비 측은 보통 자신들의 진영 최후미에 '+1'을 확보하기 때문에 전방에서는 '-1'의 인원으로 압박하는 수밖에 없다. 따라서 공격 측은 빌드업을 할 때 자신들의 진영 최후미에서 만들어지는 '+1'의 수적 우위를 효과적으로 활용하면서 마크가 없는 자유로운 선수를 이용해 공을 상대 팀 진영까지 운반한다. 그런데 가스페리니는 상대 팀 진영에서부터 같은 수의 선수를 배치한다.

그 결과 자유로운 선수가 존재하지 않기 때문에 상대 선수는 자신의 힘으로 마크를 떼어낼 필요가 있다. 게다가 만에 하나 자신들의 진영에서 공을 빼앗긴다면 즉시 실점 위기를 맞이하게 될 수 있다. 아탈란타는 시종일관 상대 목에 칼끝을 들이미는 듯한 수비로 상대 선수들의 집중력을 갉아먹는 것이다. 생제르맹의 에이스 네이마르는 챔피언스리그에서 아탈란타와의 경기를 마친 뒤 그 긴장감을 이렇게 이야기했다.

"정말 힘든 경기였습니다. 아탈란타는 그라운드의 모든 지역에서 압박을 가했습니다. 호전적이며 엄청난 축구를 하는 팀입니다."

상식을 벗어난 센터백의 기습 공격

가스페리니는 공격 또한 수비 못지않게 호전적이다. 그의 공격 전술은 비엘사와 마찬가지로 포지션 플레이를 기본으로 삼는다. '대인 수비+포지션 플레이'의 조합은 어쩌면 현대 축구에서 새로운 트렌드가 되어 갈지도 모른다.

가스페리니가 구상한 포지션 플레이의 원류는 아탈란타 감독이 되기 10년 전으로 거슬러 올라간다. 가스페리니가 2006년부터 지휘봉을 잡아 세리에 A에서 선풍을 불러 일으킨 지방 클럽 제노아 CFC다. 가스페리니는 4백이 주류였던 당시 세리에 A에서는 보기 드문 3-4-3을 제노아에 도입했다. 물론 이것도 주류와는 반대로 가는 '약자의 병법'이었다.

가스페리니의 노림수는 명확했다. 그것은 측면에 선수 두명을 배치하는 4백에 대응하기 위해 측면에 세 명을 배치하는 3-4-3으로 수적 우위를 만들어내는 것이었다. 약팀은 뒤로 물러나서 수비하는 것을 정석으로 여기던 당시, 가스페리니는 강팀을 상대로 어떻게 우위를 만들어내 공격할지를 궁리했다. 그리고 측면에서의 트라이앵글 형성과 이를 발전시킨 다이아몬드를 통해 수적 우위를 만들어 측면을 철저히 공격하는 방법을 생각해냈다(그림 17).

제노아의 상식을 벗어났다고 말할 수 있는 축구는 세리에 A를 석권했다. 승격 첫 시즌, 갓 승격한 클럽으로서는 훌륭한 성적인 10위로 마친 제노아는 적극적인 보강을 감행했다. 그리고 맞이한 두 번째 시즌, 수적 우위라는 전제에 개개인의 '수준'도 추가된 제노아는 단숨에 돌풍을 일으켰다. 유벤투스 FC, AS 로마, AC 밀란 같은 강호를 차례차례 격파하는 업셋을 일으키며 5위라는 기대 이상의 순위까지

그림 17 제노아의 트라이앵글 형성

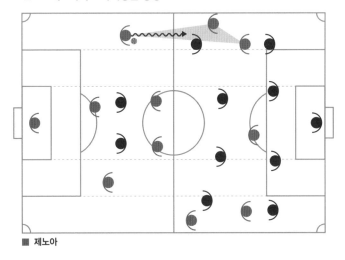

■ 제노아

약진한 것이다. 그러나 약진의 대가로 시즌 종료 후 에이스 밀리토와 지휘관 티아고 모타라는 팀의 기둥을 잃게 되었고, 이후 제노아는 침체기를 맞이한다.

제노아에서의 공적을 인정받은 가스페리니는 명문 인테르의 감독이 되었지만, 전술 이전에 스타 선수들의 매니지먼트가 요구되는 환경은 그가 바라는 것이 아니었는지도 모른다. 또한 시간을 들여서 서서히 팀을 만들어 나가는 스타일이기에 당장 결과를 낼 것을 요구하는 프런트나 서포터들과의 상성도 결코 좋다고는 말할 수 없었다. 결국 1무 4패를 기록한 끝에 불과 3개월 만에 해임당하고 만다.

역시 가스페리니의 진가는 '갖지 못한 자'들의 레지스탕스(반군)를 이끌 때 발휘된다고 할 수 있다. 2016년부터 지휘봉을 잡은 지방의 군소 클럽 아탈란타에서 가스페리니는 화려하게 부활한다. 선수 인건비가 인테르의 약 4분의 1에 불과한 이 클럽을 이끌고 2019년부터 3년 연속 챔피언스리그에 진출한 것은 쾌거라고밖에 표현할 길이 없다.

아탈란타에서도 공격 전술의 기본은 제노아와 동일하다. 3백을 사용해 측면에서 수적 우위를 만들어낸다는 노림수도 같다. 다만 포메이션은 3-4-3과 3-4-1-2를 병용했다. 아탈란타에는 세리에 A에서도 손꼽히는 판타지스타 알레한드로 고메스(파푸 고메스)가 존재했기에 그를 활용하기 위한 공격형 미드필더 포지션을 준비한 것이다. 고메스는 어태킹 서드(파이널 서드)에서 최후의 마무리를 담당했으며, 그의 드리블과 단번에 상황을 바꿔 버리는 킬러 패스는 팀에 대체 불가능한 강점이 되었다.

그러나 '개인'에게 의존하는 공격으로는 빅 클럽에 핵심 선수를 빼앗겼을 때 제노아 시절처럼 침체에 빠질 우려가 있었다. 그러던 차에 한 경기에서 감독인 가스페리니와 팀의 제왕인 고메스가 격렬한 대립을 일으켰다. 사건의 발단은 가스페리니의 전술적 지시를 고메스가 무시한 채 플레이를 계속한 것이었다. 좋은 의미에서든 나쁜 의미에서든 팀 내에서 영향력이 큰 플레이어는 점차 에고도 강해지는 경우가 있다. 이윽고 두 사람의 관계가 회복 불가능한 수준까지 심각해지자 클럽은 신속하고 현명한 결단을 내렸다. 그때까지 팀의 절대적 존재였던 제왕 고메스를 내보냄으로써 가스페리니를 지지하는 자세를 분명히 드러낸 것이다. 클럽의 이 판단이 옳았다는 것은 이후의 결과가 증명한다. 고메스를 내보낸 아탈란타는 새로운 영역으로 한 발을 내디뎠으며, 팀은 변함없이 좋은 분위기를 유지하고 있다.

왕정이 해체되자 팀의 전술은 진화했다. 먼저 수비를 살펴보면, 전방에서의 높은 압박 강도가 명백히 향상되었다. 수비를 게을리 하는 경향이 있는데다가 팀 전술의 일개 톱니바퀴로 기능시키기 어려웠던 고메스가 사라짐에 따라 팀은 전보다 높은 위치에서 공을 빼앗을 수 있게 된 것이다. 고메스가 만들어내는 '홀드업'이 사라진 대신 짧은 역습과 세로 방향의 빠른 공격이 늘어났다. 그리고 지공에 관해서는 유럽의 주류가 되고 있는 포지션 플레이로 완전히 방향을 전환한 듯하다. 공격형 미드필더 같은 특별한 포지션을 준비할 필요가 없는 까닭에 자연스럽게 5레인을 메울 수

있는 포메이션을 채용할 수 있게 된 것도 하나의 요인일 것
이다.

또한 가스페리니는 측면 공격 메커니즘도 업데이트시키
고 있다. 하프 스페이스에서의 수비 대응이 진화함에 따라
전방의 다섯 명이 5레인을 점유하는 기존 포메이션의 위력
이 약해질 징후를 보이자 새로운 하프 스페이스 공략을 준
비했다. 그것이 바로 센터백이 뒤에서 하프 스페이스를 찌
르고 들어오는 공격이다(그림 18). 생각해 보면 분명히 3백의
좌우 센터백은 처음부터 하프 스페이스의 레인에 위치하고

그림 18 **아탈란타의 '하프 스페이스' 공략법**

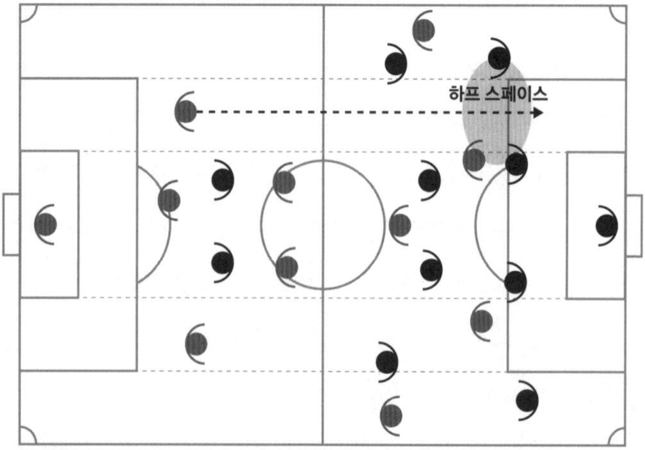

하프 스페이스

■ **아탈란타**

있다. 따라서 그대로 공격을 위해 올라오면 자연스럽게 하프 스페이스를 공략할 수 있다는 논리다. 수비하는 쪽으로서는 최후미에서 올라오는 센터백에게 마크를 붙이기가 어렵기 때문에 기본적으로 자유로운 상태에서 침입을 허용하게 된다. 억지로 마크를 붙이려고 시도하면 에이스급인 포워드가 센터백에게 붙어서 자신들의 진영까지 내려오게 해야 하기 때문에 공격력이 저하되고 말 것이다.

물론 아탈란타도 센터백을 상대 팀 진영까지 올려야 하는 리스크가 동반되지만, 지금까지 살펴봤듯이 가스페리니는 '살을 내주고 뼈를 치는' 전략을 주저 없이 선택할 수 있는 사내다. 센터백을 공격에 참가시킴으로써 상대에게 포워드를 내릴지 마크가 없는 센터백의 침입을 허용할지 양자택일하도록 강요하는 것이다. 가스페리니의 '센터백의 공격 참가'는 비엘사의 '레인 바꾸기'와 마찬가지로 하프 스페이스를 둘러싼 전술적 공방의 산물이라 할 수 있다.

특정 선수에게 공격의 대부분을 의존하는 방식은 그 선수를 잃은 뒤에 대가를 치르게 된다. 제노아에서 이 사실을 통감한 가스페리니는 특정 개인에게 의지하지 않는 공격 전술을 구축하는 방향으로 전환한 것처럼 보인다. 어쨌든, 항상 시대에 맞춰 업데이트를 반복하고 있는 가스페리니(와 비엘사)가 현대 축구에서 수많은 업셋을 만들어내고 있는 것은 필연적인 결과라고 할 수 있을지도 모른다.

대인 수비 시대에 요구되는 '지성'

앞으로 포지션 플레이가 더욱 침투하게 된다면 점차 그 대항 수단인 대인 수비가 더욱 효과적인 전술이 되어 갈 가능성이 높다. 지역 수비가 주류인 시대에서 대인 수비의 시대로 돌아가는 것은 충분히 생각할 수 있는 흐름이다. 2019-20시즌 챔피언스리그 우승 클럽 바이에른이 실천하고 있는 압박 기술도 그런 흐름 속에 있는 전술이다. 그들은 지역 압박 수비로 시작하지만, 공을 빼앗는 스위치가 켜진 순간 대인 수비로 전환해 '선수'를 마크한다. 이미 최정상급 팀에서 대인 수비가 부활의 조짐을 보이기 시작했다고 해도 과언이 아니다.

수비 전술이 바뀌면 당연히 공격수에게 요구되는 자질도 변화한다. 앞으로는 지역 틈새에서 민첩하게 움직이는 것만으로는 결정적인 차이를 만들어낼 수 없는 시대가 되어 갈 것이다. 그렇다면 대인 수비의 시대에 필요한 새로운 공격수는 어떤 모습일까?

첫째는 플레이할 때 재치를 발휘할 수 있는 '지성'적인 능력이다. 가령 맨체스터 시티의 지휘관인 케빈 더 브라위너의 플레이는 새로운 시대에 요구되는 지성 그 자체라고 할 수 있다. 특히 2019-20시즌 챔피언스리그 조별 리그에서 가스페리니가 이끄는 아탈란타를 상대로 보여준 플레이는 매우 상징적이었다. 이 경기에서도 가스페리니는 당연히 올코트 대인 수비를 채용했다. 특히 맨시티에서 공격의 중심을 맡고 있었던 더 브라위너에게는 철저한 마크와 반칙도 두려워하지 않는 격렬한 몸싸움을 통해 공을 건드려 보지도 못하게 하려 했다. 가스페리니의 이런 노림수는 멋지게 적중해, 경기는 초반부터 아탈란타가 맨시티 진영에서 가로채기를 연발하는 전개로 진행되었다. 맨시티는 언뜻 공격의 실마리조차 찾아내지 못하는 것처럼 보였다.

그런데 전반 30분이 지났을 무렵, 아탈란타의 노림수를 간파한 더 브라위너가 갑자기 기지 넘치는 플레이로 득점을 만들어냈다. 센터백이 자신을 계속 따라오며 마크하고 있다는 것을 깨닫고는 자신의 위치에서 벗어나 터치라인 근처에 자리하기 시작한 것이다. 그렇게 해서 자신을 마크하던 센터백을 중앙에서 끌어낸 다음 월패스의 벽 역할만 하면서 자신을 대신해 준족의 측면 공격수 라힘 스털링을 중앙의 빈 공간으로 달리게 했다. 이러한 더 브라위너의 번뜩이는 기지에 아탈란타의 최종 라인은 완전히 붕괴되고 말았다.

　그의 번뜩이는 기지는 다음과 같이 해석할 수 있다. 먼저, 단순히 센터백을 유인하는 것은 누구나 떠올릴 수 있는 생각이기는 하다. 그러나 의도적으로 월패스를 사용해 자신을 한 번 경유시킴으로써 진심으로 '유인'을 했다는 점이 얄미울 만큼 훌륭하다. 그저 자신의 위치를 벗어났을 뿐이었다면 상대도 그 의도를 간파했을 것이다. 아울러 영리했던 것은 상대 팀의 마크와 '경주하는' 상황이 되는 것을 이용한 선수 선택이다. 아탈란타가 올코트 대인 수비를 하는 이상, 어떤 동료를 달리게 하든 마크가 붙을 것은 자명하다. 그래서 팀 최고의 준족 공격수 스털링을 대신 달리게 한 것도 역시 교활하다는 말이 나올 만큼 훌륭한 판단이었다. 올코트 대인 수비의 급소는 바로 의도적으로 공간을 비운다는 점과 상대가 매치업의 우위성(이 경우는 개인의 속도 차이)을 활용해 그 공간을 이용할 수 있다는 데 있기 때문이다.

　더 브라위너의 이와 같은 기지 넘치는 플레이는 경기에 참가하면서도 한 발 물러서서 넓은 시야로 피치 전체의 매치업을 파악하고 최적의 해답을 이끌어낸, 지성의 결정체 같은 플레이였다. 이런 플레이를 보면 대인 수비 전술의 열쇠는 '지성'에 있음을 확신하게 된다.

대인 수비 시대에 요구되는 공격수의 또 다른 자질은 '일대일의 경험치'이다. 이에 대한 좋은 예는 네이마르의 플레이다. 그의 플레이에서는 대인 수비로 마크당하는 것을 힘들어하기는커녕 오히려 일대일을 즐기는 분위기까지 느낄 수 있다. 이는 아마도 그의 성장 환경과 깊은 관계가 있지 않을까? 그가 성장한 브라질의 거리 축구에서는 자신보다 몸집이 두 배는 큰 어른을 상대로 심판도 없는 뒷골목에서 플레이해야 한다. 여기에는 조직적인 전술도 없고, 규칙조차 없는 것이나 마찬가지다. 하물며 브라질에서는 어른이 아이를 상대로 태연하게 트릭 플레이를 시도한다. 자신의 존재감을 드러내지 않으면 패스조차 주지 않을 것이다. 그런 환경에서 갈고닦은 일대일의 기교가 네이마르의 자신감의 원천이 되었으리라.

한편 현대 축구의 엘리트 육성은 조직적인 수비를 조직적인 공격으로 무너트리는 전술적인 플레이 습득에 치우쳐 있다. 물론 이는 현대 축구에 요구되는 기본적인 능력이며, 선수를 상품으로 출고하기 위한 어떤 의미에서는 올바른 방법이다. 그러나 전술 트렌드는 놀라운 속도로 변화하기 마련이다. 그들이 어른이 되었을 때 트렌드가 어떻게 변화하더라도 활용할 수 있는 보편적인 스킬 습득이 필수일 것이다. 그런 의미에서 '수적 우위의 형성'이나 '포지션 플레이'도 물론 중요하지만, 모든 플레이의 기반이 되는 일대일의 경험치는 앞으로 더욱 중요해질 것이다.

네이마르 플레이의 가장 큰 특징은 등 뒤에 수비수가 바짝 붙어 있더라도 '앞을 향하려는 자세', 그리고 '빈틈이 보이면 공격을 시도하는 자세'를 절대 버리지 않는다는 점이다. 현대 축구에서는 마크를 등진 상태에서 패스를 받았을 때 공을 잃을 것을 두려워한 나머지 안일하게 원터치로 패스를 돌려보내는 선수가 참으로 많다. 그러나 수비하는 관점에서 봤을 때 공격을 시도하는 선수와 패스를 돌려보내는 선수 중 누구에게 더 위협을 느낄지는 자명하다. 네이마르는 등 뒤의 마크가 10센티미터라도 떨어져 있다고 느끼면 앞을 향하며, 계속 바짝 붙어 있다면 반드시 퍼스트 터치로 상대 선수의 역동작을 유도하려 한다. 즉 그는 개인의 힘으로 상황을 뒤집는 것의 중요성을 온몸으로 이해하고 있는 선수라고 할 수 있다. 네이마르가 소속된 파리 생제르맹이나 브라질 국가대표팀의 경기를 볼 때는 상황이 반전되는 순간에 주목하기 바란다. 대부분 네이마르가 관여하고 있음을 깨닫게 될 것이다.

앞에서 이야기한 챔피언스리그 아탈란타전에서 생제르맹의 스타 군단이 대인 수비에 고전하는 상황에서도 네이마르만큼은 자신을 마크하는 선수를 손바닥 위에 올려놓고 일대일 승부를 완전히 장악하고 있었다. 올코트 대인 수비를 하는 아탈란타의 수비는 네이마르에게 공이 넘어간 순간 반드시 무너졌다. 네이마르 한 명에게 쩔쩔맸다고 해도 과언이 아니었다. 피치를 휘젓는 그의 모습은 마치 뒷골목 축구의 제왕처럼 보이기까지 했다.

전술이 고도로 발달해 틈새 공간까지 허용하지 않게 된 현대 축구에서 원초적인 거리 축구의 스킬이 요구되고 있다는 것이 참으로 얄궂게 느껴지지만, 이런 모습에서 축구라는 스포츠의 재미를 발견하는 사람도 적지 않을 것이다.

Chapter 7

클라우디오 라니에리
~시대를 역행하는 고전 전술~

★ ★ ★

가스페리니나 비엘사는 피치 위에서 '약자의 병법'을 활용했는데, 피치 밖에서의 '약자의 병법'도 존재한다. 그것이 2015-16시즌에 프리미어리그 우승이라는 기적을 일으킨 레스터 시티 FC의 클럽 전략이다. 당시 레스터의 프리미어 우승은 선수 연봉 규모가 프리미어리그 20팀 가운데 17위에 불과한 '갖지 못한 자'가 일으킨 기적이었다. 그런 레스터의 특별한 점은 우승도 우승이지만 우승한 뒤에도 안정적으로 10위 이내의 성적을 거두고 있다는 점이다. 우승한 이 듬해인 2016-17시즌에는 챔피언스리그와 리그를 함께 치러야 했던 영향으로 12위에 머물렀지만, 그 뒤에는 4시즌 연속 10위 이내에 들어갔다(9위, 9위, 5위, 5위).

이러한 약진의 요인은 그들이 사용하는 '약자의 병법'에 있다. 다만 그들의 '약자의 병법'은 지금까지 살펴본 피치 위에서의 그것과는 약간 의미가 다르다. 이적 시장에서 선수를 보강할 때 '약자의 병법'을 사용하기 때문이다. 그래서 레스터가 보여주는 보강 전략의 독자성은 우승한 시즌보다 오히려 우승 직후의 동향에서 현저하게 드러났다.

과거에 약진을 이루었던 수많은 중소 클럽이 그러했듯이, 레스터도 우승 직후의 비시즌에는 주력 선수들이 대량 유출될 것으로 예상되었다. 자금력에서 빅 클럽의 상대가 되지 않는 중소 클럽으로서는 자릿수가 다른 제안을 받은 선수를 잔류시킬 방법이 없다. 그러나 레스터 시티의 경우, 우승 직후에 유출된 주력 선수는 첼시로 이적했던 은골로 캉테뿐이었다. 어떻게 레스터는 돈을 쓰지 않고도 주력 선수들의 유출을 막을 수 있었을까? 그 비결을 알려면 먼저 축구 이적 시장의 시스템을 이해해야 한다.

앞 장에서도 잠시 언급했지만, 전술의 트렌드와 이적 시장은 밀접하게 연결되어 있다. 수요·공급과 전략은 떼려야 뗄 수 없는 관계로, 그 시대 전술 트렌드와 부합하는 선수의 시장 가치는 자연스럽게 급등하며 부합하지 않는 선수의 시장 가치는 하락한다. 이와 같은 트렌드 우선의 시장 원리에 따라 선수의 가치가 결정되는 것이다.

그러나 레스터는 의도적으로 트렌드와 정반대 길을 걸었다. 시장에서 "시대에 뒤떨어졌다"라고 평가받는 선수를 모으는 역추세 매매를 통해 '약자의 병법'을 발견한 것이다. 그래서 우승은 했지만 주력 선수들이 시장 트렌드와 달랐던 까닭에 빅 클럽의 표적이 되지 않았다.

그렇다면 레스터가 기적의 우승을 달성한 2010년대 중기의 시장 트렌드는 어떠했을까? 제2장에서 소개했듯이, 당시는 전 세계 클럽이 펩의 바르셀로나의 뒤를 이으려는 듯이 점유율 축구로 방향을 전환하던 시기였다. 필연적으로 이적 시장에서는 발재간이 뛰어나고 영리하며 좁은 공간에서 민첩하게 움직이는 테크니션의 가치가 급등했다. 모든 클럽이 차세대 차비, 차세대 메시, 차세대 이니에스타를 찾아내기 위해 필사적이었던 것이다.

그러나 레스터는 달랐다. 현실적으로 광란의 머니 게임에 참가할 자금을 조달할 능력도 없었지만, 애초에 참가할 생각도 없었다. 그것은 '미라클 레스터'라고 불리는 우승 시즌의 멤버 구성을 봐도 명백하다.

미라클 레스터의 보강 전략을 이해하기 위한 열쇠는 당시의 선수 구성에 있다. 먼저 골키퍼부터 살펴보자. 골키퍼는 맨체스터 유나이티드의 황금기에 주전 골키퍼로 활약했던 피터 슈마이켈의 아들 카스퍼 슈마이켈이다. 그는 아버지처럼 정통파적인 플레이 스타일을 계승한 골키퍼였다. 골대 앞에서 발군의 존재감을 드러내는 그는 강인하고 공중볼에도 강하며, 슛 스토핑 능력이 뛰어나다. 그리고 무엇보다 자신의 몸을 던져서라도 절대 실점을 하지 않겠다는 기개가 느껴지는 투박한 골키퍼다.

한편 당시 시대의 트렌드는 점유율 축구에 적응할 수 있는 이른바 '볼 플레잉 키퍼'에 대한 수요가 높았다. 발재간이 뛰어나 '11번째 필드 플레이어'로서 골대로부터 멀리 떨어진 위치에서도 플레이할 수 있는 골키퍼는 분명히 점유율 축구에 필요한 이상적인 존재다. 그러나 골키퍼의 발재간이 주목을 받는 한편 본래 골키퍼에게 필요한 기초적인 스킬이 과소평가되는 흐름도 만들어졌다. 그 결과 골키퍼로서의 기술 수준에는 조금 의문이 남는 '필드 플레이어형 골키퍼'가 과대평가되는 풍조마저 보이게 되었다.

카스퍼 슈마이켈은 결코 발재간이 뛰어난 현대적인 골키퍼는 아니었다. 그러나 '골문을 지킨다'라는 골키퍼의 본분에 충실할 때, 그는 프리미어리그에서도 손꼽히는 잠재력을 지니고 있었다. 그는 시대적 분위기로 인해 과소평가된 존재라 할 수 있다. 레스터는 그런 카스퍼의 능력을 인정했기에 유행에 편승해 현대적인 골키퍼를 보강할 필요성은 눈곱만큼도 느끼지 못했다.

물론 그를 계속 골키퍼로 기용한다면 골키퍼를 기점으로 패스를 연결해 나가는 점유율 축구를 구사하기는 어렵다. 그러나 레스터가 내놓은 해답은 명쾌했다. 그렇다면 점유율 축구를 하지 않는다는 결론을 내린 것이다.

또한 당시에는 빌드업과 함께 점유율 축구를 구사하면서 높은 위치에서 압박을 가하는 전술이 유행하기 시작했다. 전방에서부터 압박을 가하면 필연적으로 수비 라인을 높이 끌어올리는 하이 라인 전술이 주류가 된다. 그러면 골키퍼에게 당연히 수비 라인의 배후를 커버할 수 있는 넓은 플레이 범위가 요구될 수밖에 없다.

그러나 카스퍼는 골 에어리어를 뛰쳐나가 플레이할 수 있는 기술을 지닌 유형은 아니었다. 이에 대해서도 레스터의 해답은 명쾌했다. 시대의 흐름이 '하이 라인'이라면 우리는 정반대인 '로 라인'으로 승부한다는 것이다. 레스터는 라인을 극단적으로 낮추는 전략으로 카스퍼가 가진 능력을 최대한 발휘하게 하는 데 성공했다. 골대 앞에서의 플레이에 전념할 수 있게 된 카스퍼는 발군의 안정감을 발휘했고, 2016-17시즌에는 선수들이 뽑은 최우수 선수로 선정되기도 했다.

다음으로 센터백을 살펴보자. 당시는 센터백도 골키퍼와 마찬가지로 변화를 요구받고 있었다. 점유율 축구를 실현하기 위해서는 후방에서 패스를 연결하는 기술이 필수라는 분위기가 강했으며, 아울러 하이 라인 전술을 가능케 하는 빠른 속도도 요구되었다. 그 결과 이 두 가지 능력을 겸비한 센터백의 시장 가치가 급등했다.

한편 공을 다루는 기술은 부족하지만 몸싸움을 잘하는 유형의 스토퍼는 완전히 시대에 뒤떨어진 선수로 간주되었다. 레스터는 이런 시대에 뒤떨어진 장인 기질의 센터백들에 주목했다. 역추세 매매를 선택한 이상, 후방에서 패스를 연결하는 트렌드를 따른다는 선택지는 레스터에게는 없었다. 그런 의미에서 당시 부동의 주전이었던 로베르트 후트와 웨스 모건이라는 '투박함'이라는 단어가 딱 어울리는 콤비는 레스터의 센터백으로서 최적임자였다.

특히 후트는 첼시 유스 출신으로 불과 17세에 프로로 데뷔한 숨겨진 인재였다. 191센티미터라는 신장을 활용한 강력한 볼 경합 능력은 당시부터 주목받고 있었다. 그러나 민첩하지 못한 체격과 결코 뛰어나다고는 말할 수 없는 발재간이 발목을 잡는 바람에, 첼시에서는 비상시 '파워 플레이' 전술에서 포워드로 기용되는 등 불우한 시절을 보냈다. 또한 첼시를 떠난 뒤에도 부상 등의 불운이 겹치며 중소 클럽을 전전하고 있었다.

레스터는 그런 후트에 주목했다. 임대 이적을 요청한 2015년 시점에 후트는 당시 소속되어 있었던 스토크 시티 FC에서도 거의 출장 기회를 잡지 못하고 있었고, 이미 전성기를 넘긴 선수로 간주되고 있었다. 그러나 레스터는 후트가 골대 앞 볼 경합에서 보여주는 강력함에 주목했다. 그들은 자신들의 골대 앞에서 확실히 공을 걷어낼 수 있는 강력한 센터백을 찾고 있었고, 후트는 그런 보강 포인트에 딱 맞는 적임자였다. 레스터로 임대 이적한 후트는 순식간에 주력 선수로 자리 잡으며 큰 활약을 펼쳤다. 클럽의 예상대로 팀의 전술과 후트의 플레이 스타일은 완전히 일치했다. 후트는 이적 이듬해인 2015-16시즌 프리미어리그 우승의 주역 중 한 명으로 부활을 이뤄냈다.

그러나 후트의 성공은 요즘 같은 시대에 몇 안 되는 지극히 예외적인 경우다. 2010년대 초반~중반에는 후트와 대조적으로 플레이 스타일과 팀 전술이 일치하지 않은 탓에 비극을 맞이한 센터백도 많았다.

2011년 신진기예의 젊은 감독 안드레 빌라스 보아스를 초빙했던 첼시의 경우가 그 전형적인 사례. 빌라스 보아스는 당시 최첨단 전술이었던 점유율 축구와 하이 라인 수비의 조합을 팀에 도입하려고 시도했다. 그러나 부동의 주장이었던 존 테리의 존재가 이를 어렵게 만들었다. 테리는 투박한 센터백의 표본 같은 선수로, 강한 투쟁심은 정평이 나 있었지만 느린 속도와 부족한 발재간은 시대적인 요구를 충족시키기에는 부족했다.

그럼에도 빌라스 보아스는 전술을 우선하며 억지로 팀의 개혁을 진행했고, 그 결과 첼시는 끔찍한 성적을 남기게 된다. 수비 라인에서 무리하게 연결한 어설픈 패스 돌리기는 높은 압박의 먹잇감이 되었고, 무리수를 거듭하며 끌어올린 수비 라인의 배후는 상대 역습에 유린당하기 일쑤였다. 상황이 이렇게 되면서 실점이 점차 증가한 것은 당연한 귀결이었다. 클럽의 전략과 보유 선수의 불일치가 초래한 비극이라고 할 수 있다.

2012년부터 리버풀을 이끈 브랜든 로저스 역시 전술과 맞지 않는 센터백이 발목을 잡는 바람에 실패한 사례이다. 로저스는 리버풀에 초빙되기 전까지 약소 클럽인 스완지 시티 AFC를 지휘하며 프리미어리그에서 선풍을 불러일으키고 있었다. 그는 당시 프리미어리그에서는 보기 힘들었던 최후미에서부터 패스를 연결하는 점유율 축구를 스완지에서 실현하면서 '스완셀로나'로 불리며 찬사를 한 몸에 받았고, 그 실적을 인정받아 리버풀로 초빙되었다.

리버풀이 원했던 것은 점유율 축구 노하우였으며, 로저스를 초빙한 목적도 여기에 있었음이 틀림없다. 그러나 아직 무명의 집단이었던 스완지와 달리 리버풀에는 이미 완성된 각국의 국가대표 선수들이 모여 있었다. 감독이었지만 특별히 내세울 만한 커리어가 없었던 로저스가 스타 군단의 플레이 스타일을 근본적으로 개혁하는 것은 어려운 일이었다. 여기에 리버풀이라는 클럽의 역사와 철학도 로저스를 방해했다. 거친 파도가 밀어닥치는 잉글랜드 서부 해안의 공업지대에 있는 항만 도시 리버풀에서 분투하며 문화를 만들어 온 사람들에게는 킥 앤 러시를 기반으로 한 하이 템포의 축구야말로 '풋볼'이었다. 그들은 몸을 부딪쳐서 공을 빼앗고 공을 빼앗으면 재빨리 상대 팀 진영으로 차 넣는 축구를 최고로 여겼으며, 축구가 규칙화되기 훨씬 전부터 그러한 역사를 새겨 왔다. 그런 팬과 선수들에게 마치 이베리아해의 휴양지에서 온 것 같은 전술을 선보인 로저스는 외부자일 뿐이었다. 당연히 팀은 점유율 축구를 소화해 내지 못하고 부진에 빠졌다. 그러나 이는 로저스의 책임이라기보다 오히려 클럽의 전략 미스라고 볼 수 있다. 여담이지만, 리버풀은 이후 클롭을 초빙할 때 이때의 교훈을 활용했다.

레스터에서 부활에 성공한 후트, 첼시와 리버풀의 실패. 이러한 사례는 언뜻 대조적으로 보이지만 거울 속에 비친 모습과도 같다. 그리고 클럽의 철학과 팀의 전략을 연결하는 눈에 보이지 않는 확고한 기둥이 얼마나 중요한지 이해할 수 있는 상징적인 사례이기도 하다.

다시 본론으로 돌아가서 레스터 시티의 선수 구성을 계속 살펴보자. 지금까지 골키퍼, 센터백과 그들의 사상을 살펴봤다. 다음에는 풀백이다. 이 포지션도 당시에는 바르셀로나의 초공격적 풀백인 다니엘 알베스가 하나의 이상형으로 여겨지면서 무조건적 공격력에 주목이 쏠리던 시대였다. 당연히 역추세 매매를 하는 레스터는 특출한 점은 없지만 견실한 수비력을 자랑하는 크리스티안 푹스와 대니 심슨을 배치했다. 그리고 트렌드를 따라 풀백을 공격에 참가시키는 것이 아니라 오히려 공격을 자중케 하며 수비의 안전을 꾀했다. 자신들의 진영에 항상 4백이 갖춰져 있었기에 역습을 통한 실점은 크게 감소했다. 결과적으로 '공격 참가를 하지 않는' 4백은 우승의 커다란 원동력이 되었다.

이어서 미드필더의 선수 구성을 살펴보자. 당시는 차비와 이니에스타의 전성기로, 당연히 중앙의 미드필더(볼란치 혹은 센터하프라고도 한다)가 각광받았으며 '기술이야말로 정의다'라는 생각이 시대를 지배하고 있었다. 반대로 말하면, 기술적으로 특출하지 않은 미드필더는 부당하게 낮은 평가를 받고 있었다. 이런 트렌드를 이용하려면 어떻게 해야 할까? 고민하던 레스터의 스카우트 스티브 월시는 프랑스의 2부 리그에서 한 무명 선수를 영입했다. 그 선수가 바로 은골로 캉테였다. 2015년 이적한 이 프랑스인 미드필더의 플레이는 곧 전 세계 축구 관계자의 이목을 집중시켰다. 화려한 기술은 없지만 헌신적인 하드워커인 캉테는 마치 피치 위에 세 명이 있다는 착각을 불러일으킬 정도의 운동량을 자랑했다. 게다가 개인의 힘으로 공을 빼앗아내는 강력함도 세계적으로 손꼽히는 수준이어서, 이 능력을 앞세워 프리미어리그 최고의 가로채기 수를 기록했다. 잉글랜드 미디어는 그의 너무나도 광대한 활동 영역을 다음과 같이 표현했다. "지구상의 71%는 물로 덮여 있다. 그리고 나머지 29%는 은골로 캉테가 커버하고 있다." 입이 거칠기로 유명한 잉글랜드 미디어가 이렇게까지 솔직하게 찬사를 보낸 것이야말로 그가 성공했음을 말해 주는 가장 큰 증거일 것이다.

캉테와 같은 재능이 그때까지 누구에게도 발견되지 않은 채 프랑스 2부 리그에 묻혀 있었다는 사실도 놀랍지만, 그 재능을 간과하지 않았던 레스터의 전략과 스카우트의 혜안도 대단하다고밖에 할 말이 없다. 당시 캉테의 고향인 프랑스에서조차 1부 리그 클럽 중 그 어느 곳도 그를 영입하려고 시도하지 않았다는 사실은 시대의 트렌드가 캉테를 얼마나 외면했는지 알게 해 준다.

캉테를 발굴한 윌시는 측면 공격수 포지션에서도 숨은 재능을 찾아냈다. 역시 프랑스 2부 리그에서 아직 누구의 주목도 받지 못하고 있었던 리야드 마레즈다. 마레즈는 독특한 리듬의 드리블과 전술 영역에 머무르려 하지 않는 에고를 지니고 있었다(훗날 마레즈는 맨체스터 시티로 이적하는데, 펩은 그를 팀 전술에 포함시키기 위해 상당한 시간을 들여야 했다).

때때로 "공을 지나치게 오래 소유한다"라는 말을 듣기도 하지만, 마레즈의 에고는 일단 발동하면 누구도 멈출 수 없었다. 그리고 이는 당시 트렌드를 역행하는 요소였다. 볼 점유율을 중시하는 축구에서는 측면 공격수의 경우에도 패스를 돌리는 템포를 무너트리지 않는 선수를 요구했고, 공을 계속 소유하는 드리블러는 가까이하지 않는 경향이 있었다. 한편 레스터의 전술은 라인을 내려 자신들의 진영 깊숙한 곳에서 수비를 단단히 하는 것이었고, 풀백도 기본적으로 거의 공격에 참가하지 않았다. 이 말은 자신들의 진영 깊숙한 곳에서 빼앗은 공을 상대 팀 진영까지 운반할 수 있는 드리블러의 존재가 필수라는 의미다. 팀에 따라서는 에고로도 간주되는 마레즈의 플레이 스타일이 레스터 입장에서는 반드시 필요한 해결책이었던 것이다. 이는 당시 레스터의 역습이 반드시 그로부터 시작되었다는 사실에서도 분명하게 드러난다. 2014년에 이적한 마레즈는 이듬해인 2015년 프리미어리그 최우수 선수상(MVP)을 받을 정도의 활약을 펼치며 팀의 우승에 공헌했다. 개인의 힘으로 세상의 트렌드를 뒤엎어 보인 것이다.

캉테와 마레즈의 성공 사례는 시장의 트렌드와 자신들의 전략을 비교해 보고 어디에 활로가 있을지 찾아내는 '약자의 병법'의 진수라고 할 수 있다.

'골을 넣을 수 있는 스트라이커'는 어디에 있는가?

레스터는 이적 시장에서 한없이 블루오션이라고 할 수 있는 영역에 주목해 왔다. 그러나 거의 모든 영역이 레드오션에 가까운 포지션도 존재한다. 그 영역은 바로 포워드이고, 그중에서도 특히 스트라이커라 불리는 선수다. 이적 시장에서도 가장 고액에 거래되는 스트라이커의 정보는 '넣은 골의 수'라는 누가 봐도 일목요연한 통일 지표를 바탕으로 전 세계에 공개되어 있다. 세계의 축구 관계자와 팬들은 지금 누가 많은 골을 넣고 있는지에 주목하며, 그러한 선수들을 인식하고 있다. 따라서 포워드는 득점 순위가 그대로 이적료 순위라고 생각해도 크게 다르지 않다. 제아무리 다른 뛰어난 능력을 지니고 있더라도 최종적으로 골을 넣지 못하는 포워드는 상대적으로 평가가 낮아질 수밖에 없다. 다시 말해 골만 잘 넣는다면 그 자체로 포워드로서는 일류라는 의미이기도 하다. 포워드라는 특수한 포지션은 축구에서 영원한 미스터리 중 하나다.

축구의 세계에서 '득점력'이나 '득점 감각'이라고 불리는 것은 나중에 배워서 익힐 수 있는 것이 아니라고 생각되는 경향이 있다. 그래서 전 세계 클럽들이 '지금 당장 골을 넣을 수 있는 포워드'를 끊임없이 찾아다닌다. 극단적으로 말하면 '골을 넣을 수 있는 선수는 언제 어디서나 골을 넣을 수 있지만 넣지 못하는 선수는 무슨 짓을 해도 넣지 못한다'라고 생각하는 것처럼 보이기도 한다. 과학적이지도 논리적이지도 않은 생각이지만, 그렇게 생각하기에 시장은 골을 넣을 수 있는 포워드에게 열광한다. 아무리 레스터가 약자의 전략으로 역추세 매매를 한다고 해도 '골을 넣지 못하는 포워드'를 영입하는 것은 팀에 아무런 이익이 되지 못한다.

물론 포워드에도 다양한 플레이 스타일이 존재한다. 그러나 경기장에서 최전방에 서는 이상, 그런 플레이 스타일은 결국 '골을 넣기 위한 것'이다. 그렇다면 레스터는 어떤 전략으로 포워드를 획득했을까? 이적 시장에서 '골을 넣을 수 있는 포워드'를 얻으려면 결국 돈 싸움을 해야 한다. 그렇다고 해서 실체를 알 수 없는 '득점력·득점 감각'을 잠재력만으로 판단하는 것도 현실적이지 못하다. 역시 답은 실적이 있는 포워드를 획득하는 것뿐이다. 만약 톱 리그에서 선수를 영입하기 어렵다면 하위 리그나 아직 주목받지 못하고 있는 나라의 리그에서 영입하는 것도 한 가지 방법이다. 2부 리그에서든 3부 리그에서든 지금 골을 넣고 있는 스트라이커라면 적어도 '감각'의 씨앗을 가지고 있을 가능성이 있다.

그 증거로, 과거에도 축구의 세계에서는 하위 리그의 포워드가 상위 리그로 올라온 뒤에도 계속 골을 넣으며 성공을 거둔 신기한 사례가 적지 않다. 가령 이탈리아의 세리에 B에서 득점을 양산하던 루카 토니나 필리포 인자기, 다리오 휘브너 등은 세리에 A로 승격된 뒤에도 득점력을 발휘해, 최종적으로 득점왕까지 차지했다. 일본에서도 J2의 득점왕이 나중에 J1에서 약진한 사례들이 여기에 해당한다. 2008년의 사토 히사토, 2009년의 가가와 신지, 2011년의 도요다 요헤이는 그 대표적인 예라고 할 수 있다. 최근에는 후지모토 노리아키(현 빗셀 고베)가 4부 리그에 해당하는 JFL

에서 개인 승격을 거듭하며 J1까지 올라왔다. 그들은 상위 리그로 이적해서도 변함없이 골을 넣음으로써 실력을 증명했다.

다만 레스터의 에이스 스트라이커인 제이미 바디의 성공 스토리는 세계적으로도 보기 드문 사례일지 모른다. 바디는 공장에서 일하면서 세미프로 선수로 플레이를 계속했던 입지전적 인물로, 레스터는 2012년 5부 리그에서 그를 영입했다. 그 후의 활약은 모두가 아는 대로이지만, 바디의 득점력이 없었다면 레스터의 프리미어리그 우승은 절대 불가능했을 것이다.

레스터에서 바디의 역할은 매우 명쾌했다. 그가 장기로 삼는 득점 패턴인 역습을 통해 골을 넣는 것이었다. 요컨대 레스터는 그가 최대한 골을 넣는 데 전념하게 했다. 이는 다른 포지션에서도 볼 수 있는 레스터의 보강 전략의 특징이다. 바디를 역습에 전념시키려면 항상 전방에 남겨 놓을 필요가 있다. 그러면 자연스럽게 2톱의 파트너로 요구되는 선수의 이미지도 명확해진다. 전방에는 바디의 몫까지 수비를 담당할 수 있는 파트너가 필요했고, 오카자키 신지는 그런 의미에서 이상적인 파트너였다. 레스터는 오카자키의 헌신적인 하드워킹을 통해 중원과 바디를 연결했다.

지금까지 반복해서 이야기했듯이, 레스터에는 클럽의 보강 전략이 먼저 있고 전술은 그 보강 전략을 바탕으로 결정되었다. 따라서 레스터에 요구되는 감독상은 성미가 까다로운 전술가도 카리스마 넘치는 감독도 아니다. 오히려 모난 개성 없이 클럽에서 모은 소재를 그대로 무난하게 활용할 수 있는 '월급쟁이 점장' 같은 감독이 이상적이다.

그런 의미에서 프리미어리그 경험이 있고 전술적으로는 평범하지만 팀을 무난하게 매니지먼트할 수 있는 클라우디오 라니에리를 감독으로 초빙한 것 또한 절묘한 '보강 전략'이었음에 감탄할 따름이다. 라니에리는 어떤 의미에서 클럽의 지시대로 지극히 전통적인 전술을 팀에 도입했다. 그것은 프리미어리그에서는 정석 중의 정석이라고도 할 수 있는 견수속공형의 4-4-2였다.

2010-11시즌 챔피언스리그 결승전에서 4-4-2의 본가이자 총본산인 맨체스터 유나이티드가 4-3-3으로 '사이'를 지배한 펩의 바르셀로나에게 완패한 뒤로 잉글랜드에서는 4-4-2가 시대에 뒤떨어진 유물로 간주되고 있었다. 프리미어리그의 포메이션이 급격히 다양화된 것도 이 무렵이다.

이런 상황도 전통적인 4-4-2를 사용하는 레스터에 유리하게 작용했다. 같은 포메이션을 사용하는 팀이 없어진 것이다. 어쩌면 여기까지 내다보고 전략을 세운 것일지도 모르지만….

어쨌든, 양쪽이 4-4-2로 대치하면서 힘 대결을 벌인다면 약자인 레스터는 아무래도 불리할 수밖에 없다. 그러나 전략의 차이를 만들어낼 수 있다면 약자에게도 어느 정도 승산이 있다.

레스터는 적확한 보강 전략으로 인재를 모으고, 감독도 그들을 관리하기에 적합한 라니에리를 영입했다. 이렇게 해서 맞이한 2015-16시즌, 이 절묘한 배합이 화학 반응을 일으켰다. 모든 클럽이 점유율 축구 대응에 고심하던 시대에 레스터의 고전적인 4-4-2는 시대를 역행하는 전술로서 맹위를 떨쳤다. 수비에 집중하는 4-4-2는 만약 상대가 바르셀로나였다면 박살이 났겠지만, 다행히도 국내 리그에 집중할 수 있는 레스터에게는 불필요한 걱정이었다.

고전을 무기로 약동한 레스터와는 대조적으로 강호들은 익숙하지 않은 점유율 축구에 고전을 면치 못했다. 그 전형적인 예가 맨체스터 유나이티드다. 그들은 포지션 플레이의 화신이라 할 수 있는 네덜란드 감독 루이 판 할에게 팀을 맡겼지만, 이 시도는 대실패로 끝났다. 특히 맨유의 전통인 빠른 측면 공격을 신조로 삼는 스타일과 포지션 플레이의 상성은 최악이었다. 서포터들도 점차 불신감을 품게 되면서, 맨유가 자신들의 진영에서 패스를 돌리기 시작하면 관중석에서 야유가 쏟아지기에 이르렀다.

첼시도 비슷한 상황이었다. 개막한 지 얼마 안 되어 무리뉴를 해임하고 네덜란드 감독 거스 히딩크를 긴급 등판시켜 스타일 변화를 꾀했다. 그러나 그 후에도 팀은 부진을 거듭하다 최종적으로 10위라는 기대 이하의 성적표를 받아들었다. 두 클럽 모두 지향하는 전술과 보유한 선수가 일치하지 않은 탓에 비전만 앞섰다는 인상을 부정할 수 없다. 결국 이 시즌은 레스터의 기적으로 기억되는 시즌이 되었다. 그러나 지금 와서 되돌아보면 시즌이 개막한 시점에 이미 레스터의 치밀한 전략과 다른 클럽의 전략 사이에는 하늘과 땅 만큼의 격차가 존재했었다는 생각이 든다. 그저 결과론일 뿐일지 모르지만….

시즌 종반, 피치에서는 변함없이 '짝퉁 바르셀로나'들이 레스터의 먹잇감이 되는 장면이 반복되었다. 어설픈 패스 돌리기는 캉테에게 모조리 가로채기를 당했고, 이것이 싫어서 롱패스를 시도하면 이번에는 철벽의 센터백 콤비(후트와 모건)가 강인함을 앞세워 걸어냈다. 게다가 수비에 집중하는 레스터를 상대할 때는 어떤 팀이든 공격할 때 몸이 앞으로 쏠리기 때문에 공을 빼앗은 순간 배후에 광대한 공간이 펼쳐졌다. 전방에 혼자 남아 있는 쾌속의 스트라이커 바디에게는 천국 같은 환경이었을 것이다. 종국에는 딱 한 골 차이로 해리 케인에게 시즌 득점왕 자리를 내줬지만, 바디가 남긴 24득점이라는 결과는 전술적 필연이었다.

기묘한 것은 어떠한 클럽도 약진하는 레스터에 대한 대책을 진지하게 세우지 않았다는 사실이다. 어쩌면 '사나이는 정면 승부'라는 잉글랜드 문화도 하나의 요인인지 모른다. 여기에 리그 내에서는 마지막까지도 '어차피 레스터는 내버려둬도 어느 시점에는 고꾸라질 것'이라는 분위기가 형성되어 있었던 것도 원인일 수 있다. 레스터 자체가 과소평가되고 있었기에 모두가 레스터의 약진을 보고도 무시했던 것이다. 수비에 치중하는 약소 클럽의 선전을 분석하기보다는 자신들의 스타일 변화를 꾀하는 것이 더 중요하다고 생각하며 자아 찾기에 열중하는 사이, 무시하고 있던 상대는 전통적인 방식으로 자아를 확립해 버린 상황이라고나 할까? 레스터의 우승은 '기적' 같은 것이 아니라 어떤 의미에서는 '필연'이었는지도 모른다.

　레스터가 세운 전략의 확실성은 우승한 뒤에도 꾸준히 안정된 성적을 남김으로써 증명되고 있다. 특히 주목해야 할 것은 2019-20시즌에 레스터가 또다시 과감한 '약자의 병법'을 보여줬다는 점이다. 클롭 등의 대두로 '스토밍' 스타일이 프리미어리그의 전술 트렌드가 되기 시작한 이 시즌에 레스터는 흥미롭게도 자신들이 공을 지배하는 스타일로 방향을 전환했다. 또다시 역추세 매매를 시작한 것이다.

　이적 시장에서는 스토밍에 적합한 운동량과 강한 피지컬을 소유한 선수의 시장 가치가 급등했다. 과거에 차비나 이니에스타가 급등시켰던 패스를 연결하는 기술이 뛰어난 선수 시장은 이제 블루오션이 되었다. 그래서 레스터는 '스완셀로나'로 명성을 드높였지만 리버풀에서의 실패로 빅 클럽에서는 통용되지 않는 감독이라는 낙인이 찍혀 버린 브랜든 로저스를 감독으로 초빙했다. 또한 선수들 역시 무명이지만 젊고 기술이 좋아 로저스가 장기 말처럼 활용하기에 부족함이 없는 인재들을 수집했다. 레스터의 역추세 매매 전략이 이번에는 어떤 결과를 가져올지 귀추가 주목되었는데, 시즌을 마친 뒤의 결과는 5위였다. 젊은 선수들은 탐욕

스러운 자세로 새로운 도전에 임했으며, 더는 뒤가 없는 로
저스도 팀을 훌륭히 통솔했다. 점유율 축구로의 전환은 멋
지게 성공했고, 레스터는 자신들의 클럽 전략의 확실성을
또다시 증명해 보였다.

Chapter 8

카를로 안첼로티
~최고의 조율사~

★ ★ ★

발군의 균형 감각

2000년대부터 현재에 이르기까지의 유럽 축구를 되돌아봤을 때, 카를로 안첼로티만큼 안정된 결과를 꾸준히 남기고 있는 감독도 드물 것이다.

그의 특징이자 최대 강점은 어떤 팀에서든 순식간에 조화를 이끌어내는 능력이 아닐까? 혼란기의 어수선한 클럽도 그가 손을 대면 금방 균형을 되찾는다. 안첼로티에게는 절묘한 균형 감각이 있는 것이다.

그의 팀 만들기는 '사람'을 파악하는 것에서부터 시작된다. 선수와 선수의 최적 조합을 자신의 독자적인 시점에서 이끌어내는 것이다. 특히 톡톡 튀는 개성의 소유자들을 결합시켜 완벽한 조합으로 만드는 솜씨는 정평이 나 있다.

유벤투스를 이끌던 시절에는 팀의 절대적인 지휘관이지만 속도와 수비 능력이 단점인 '제왕' 지네딘 지단의 파트너로 '투견' 에드가 다비즈를 지명했다. 다비즈는 타고난 기동력으로 지단의 운동량을 보완하며 완벽한 보완 관계를 구축하는 데 성공했다.

밀란을 이끌던 시절에는 피지컬이 단점인 지휘관 안드레아 피를로를 수비형 미드필더로 기용하고, 그 옆에는 경호원 젠나로 가투소를 배치해 피를로 대신 몸싸움 같은 지저분한 일을 맡겼다. 그러자 볼 배급에 전념할 수 있게 된 피를로는 레지스타(딥라잉 플레이메이커)로서의 재능을 순식간에 꽃피웠다. 즉 중원의 수비와 볼 배급을 분담시킨 것이다. 또한 밀란에서는 공격형 미드필더로 카카를 기용하는 등 당시의 이탈리아 축구에서는 아나키적이라고도 할 수 있는 판타지스타와의 공존도 성공시켰다.

사람과 사람을 연결하는 데 명수인 안첼로티는 어떤 클럽에서든 회장과도 양호한 관계를 쌓은 몇 안 되는 감독이었다. 특히 이탈리아 축구계에는 성격이 괴팍한 명물 회장과의 관계가 팀의 지휘에 커다란 영향을 끼칠 수 있다. 안첼로티는 선수(피치)와 회장(프런트) 사이에서 완충재 같은 역할을 해냄으로써 항상 팀의 균형을 유지해 온 보기 드문 존재다.

그런 그는 자신의 축구 철학을 이렇게 이야기한다.

"선수보다 중요한 시스템은 없다. 회장보다 중요한 시스템도 없다."

판타지스타와의 결별

그런 안첼로티지만, 지도자 커리어를 쌓기 시작할 무렵에는 지금과 정반대의 축구관을 가졌었다. 그가 감독 커리어를 시작한 1990년대 중반은 체계적인 축구의 전성시대였으며, 귀재 아리고 사키가 고안해낸 지역 압박 수비(존 프레스)가 맹위를 떨치고 있었다.

본래 지역 압박 수비라는 발상 자체는 디에고 마라도나라는 압도적인 선수를 억제하기 위한 전술이었다. 그런데 이 전술의 유효성이 확대되어 가자 점차 수단이 목적화되고 만다. 본래 마라도나를 봉쇄해서 승리하기 위해 고안된 전술이 어느덧 마라도나 같은 제왕을 방해물 취급하면서 실점을 막아 승점을 벌어들이는 것만이 목적인 전술로 변질되어 간 것이다.

지역 압박 수비라는 전술의 대전제는 필드의 10명이 균등하게 임무를 분담하는 협력 관계다. 선수를 조직의 톱니바퀴로 생각한다면 톡톡 튀는 개성이나 한쪽으로 편중된 능력은 방해가 된다고도 할 수 있다. 마라도나를 억제하는 것만이 목적이라면 그곳에 마라도나는 필요 없는 셈이다. 개중에는 "현대 축구에 판타지스타가 있을 곳은 없다"라고 공언하는 감독도 나타나기 시작했고, 시대는 '판타지스타와 결별'하는 방향으로 흘러가고 있었다. 그런 시대에 감독으로서 커리어를 시작한 안첼로티 또한 열성적인 '사키 신봉자'로서 판타지스타 불필요론의 선봉장이었다. 1996년에 취임해 감독으로서 두각을 나타내기 시작한 파르마 칼초 1913 시절에는 상징적이라고도 할 수 있는 일화를 남기기도 했다.

당시 자금적으로도 넉넉했던 파르마는 이탈리아 최고의 판타지스타였던 로베르토 바조와 계약하기 위해 움직이고 있었다. 일반적인 감독이라면 쌍수를 들고 환영할 대형 보강이었다. 하지만 안첼로티는 클럽의 움직임에 이의를 제기했고, 결국 "내가 생각하는 팀 구상에 바조(판타지스타)의 자리는 없소"라며 영입을 중지시켰다. 게다가 당시 팀에는 '넥스트 바조'의 유력 후보로 주가를 높이고 있었던 지안프랑코 졸라가 있었는데, 이 판타지스타도 안첼로티의 취임과 함께 프리미어리그로 떠나게 되었다. 이 일화에서도 알 수 있듯이, 당시의 안첼로티는 돌출된 선수를 매우 싫어했다.

안첼로티가 이끌던 시절의 파르마는 당시 그의 사상이 구현된 것 같은 팀이었다. 4-4-2 포메이션에는 조직에 충실한 병사가 배치되었고, 각자가 맡은 임무를 수행해 나갔다. 그 모습은 마치 규율이 절대적이라고 말하는 잘 훈련된 군대 같은 인상을 줬다. 공격도 정석적으로 측면에서 공략해 2톱이 마무리하는 방식이었다. 전원이 공격하고 전원이 수비하는, 분명히 바조가 있을 곳은 어디에도 없어 보이는 팀이었다. 안첼로티는 승점을 확실히 벌어들일 수 있는 팀을 만들었고, 그 성과는 분명히 나타났다. 취임 첫 시즌을 세리에 A 2위로 마치며 클럽 창설 이래 최고 성적을 낸 것이다.

그러나 한편으로 컵 대회를 포함한 타이틀 획득에는 이르지 못하는 팀이기도 했다. 자신들보다 약체를 상대로는 확실히 승점을 벌어들이지만, 우승을 다투는 중요한 경기나 어려운 흐름의 경기에서 억지로 흐름을 바꿔서라도 승리하는 강력함은 부족했다. 실제로 이 시즌의 총 득점수는 18팀 가운데 14위로, 강등된 칼리아리 칼초나 AC 페루자 칼초보다도 득점이 낮았다. 이 무렵부터 점차 안첼로티는 '준우승 수집가'라는 놀림을 받게 되었고, 조직 전술을 최우선으로 여기는 팀 구성에도 한계가 보이기 시작했다.

그도 그럴 것이, 경기가 긴박하게 전개될 때 흐름을 바꾸고 싶어도 벤치에는 같은 스타일의 선수들만 앉아 있었다. 이 팀에는 바조나 졸라 같은 돌출된 개성의 강력한 공격수가 있을 자리가 없었기에 실질적인 타개책도 없었던 것이다.

운명을 바꾼 지단과의 만남

안첼로티는 1999년 2월 유벤투스의 감독으로 취임하게 되는데, 이곳에서 자신의 운명을 바꾸게 된 한 선수를 만난다. 1998년 프랑스 월드컵에서 자국 프랑스를 우승으로 이끈 지네딘 지단이다. 지단과의 만남은 단순히 안첼로티의 인생만 바꾼 것이 아니라 현대 유럽 축구 전체에도 큰 영향을 끼치게 된다. 다만 이에 관해서는 조금 뒤에 다루기로 하고, 일단은 당시를 되돌아보도록 하자.

당시의 지단은 선수 커리어의 절정기를 맞이하고 있었다. 월드컵 우승뿐만 아니라 클럽에서도 유벤투스를 2년 연속 세리에 A 우승과 챔피언스리그 결승 진출로 이끌었다. 그야말로 타의 추종을 불허하는 압도적 경기력을 선보이고 있었다. 수비수 여러 명에게 둘러싸여도 공을 빼앗기는 일이 없었고, 결정적인 패스로 득점 기회를 만들어내는가 싶다가 자신도 득점을 올리는 등 말 그대로 피치 위의 '제왕'으로 불리기에 손색이 없는 활약을 펼쳤다.

한편 지단은 범용성이 부족한 선수이기도 했다. 다리가 느렸고, 공을 다루고 차는 데는 능숙하지만 공을 쫓아가는 수비는 잘하지 못했다. 한쪽으로 편중된 능력을 가진 돌출된 공격 재능이었던 것이다. 이런 지단을 활용하려면 공격형 미드필더 포지션에 배치해 자유롭게 플레이하도록 만드는 수밖에 없다. 그러나 안첼로티가 신조로 삼는 4-4-2 포메이션에는 공격형 미드필더 자리가 없었다. 결단을 내려야 하는 상황에 몰린 안첼로티는 결국 현명한 결정을 하게 된다. 그것은 지단을 위한 포메이션을 준비하고 그가 중심이 되는 팀을 만드는 선택이었다. 훗날 안첼로티는 이렇게 말했다.

"지단은 모든 것을 바꿨다. 나는 그를 중심으로 팀을 배치했다. 지주(지단의 애칭)를 위해 팀을 만든 것이다. 그는 나의 축구 스타일을 바꿨다. 모든 것이 그의 덕분이다."

바조와 졸라를 버렸던 사내가 결국 판타지스타와의 융합에 한 발을 내디딘 것이다.

안첼로티는 제왕 지단의 지정석인 공격형 미드필더 포지션을 준비하기 위해 먼저 포메이션에 손을 댔다. 기존의 4-4-2에서 4-3-1-2(혹은 3-4-1-2)로 바꾼 것이다. 이렇게 숫자를 나열해서 가시화하면 지단을 위한 '1'이라는 숫자가 눈부시게 빛나는 느낌이 든다.

4-4-2와의 가장 큰 차이점은 필드 플레이어 10명의 임무가 균등하지 않은 것이라고 할 수 있다. 자유롭게 공격할 필요가 있는 공격형 미드필더는 실질적으로 수비를 면제받은 만큼 다른 누군가가 수비 부담을 짊어질 필요가 있었다. 안첼로티에게 행운이었던 것은 당시 팀에 이 부담을 짊어지기에 안성맞춤인 선수들이 있었다는 점이다. 성격은 거칠지만 엄청난 활동량을 자랑하는 다비즈와 다리가 부러져도 달리기를 멈추지 않을 선수로 평가받는 투장 안토니오 콘테를 필두로, 알레시오 타키나르디와 잔루카 참브로타 등

이타적으로 플레이할 수 있는 선수들을 보유하고 있었다.

안첼로티는 공격형 미드필더인 지단 이상으로 그를 뒷받침할 호위의 존재를 중요시했다. 공격형 미드필더를 뒷받침하도록 호위를 배치해 지단을 철저히 보호했고, 그들은 지단 주위에서 지저분한 일을 처리하다가 공을 빼앗으면 즉시 지단에게 넘기는 임무를 충실히 수행했다(그림 19). '지단 포메이션'이라고 부르기에 손색이 없는 이 전술을 도입한 결과, 지단의 경기력은 더욱 향상되었다.

그림 19 **유벤투스의 4-3-1-2(지단 포메이션)**

다만 그럼에도 타이틀에는 손이 닿지 않았다. 1999-2000시즌에는 마지막 라운드에서 승리하면 우승을 차지할 수 있었던 절호의 기회를 놓쳐 승점 1점 차이로 2위에 머물렀고, 설욕을 다짐한 2000-01시즌에도 AS 로마에 승점 2점 차이로 밀리면서 2년 연속 우승을 놓치고 말았다. 지단의 경기력에 의존한 팀은 지단의 컨디션에 따라 커다란 기복을 보였고, 상대 팀도 점차 지단 포메이션에 대한 대책을 마련해 나갔다. 본래 안첼로티가 판타지스타의 기용을 주저했던 것도 바로 이런 사태를 우려해서였으리라.

아마도 안첼로티는 고뇌에 빠졌을 것이다. 판타지스타를 배제한 축구로는 우승하지 못했고, 그렇다고 판타지스타 중심의 축구로도 타이틀을 손에 넣지 못했다. 유벤투스에서의 2년 반 동안 감독으로서는 전술의 폭을 넓힐 수 있었지만, 얄궂게도 '준우승 수집가'라는 평판은 더욱 굳건해지고 말았다.

'레지스타' 피를로의 충격

그런 안첼로티에게 세 번째 기회가 찾아온 때는 2001-2002 시즌 중반이었다. 당시 극심한 부진에 빠져 있었던 명문 AC 밀란이 그에게 팀의 재건을 맡긴 것이다.

불행인지 다행인지, 당시 밀란에는 판타지스타가 네 명이나 모여 있었다. 당시 세리에 A에서도 최고의 마에스트로(지휘자)로 불렸던 후이 코스타, 브라질 국가대표팀에서 10번을 달고 있는 히바우두, 숙적 인테르에서 이적한 지휘관 클라렌스 세도르프, 그리고 젊은 천재 피를로였다. 당시 밀란의 지휘봉을 잡았던 감독들은 실비오 베를루스코니 회장이 수집한 기라성 같은 스타들의 교통정리에 고심했고, 결국 최적의 균형을 찾아내지 못한 채 해임당했다.

안첼로티의 머릿속에는 이런 생각이 떠올랐을 것이다. 지단 한 명에게 의존하는 축구에는 한계가 있었다. 그렇다면 이 남아도는 재능들을 동시에 기용해 보는 것은 어떨까? '안티 판타지스타'의 기수로 커리어를 시작한 감독 안첼로티는 이제 정반대 발상조차 할 수 있을 만큼 도량이 넓은 감독이 되어 있었다.

안첼로티는 궁리에 빠졌다. 그리고 먼저 '네 명의 판타지스타' 가운데 가장 올라운더 자질을 지녔던 세도르프에 주목했다. 융통성이 있는 세도르프를 공격형 미드필더에서 1열 아래로 내리고, 당시 이탈리아에서 실력 측면에서나 실적 측면에서 독보적인 존재였던 후이 코스타를 공격형 미드필더로 지명했다. 이렇게 하면 유벤투스 시절에는 한 명이었던 판타지스타를 동시에 두 명 기용할 수 있게 된다. 한편 아직 이탈리아 축구에 적응하지 못한 히바우두와 실적도 경험도 부족한 젊은 피를로는 일단 벤치 요원으로 활용했다. 이것은 지극히 이치에 맞는 선택이었다고 해도 무방할 것이다.

피를로는 팀 내에서 자신이 어떤 위치에 있는지 누구보다 잘 이해하고 있었다. 자신의 현재 실력으로는 공격형 미드필더 포지션에서 나머지 셋과 경쟁한들 이길 수 없다는 사실을. 그리고 한편으로 자신에게만 있는 장점도 자각하고 있었다. 그 장점은 바로 필드 전체를 한눈에 들여다볼 수 있는 넓은 시야와 롱패스의 정확도였다. 2001-02시즌 개막 이전의 프리 시즌 동안 자신이 공격형 미드필더 포지션 후보 중 꼴찌임을 깨달은 피를로는 안첼로티 감독과 직접 담판을 벌였다. 자신을 공격형 미드필더가 아니라 수비형 미드필더로 기용해 달라는 과감한 건의였다.

'판타지스타 세 명의 동시 기용'은 당시 이탈리아 축구에서는 생각할 수 없는 무모한 발상이었다. 그러나 이는 어쩌면 당시의 안첼로티에게 복음을 가져다준 건의였는지도 모른다. 준우승 수집가라는 오명을 씻어내고자 전술에 대한 선입견을 버리고 진화의 길을 모색하고 있었던 안첼로티는 이 진언을 계기로 칼초(이탈리아 축구)의 세계에 새로운 지평을 열어 나간다. '지단 포메이션'에서 '판타지스타의 동시 기용'으로. 칼초에 혁명이 일어나려 하고 있었다.

안첼로티는 피를로의 건의를 받아들였고, 피를로는 수비형 미드필더 포지션에서 새로운 경지를 개척해 나갔다. 이탈리아 축구의 정석에 역행하는 피를로의 포지션 변경은 전술적으로도 정답이었다. 당시 이탈리아에는 공격형 미드필더를 경기에서 지워 버리는 수비 전술은 있어도 수비형 미드필더를 경계하는 전술은 전무했기 때문이다. 그때까지는 공격의 기점을 이곳에 두자는 발상 자체가 없었기 때문에 당연하다면 당연한 일이었다.

상대 수비가 닿지 않는 안전 지역을 얻은 피를로는 물을 만난 고기처럼 활약했다. 레지스타(연출가)라고 불리는 새로운 역할을 맡아 종횡무진 패스를 뿌리며 팀의 공격을 디자인해 나갔다. 그런 피를로를 보좌하기 위해 안첼로티가 중원의 마지막 퍼즐 조각으로 선택한 선수는 수비의 균형을 맞춰줄 뿐만 아니라 지저분한 일을 떠맡을 수 있는 경호원 가투소였다. 투견으로 불리는 그는 기술 자체는 뛰어나지 않지만 중원 전역을 혼자서 커버할 수 있는 운동량의 소유자였기에 최고의 적임자였다.

세도르프와 가투소가 균형을 잡고, 공격형 미드필더 후이 코스타와 앵커 피를로가 교대로 팀을 지휘하는 중원의 다이아몬드는 절묘한 하모니를 연출했다. 단언컨대, 필자가 지금까지 본 수많은 팀 중에서도 세 손가락 안에 들어가는 중원이었다.

선수와 선수를 조합하면서 최적의 답을 이끌어내 팀을 가장 균형 잡힌 상태로 조율한 결과였다. 과거에 쓰라린 경험을 거듭하며 경험을 쌓은 안첼로티는 마침내 밀란에서 조율사의 자질을 꽃피웠다. 피를로의 포지션 변경을 단행한 2002-03시즌에 밀란은 챔피언스리그 우승을 차지했고, 2003-04시즌에는 세리에 A를 독주한 끝에 2위와 승점 11점 차이로 스쿠데토를 차지했다.

안첼로티의 진화는 그 후에도 멈추지 않았다. 2003-04시즌에 브라질의 천재 선수 카카가 가세하자 공격형 미드필더 자리를 하나 더 늘려서 4-3-2-1 포메이션을 만들어냈다. 이것으로 이론적으로는 판타지스타 네 명의 동시 기용도 가능해졌다(그림 20).

베를루스코니 회장이 큰돈을 들여 차례차례 영입한 스타 선수들을 피치 위에서 훌륭히 공존시키고 결과도 남겼

AC 밀란의 4-3-2-1(크리스마스트리)

다. 괴짜가 많은 빅 클럽 회장의 무리한 요구를 거절하지 않고 그들의 체면도 세워 주는 안첼로티의 노회한 처신은 아마도 이 무렵에 확립되었다고 봐도 무방할 것이다. 감독과 선수 사이뿐만 아니라 감독과 회장이라는 어려운 관계에서도 발휘되는 절묘한 균형 감각은 대단하다는 말밖에 나오지 않는다.

그 후 피를로는 이탈리아 국가대표팀에서도 레지스타로서 부동의 지위를 확립한다. 그를 활용하기 위해 이탈리아 국가대표팀이 밀란의 축구를 모방하는 흐름까지도 만들어졌다. 안첼로티의 넓은 도량이 이탈리아 축구에 혁명을 일으킨 것이다.

'준우승 수집가'에서 '우승 청부사'로

그 후 안첼로티는 첼시에서도 괴짜 회장 로만 아브라모비치와 양호한 관계를 쌓으면서 취임 첫해에 프리미어리그 우승을 달성했다. 그리고 프랑스의 파리 생제르맹에 가서도 악동 즐라탄 이브라히모비치를 길들이며 지단 포메이션의 재림이라고도 할 수 있는 '즐라탄 포메이션'을 구축했다. 여기에 오일머니로 차례차례 영입한 스타 선수들도 공존시키는 등, 이탈리아에서 쌓은 경험을 최대한 활용하며 결과를 쌓아 나갔다. 이 무렵이 되자 누구도 그를 '준우승 수집가'라고 놀리지 않게 되었고, 오히려 '우승 청부사'라는 별명이 붙었다.

그리고 맞이한 2013년, 안첼로티에게 또 하나의 전기가 찾아왔다. '갈락티코(은하계 군단)'로 불릴 만큼 세계에서 스타 선수가 가장 많이 모여 있는 클럽, 괴짜가 많은 회장들 중에서도 '최종 보스'로 불리기에 손색이 없는 페레스 회장이 이끄는 레알 마드리드의 감독으로 취임한 것이다.

당시 레알에는 이미 전방의 3톱에 흔히 'BBC'로 불리는 카림 벤제마와 가레스 베일, 그리고 크리스티아누 호날두가 군림하고 있었다. 선수들의 조합을 파악하기도 전에 이미 전방의 세 지정석이 모두 채워져 있었던 것이다. BBC의 공존은 회장의 절대 명령이었기에 포메이션은 필연적으로 4-3-3이 되었다.

중원에는 밀란에서 피를로가 맡았던 지휘관 포지션에 루카 모드리치와 차비 알론소, 아시에르 이야라멘디가 있었고, 수비로 균형을 잡아주는 가투소 역할에는 사미 케디라와 카세미루가 있었다. 안첼로티는 이 다섯 명 중에서 세 명을 선택해 4-3-3을 구성할 수도 있었지만, 그렇게 하면 팀이 가장 균형 잡힌 상태에 이르지 못함을 간파했다. 이 팀에는 하드워킹을 하면서 공격 상황에서 직접 공을 운반할 수 있는 세도르프가 없었기 때문이다.

이럴 때 안첼로니는 먼저 '사람'을 본다. 그의 눈에는 BBC 때문에 네 번째 공격수로 격하되어 자칫하면 방치될 위기에 놓인 한 사내가 보였다. 앙헬 디 마리아였다. 뛰어난 테크닉을 이용한 드리블의 추진력이 전매특허인 디 마리아는 그때까지 호날두, 베일 등과 포지션 경쟁을 하는 측면 공격수로 간주되고 있었다. 그러나 안첼로티에게는 밀란 시절에 네 명의 판타지스타 중에서 가장 올라운더 자질을 갖추고 있었던 세도르프를 중앙 미드필더로 개화시킨 경험이 있었다. 안첼로티는 그 경험을 살려 레알의 네 공격수(벤제마, 베일, 호날두, 디 마리아) 가운데 가장 올라운더 자질을 갖춘 디 마리아에 주목했고, 주저 없이 그를 미드필더로 변신시켰다.

이 포지션 변경은 멋지게 성공했다. 디 마리아는 공격할 때는 호날두가 중앙으로 들어오는 타이밍에 미드필더에서 측면 공격수로 변신했고, 수비할 때는 BBC가 공격에 전념할 수 있도록 그들 몫까지 뛰어다녔다. 디 마리아의 헌신 덕분에 레알은 마침내 BBC를 공존시키면서도 팀의 균형이 가장 잘 잡힌 상태를 찾아낼 수 있었다. 레알은 이 시즌 비록 국내 리그 우승은 놓쳤지만 페레스 회장의 비원이었던 챔피언스리그 우승을 달성했다.

레알은 이듬해에도 대형 보강을 진행했다. 중원에 토니 크로스와 하메스 로드리게스를 새로 영입한 것이다. 그러나 이 보강은 포화 상태를 넘어선 중원에 위기감을 느낀 디 마리아가 이적을 요청해 맨체스터 유나이티드로 떠나는 결과를 초래했다. 디 마리아의 처지에서 바라보면 자신은 '달릴 수 있는 판타지스타'로서 편리하게 이용될 뿐, 팀의 주역으로 언급되는 것은 항상 전방의 BBC인 현실에 불만이 쌓여 있었을지 모른다.

결과적으로 디 마리아가 이탈한 뒤 레알은 가장 균형 잡힌 상태의 팀을 되찾지 못했다. 이스코나 하메스 로드리게스 같은 제왕 기질의 판타지스타에게 디 마리아 같은 하드워킹을 요구할 수는 없었던 것이다. 다음 시즌, 주요 타이틀을 모두 놓친 안첼로티는 해임되고 말았다.

판타지스타의 하드워커화

그러나 한편으로 안첼로티가 제시한 '판타지스타의 하드워커화'라는 발상은 유럽 전역으로 파급되어 갔다. 이는 당시(지금도 그렇지만)의 빅 클럽이 모두 같은 문제로 골머리를 앓고 있었기 때문이다. 돈이 있는 팀에는 자연스럽게 스타 선수들이 모여든다. 그러나 스타 선수의 공존과 팀의 균형을 양립시키는 것은 쉽게 최적의 답을 찾아낼 수 있는 일이 아니다. 결국 수집한 선수들이 제 실력을 발휘하지 못하고 방치되는 사례가 끊이지 않는 것도 이 때문이다. 그렇기 때문에 안첼로티가 레알에서 찾아낸 해답을 보고 "그런 방법이 있었구나!"라며 무릎을 탁 친 것인지도 모른다.

안첼로티가 성공할 수 있었던 것은 어디까지나 그런 자질을 지닌 선수를 파악하는 안목이 있었기 때문이다. 팀의 사정을 선수에게 강요하는 것이 아니라, 선수가 플레이하기 쉬운 시스템을 팀이 준비한다. 요컨대 '선수'를 우선하는 발상이다. 그러나 이는 본래 학자 기질이 있는 전술가였던 사내가 고난을 겪은 끝에 도달한 방법이다. 간단한 일이 아니었다는 말이다. 안타깝지만 많은 빅 클럽은 이제 선수 사정에 맞춰 팀이 움직이기가 불가능할 만큼 거대한 공룡이 되었다. 현대 축구에서 선수 보강이란 단순히 전력을 높이는 것에 머물지 않고 클럽의 브랜드 가치를 상승시키는 의미도 지니기 시작했다.

레알의 라이벌인 바르셀로나는 2014-15시즌에 메시, 루이스 수아레스, 네이마르라는 일명 'MSN'을 전방에 배치했다. 그들은 메시와 수아레스가 전혀 수비를 하지 않음에 따라 발생하는 부담을 가장 젊은 네이마르에게 짊어지움으로써 최고의 균형을 모색했다. 중원에서 그 부담을 짊어지기에는 이미 바르셀로나의 중원이 지나치게 노쇠화되어 있었기 때문이다. 처음에는 네이마르의 헌신 덕분에 아슬아슬한 선에서 팀의 균형이 유지되는 듯 보였다. 팀의 성적도 매우 좋았기 때문에 이대로 네이마르가 외줄타기를 계속해 준다면 이론적으로는 아무런 문제가 없을 것처럼 보이기도 했다.

그러나 네이마르는 가투소나 디 마리아와 근본적으로 다른 선수다. 축구 왕국 브라질의 미래를 짊어진 천재 선수였던 그는 어릴 때부터 항상 필드의 제왕으로 군림해 왔다. 바르셀로나는 그런 네이마르에게 팀 사정을 떠넘겼던 것이다. 그가 어떤 선수인가라는 '사람'으로서의 관점은 완전히 무시했다. 그 결과 네이마르의 인내심은 한계를 맞이해, 2017년에 스페인 리그보다 수준이 몇 급은 떨어지는 프랑스 파리에서 다시 제왕의 자리에 앉는 길을 선택했다. 제왕을 노동자로 강등시키는 것은 역시 무리한 일이었는지 모른다.

중견 클럽에서 보여준 원점 회귀의 집대성

안첼로티는 이후 바이에른 뮌헨을 거쳐 이탈리아로 돌아왔다. 나폴리 감독으로 취임한 그는 이탈리아 시절의 성공 경험을 바탕으로 원점 회귀를 꾀했다.

당시 나폴리는 한 시대를 구축했던 마우리치오 사리 감독이 팀의 절대적 지휘관인 조르지뉴와 함께 첼시로 이적한 상황이라 매우 어려운 시기였다. 클럽에는 즉시 조르지 뉴급의 지휘관을 영입할 자금도 없었고, 설령 돈이 있다 해도 시장에 그런 선수 자체가 없었다.

그러나 안첼로티는 이번에도 선수를 유심히 관찰하며 팀을 만들기 시작했다. 시장에서 선수를 물색하기 전에 먼저 자신의 팀에 있는 선수들을 다시 살펴본 것이다. 그러자 공격형 미드필더로 팀의 지휘관을 오랫동안 맡아 온 마렉 함식의 시야와 경기 전개 능력이 눈에 들어왔다. 안첼로티는 즉시 함식의 포지션을 수비형 미드필더로 전환하는 결단을 내렸다. 밀란 시절에 피를로를 레지스타로 만들었듯이.

물론 그 옆에는 '나폴리의 가투소'라고 할 수 있는 블루워커 알랑 마르케스를 경호원으로 배치하는 것도 잊지 않았다. 그뿐만이 아니다. 안첼로티는 당시의 나폴리에 우수한 사이드하프가 많다는 사실에도 주목했다. 그리고 이들을 활용하기 위해 밀란 시절의 경험을 활용하면서도 포메이션 자체는 사이드하프를 둘 수 있는 4-4-2로 정착시켰다. 이런 융통성이야말로 그의 진가일 것이다.

2019년에는 프리미어리그로 건너가 에버턴 FC의 감독에 취임했다. 그때까지 거쳐 온 클럽과 비교하면 중견 클럽에 정착했다는 느낌이 들지만, 진심으로 빅 클럽의 대열에 합류하고 싶었던 에버턴이 명장을 초빙하기 위해 움직인 것이었다.

안첼로티는 에버턴에서 그때까지의 집대성이라고도 할 수 있는 선수 기용을 선보였다. 팀에는 하메스 로드리게스와 길피 시구르드손이라는 두 지휘관이 있었다. 그러나 중견 클럽이라는 위치를 생각해서인지, 판타지스타의 공존은 기본적으로 시도하지 않았다. 원칙적으로 어느 한 명이 주전이면 다른 한 명은 벤치에 앉혔다.

그러면서 4-3-1-2의 '지단 포메이션'과 '4-4-1-1'의 칼초 포메이션을 상황에 맞춰 사용했다. 후자는 2열째에 공격형 미드필더 포지션을 준비하면서도 4-4-2의 강점이었던 4-4 수비 블록을 무너트리지 않는 절충안이라고 할 수 있다. 1990년대부터 세리에 A에서 종종 볼 수 있었던 포메이션으로, 중견~하위 클럽에서 자주 사용했다. 8명이 수비를 하고 공격은 전방의 두 명(판타지스타+스트라이커)의 역습에 모두 맡기는 카테나치오 전술과 상성이 좋다.

또한 필요하다면 판타지스타를 두 명 모두 투입한 4-4-2도 사용했다. 안첼로티의 원점('사키 신봉자'였던 파르마 시절의 모습)이라고도 할 수 있는 전가의 보도도 이곳 에버턴에서는 효과적으로 활용되었다. 이런 카드들을 경기 상대와의 역학 관계나 경기 상황에 따라 교묘히 사용하는 장인의 솜씨는 자신이 안첼로티인 이유를 보여줬다고 할 수 있었다.

그전까지 오랫동안 빅 클럽의 감독을 맡아 왔었기에 그다지 보이지 않았던 일면이지만, 에버턴의 현재 위치와 안첼로티의 상성은 결코 나쁘지 않았다고 생각된다. 실제로 2020-21시즌에는 개막전부터 호조를 보이며 1위 싸움을 벌였다. 그러나 시즌 종반에는 주력 선수들의 부상이 속출한 탓에 기세를 잃은 점도 부정할 수 없다. '선수가 곧 전술'인 감독에게 그 자원인 선수층의 약화는 치명상으로 이어질 수 있는데, 그런 일면이 드러난 시즌이었다. 결국 안첼로티는 이 시즌을 마지막으로 에버턴을 떠나게 되었다.

자신은 에버턴에서 장기 집권하기를 바랐다고도 하지만, 역시 전 세계의 빅 클럽들이 이 사내를 내버려둘 리 없었다. 2021-22시즌, 안첼로티는 페레스 회장의 요청으로 레알 마드리드에 복귀했다. 클럽의 레전드인 지단조차도 결국은 재건할 수 없게 된 팀의 재건이 급선무였던 페레스 회장으로서는 안첼로티의 안정감에 팀의 운명을 맡기는 수밖에 없었을 것이다. 공격진의 대대적인 보강도 없이 맞이한 새 시즌의 취임 회견에서 회장은 안첼로티에게 '공격적인 축구의 부활'을 엄명했다. 또다시 불가능한 임무를 부여받았지만, 안첼로티에게는 이미 익숙한 상황이었을 것이다.

복귀 첫 시즌에 안첼로티는 먼저 팀의 황금기를 알고 있는 베테랑을 중심에 둔 4-3-3으로 포메이션을 고정했다. 중원에는 부동의 주전 모드리치와 크로스, 카세미루를 배치했고, 그들을 중심으로 볼 점유를 안정시키는 가운데 양 윙어로 기용한 젊고 빠른 선수들(비니시우스 주니오르, 마르코 아센시오, 호드리구 등)을 이용한 세로 방향의 빠른 공격도 균형 있게 섞어 넣었다.

수비에서는 벤제마의 부담을 줄이는 만큼 젊은 양쪽 윙어가 압박의 선봉에 서도록 선수들의 역할을 조정했는데, 이는 안첼로티다운 훌륭한 수완이었다. 젊은 선수는 열심히 달리고, 베테랑은 요소에서 자신이 맡은 임무를 수행한다. 이 역할 분담이 훌륭히 기능했음은 결과를 봐도 명백하다. 공격에 전념할 수 있게 된 벤제마는 20경기를 마친 시점에 17득점을 올리며 호날두 이적 이후 공공연하게 지적되던 '득점력 부족'을 옛말로 만들었다. 팀 전체의 득점력도 챔피언스리그 3연속 우승을 차지했던 황금기(2015년~) 수준으로 돌아왔다(2021년 종료 시점).

요컨대 안첼로티는 페레스 회장의 무리한 요구라고 생각되었던 '공격적인 축구의 부활'을 실현했다. 최적의 팀 구성으로 선수들을 부활시키고 회장의 체면도 구겨지지 않도록 진행하는 그의 세심한 일 처리는 '세계 최고의 조율사'라는 명성이 결코 허명이 아님을 말해 준다. 앞으로도 전 세계 빅 클럽 회장으로부터 팀을 재건해 달라는 요청이 끊이지 않을 것으로 예상되지만, 이 또한 본인이 바라는 바일지 모른다.

Chapter 9

지네딘 지단
~명선수, 명감독이 될 수 있을까~

천재의 경험

안첼로티의 감독상(像)을 이어받은 애제자. 지네딘 지단
이라는 감독을 한마디로 표현한다면 이렇게 말할 수 있지
않을까 싶다.

선수로서든 감독으로서든, 지단은 커리어의 전환점에서
항상 안첼로티와 접점이 있었다. 두 사람의 만남은 1999년
안첼로티가 당시 지단이 소속되어 있던 유벤투스 감독에
취임하면서 시작되었다. 앞 장에서도 이야기했듯이, 사키 신

봉자로서 그때까지 딱딱하고 체계적인 전술을 지향했던 안첼로티의 축구관은 지단과 만나면서 비약적으로 확장된다. '시스템 우선'으로 팀을 만들던 그가 '지단(선수) 우선'으로 팀을 만들게 된 것이다.

유벤투스 감독으로 취임한 안첼로티는 기존 방침을 180도 바꿔, 지단이 가장 플레이하기 좋은 포메이션과 환경을 제공했다. 파르마 시절에는 졸라를 갑갑한 측면으로 쫓아내 그의 능력을 깎아먹으면서까지 4-4-2에 집착했던 사내가 포메이션을 자발적으로 변경해(3-4-1-2 혹은 4-3-1-2) 공격형 미드필더 포지션을 만든 것은 이미 이야기한 대로다. 안첼로티의 이 같은 결정 덕분에 지단은 선수로서 능력을 120% 발휘할 수 있었다. 그리고 지단에게도 이때의 경험은 훗날의 감독 인생에 큰 영향을 끼쳤다고 생각된다.

월드컵, 유로, 챔피언스리그…. 지단은 선수로서 획득할 수 있는 최고봉의 타이틀을 전부 차지한 사내다. '승리자 중의 승리자'라고 해도 과언이 아니다. 사실 지단이 결과를 남긴 시즌의 팀에는 어떤 공통점이 있었다. 그것은 팀이 '지단의 활용 방식'을 발견한 것이라 생각된다. 선수 시절 지단은 혼자 힘으로 경기의 승패를 결정지을 수 있는 보기 드문 재능의 소유자였지만, 다재다능한 선수는 결코 아니었다. 공격에 전념하면서 기분 좋게 플레이할 수 있도록 만들어 준다면 세계 최고의 지휘관이지만, 반면에 수비는 잘하지 못했다. 또한 포지션을 고정시키고 활동 지역을 한정하면 장점이 반감되어 버렸기 때문에 그가 원할 때 원하는 지역에서 공을 받을 수 있도록 하는 것이 최선의 해법이었다. 요컨대 지단은 항상 '자유'를 갈구했고, 그런 바람이 충족되면 결과를 냈다고 볼 수 있다.

유벤투스 감독 시절의 안첼로티는 지단이 소속되어 있는 동안 그에게 항상 공격형 미드필더 포지션을 마련해 줬다. 포메이션은 3-4-1-2를 사용할 때도 있고 4-3-1-2를 사용할 때도 있었지만, 늘 '1'은 확보해 놓았으며 이곳은 당연히 지단을 위한 자리였다. 2톱의 후방, 포메이션 표기로도 혼자뿐인 '1'은 포지션을 어디로 이동시키든 자유였다. 또한 수비는 면제였고, 그 부담은 공격형 미드필더를 뒷받침하기 위해 배치된 중원의 '4' 혹은 '3'의 블루워커들이 떠맡았다. 완전히 특권 계급 포지션이지만, 공만 전달하면 그 특권을 누리기에 부족함 없는 플레이로 보답해 주는 선수가 지단이었다. 문자 그대로 적재적소였던 것이다. 문제는 선수별로 부여된 임무가 평등하지 않았기에, 이를 선수 전원에게 이해시키기 위한 매니지먼트가 필요했다. 그런 측면에서 유벤투스 시절의 지단은 안첼로티의 능숙한 팀 매니지먼트 덕도 많이 봤다고 할 수 있다.

지단이 그 후 이적한 레알 마드리드에서도 같은 일이 일어났다. 지단이 이적했을 당시, 레알에는 공격형 미드필더라는 포지션이 없었다. 그래서 좌측 사이드하프 포지션에 속박된 지단은 자신이 원하는 플레이를 할 수가 없어 애를 먹었다. 그러자 당시 감독이었던 비센테 델 보스케는 지단에게 본인이 원하는 타이밍에 사이드하프에서 중앙으로 진입해 공격형 미드필더로서 활동할 자유를 부여했다. 지단이 이동함으로써 무너진 중원의 균형은 다른 선수들이 커버했다. 좌측 볼란치인 산티아고 솔라리가 지단이 비운 좌측 측면을 커버했고, 솔라리가 비운 볼란치 공간은 우측 볼란치였던 마켈렐레가 혼자서 커버했다. 지단을 기점으로 중원이 시계 방향으로 선회하는 느낌이라고나 할까?

이 시스템의 핵심은 뭐니 뭐니 해도 혼자서 볼란치의 담당 지역 전체를 커버하는 마켈렐레의 운동량이었다. 그가 블루워커 역할을 담당한 덕분에 당시 '갈락티코'로 불렸던 팀은 아슬아슬한 선에서 균형을 유지할 수 있었다. 최적의 해답을 발견한 레알은 그 후 다수의 타이틀을 획득하는 황금기에 돌입한다. 지단은 또다시 감독의 매니지먼트와 마켈렐레라는 블루워커의 도움을 받은 것이다.

지단은 2006년에 현역을 은퇴한 뒤 레알에서 고문 역할을 맡으며 스포츠 디렉터로 취임했다. 그리고 2013년, 과거의 은사인 안첼로티가 레알의 감독이 되자 어시스턴트 코치로서 현장에 첫발을 내디뎠다. 지단은 이곳에서 안첼로티로부터 감독의 기본을 배웠다고 이야기했다. 따라서 지단의 축구관이 안첼로티와 매우 비슷한 것은 당연하다고 할 수 있다.

지단도 팀을 만들 때 유벤투스 이후의 안첼로티처럼 먼저 '선수 우선'의 관점에서 시작했다. 선수와 선수의 조합에서 최적의 해답을 모색하고, 선수가 기분 좋게 플레이할 수 있는 환경을 마련한 것이다. 지단은 감독으로 데뷔했을 때부터 이 일련의 작업을 일관되게 실시하고 있다.

지단이 처음으로 1군 팀을 지휘한 때는 2015-16시즌 도중이었다. 안첼로티의 뒤를 이어 라파엘 베니테스가 취임한 뒤 부진에 빠진 레알을 구하고자 감독으로 긴급 투입되었다. 이때 지단이 처음으로 한 일은 선수들을 파악해 팀에 최적의 해답을 찾아내는 것이었다. 당시 팀에는 벤제마와 베일, 호날두라는 슈퍼스타로 구성된 3톱인 일명 'BBC'가 여전히 부동의 주전이었는데, 전방을 뒷받침하는 중원의 균형에 문제가 있었다. 중원에도 이스코와 하메스 로드리게스라는 제왕 유형의 스타 선수가 있는, 말하자면 스타 선수의 포화 상태였다. 전임 감독인 베니테스는 팬과 프런트가 제시한 '스타 선수들의 공존'이라는 명제에 부응하고자 온갖 조합을 시도해 봤지만 전부 헛수고로 끝났다.

그러나 지단은 달랐다. 그는 감독에 취임한 뒤 첫 1개월을 스타 선수와 블루워커의 균형을 근본적으로 재검토하는 데 사용했다. 그리고 하나의 해답을 이끌어냈다. 팀의 '새로운 마켈렐레'로서 수비형 미드필더에 카세미루라는 블루워커를 배치하는 것이었다. 당시 카세미루는 아직 22세의 젊은 선수로, 실적 측면에서도 레알의 중원에서는 가장 수수한 부류에 속했다. 그렇기 때문에 더더욱 살아남기 위해 숨은 조력자 역할을 성실하게 함으로써 팀에 귀중한 존재가 되었다. 지단도 이 젊은 선수에게 절대적인 신뢰를 보내게 된다.

또한 카세미루의 약점인 패스 배급 문제를 해결하는 것도 잊지 않았다. 그의 옆에 지휘관인 크로스를 배치함으로써 보완 관계를 구축해 경기 전개 능력을 오히려 향상시킨 것이다. 그리고 중원의 마지막 선수로는 하드워킹이 가능하고 직접 공을 운반할 수도 있는 유틸리티 플레이어인 모드리치를 지명함으로써 이상적인 중원을 완성했다. 이 세 미드필더는 지단 정권의 얼굴로서 고정 주전이 되었고, 그 결과 중원의 균형은 크게 개선되었다. 또한 지속적으로 출장함에 따라 그들의 연계 플레이도 향상되어, 지금은 역할을 고정하지 않고 상황에 따라 누군가 한 명이 올라가면 다른 한 명이 자연스럽게 내려가 균형을 맞추는 찰떡 호흡을 보여주기에 이르렀다.

흥미로운 점은 지단이 이끌어낸 이 중원의 조합이 어딘가 안첼로티 시절의 밀란을 연상시킨다는 것이다. 볼 배급 담당 피를로는 크로스, 수비의 균형을 잡아 주는 블루워커 가투소는 카세미루, 공격형 미드필더부터 센터하프까지 능숙하게 소화해내는 유틸리티 플레이어 세도르프는 모드리치에 해당한다고 생각하면 거의 정확히 일치한다. 시대는 다르지만 두 명의 축구관이 깊은 부분에서 연결되어 있음을 엿볼 수 있다.

그러나 동시에 두 명의 발상이 양극단에서 출발했다는 것도 깨닫게 된다. 무슨 말일까? 쉽게 말하면 이런 이야기다. 안첼로티는 지단을 활용하기 위해, 즉 천재의 번뜩이는 플레이를 최대화하기 위해 그를 '선수 우선'의 중심에 뒀다. 그런데 그 혜택을 가장 크게 누렸다고 해도 과언이 아닌 당사자는 재미있게도 천재를 뒷받침하는 블루워커야말로 '선수 우선'의 중심이라고 생각했다. 참으로 흥미로운 사실이라고밖에 할 말이 없다.

감독 지단은 선수 지단을 활용할 수 있을까?

안첼로티는 판타지스타(스타 선수)를 활용하기 위해 고심한 끝에 다비즈나 가투소 같은 선수를 배치해 아슬아슬하게 균형을 맞춘다는 발상에 이르렀다. 지단이 선수로 소속되어 있었던 레알에서는 감독 델 보스케가 지단과 루이스 피구, 라울 곤살레스, 호나우두 등의 스타 선수를 동시에 기용하기 위해 블루워커 마켈렐레에게 그 부담을 떠맡김으로써 균형을 맞추려 했다.

한편 지단은 블루워커인 카세미루를 먼저 팀의 배꼽에 배치하는 것으로 팀의 구성을 시작했고, 최종적으로는 판타지스타인 이스코와 하메스를 벤치에 앉힌다는 결단을 내렸다. 이처럼 지단과 안첼로티의 발상이 다른 이유는 첫째로 당시 팀에서 균형이 무너져 있었던 부분이 달랐기 때문일 것이다. 전방에 이미 스타 선수를 세 명이나 보유하고 있는 팀의 구조상 중원에 그 이상 스타 선수를 배치할 수는 없었다. 중원에 필요한 선수는 균형을 잡아 줄 수 있는 블루워커였기에 당시 상황을 생각하면 당연하다고도 할 수 있는 판단이었다.

그런데 지단은 그 후 '블루워커 우선'인 팀 구성을 가속화했다. 출장 기회를 충분히 제공받지 못한 하메스와 베일은 지단과 관계가 틀어지는 형태로 팀을 떠났다. 그리고 팀의 최고 스타 선수였던 호날두도 새로운 도전을 위해 유벤투스로 이적했다. 그러나 스타 선수들이 하나둘 팀을 떠나갔음에도 판타지스타인 이스코는 변함없이 벤치를 지켜야 했다. 그 대신 지단이 중용한 선수는 루카스 바스케스와 페데리코 발베르데 같은 블루워커들이었다.

판타지스타를 사랑하는 안첼로티와 블루워커의 헌신을 높게 평가하는 지단. 두 감독의 감성 차이는 어디에서 비롯된 것일까? 그것은 역시 선수 시절의 경험이라고 생각하는 것이 자연스럽다. 선수 시절의 안첼로티는 하드워킹과 격렬한 태클을 신조로 삼는 볼란치였으며, 당연히 '블루워커' 플레이 스타일이었다. 그는 황금기 밀란에서 중원의 균형 유지자로서 오렌지 삼총사 등 스타 선수들의 조력자 역할을 철저히 했다. 말하자면 가투소의 역할을 했었다. 그런 안첼로티로서는 항상 경기의 중심에 있고 팀에 직접 승리를 가져다주는 스타 선수의 광채가 한층 눈부시게 느껴지지 않았을까? 실제로 수많은 경기에서 그 스타 선수들이 믿을 수 없는 플레이로 팀에 공헌했을 것이다. 그런 경험을 했던 안첼로티였기에 판타지스타의 가능성에 전폭적인 신뢰를 보내는 팀 구성을 할 수 있었는지도 모른다.

반대로 선수 시절의 지단은 늘 마켈렐레나 다비즈 같은 블루워커들의 도움을 받았다. 그들의 헌신이 없었다면 애초에 공격형 미드필더라는 자신의 특권적 포지션조차 성립하지 않았을 터이므로 지단이 블루워커를 중요하게 생각하는 것도 무리는 아니다. 실제로는 오히려 지단과 함께 플레이한 선수들이 입을 모아 "지단만큼 의지가 되는 선수는 없었다"라고 말하지만, 얄궂게도 전 세계에서 지단만은 절대 지단과 함께 플레이할 수가 없었다. 지단은 선수로서 압도적으로 뛰어난 존재였기에 지금의 축구관에 도달했는지도 모른다. 과연 감독 지단의 팀에 선수 지단이 있다면 감독 지단은 선수 지단을 활용할 수 있을까?

"선수들이 피치 위에서 즐겁게 뛰었으면 합니다. 사람들은 종종 감독이란 끊임없이 말을 하고, 호통을 치고, 이런저런 것들을 바꿔야 하는 존재라고 믿어 의심치 않지만, 실제로는 좀 더 조용한 존재입니다."

이것은 지단이 한 말인데, 그의 감독상을 단적으로 표현한 것이라고 할 수 있다. 지단이 감독으로서 하는 일은 선수가 피치 위에서 즐겁게 플레이할 수 있도록 준비하는 것이었다. 경기가 시작되면 선수 개개인이 자유롭게 판단하며 플레이하도록 주문한다. 어떤 의미에서는 조금 드문 유형의 감독일지도 모른다.

실제로 지단의 팀에서는 전술적인 제약이나 속박을 거의 찾아볼 수 없다. 이는 현역 시절에 어떻게 플레이했을 때 최고의 성과를 냈는지 알고 있는 본인의 경험도 영향을 끼쳤을 것이다. 일류 선수들이 모여서 순수하게 축구를 하고, 팀으로서 어떤 하나의 방향성을 억지로 요구하지 않지만 그 대신 무엇도 버리지 않는다. 그 결과 만들어진 지단의 팀은 참으로 자유분방하다. 점유율 축구도 하고, 역습도 한다. 때로는 승리를 얻기 위해 무리뉴처럼 골대 앞에 버스를 세우는 것조차 마다하지 않는다. 세계 최고봉의 선수들이기에 엄밀한 제약 없이 플레이를 해도 피치 위에서 어떠한 상황이 벌어지든 어느 정도 대처가 가능하다. 그리고 그것이야말로 지단의 팀의 가장 큰 강점이 되었다.

점유율 축구를 펩의 팀보다 잘하지 못할 수는 있더라도 세계에서 세 번째 정도로 잘하는 수준은 된다. 클롭의 팀처럼 역습이 날카롭지 않을지는 모르지만, 역시 세계에서 세 번째 정도로 날카로운 수준은 될 것이다. 이런 전방위형 팀의 강력함은 특히 유럽 각국의 강호와 토너먼트(홈 앤 어웨이)를 벌이는 챔피언스리그에서 유감없이 발휘되었다. 어떤 나라의 어떤 스타일을 가진 클럽을 상대하더라도 대체로 우위에 설 수 있었기 때문이다. 고유의 승리 패턴이 없는 대신 정해진 패배 패턴도 없었다. 연구가 불가능하다는 강점을 지닌 지단의 팀은 특히 약자의 처지에서 봤을 때는 가장 업셋을 하기 어려운 골치 아픈 강자로 비쳤을 것이다.

무엇이든 할 수 있는 팀만의 전략

특히 마지막 중에서도 마지막, 한 경기로 자웅을 겨루는 챔피언스리그 결승전 같은 무대에서는 그러한 지단의 팀의 강점이 최대화된다. 실제로 지단의 레알은 2015-16시즌부터 이 대회를 3연속 재패하는 전대미문의 쾌거를 이룩했다.

2015-16시즌 챔피언스리그 결승전은 시메오네가 이끄는 아틀레티코 마드리드와의 마드리드 더비였다. 경기 전의 관심은 유럽 최강의 방패인 아틀레티코를 최강의 창인 스타군단 레알이 어떻게 공략할 것인가에 쏠려 있었다. 그런데 막상 경기가 시작되자 지단은 점유율 축구라는 '창'을 포기하고, 그 대신 아틀레티코에게 일부러 공을 넘겨줘 공격하게 함으로써 그들도 '방패'를 버리게 만드는 전략을 사용했다. 즉 서로의 강점이 충돌하는 구도가 아니라 오히려 강점 이외의 부분으로 대결하는 구도를 만든 것이다.

아틀레티코는 물러나서 수비를 하다가 역습으로 공격하는 것을 전제로 선수를 모으고 훈련을 거듭해 온 팀이다. 그런 만큼 공의 점유율은 어느 정도 포기했었다. '특화'야말로 그들의 힘의 원천이었던 것이다. 한편 레알은 무엇에도 특화되어 있지 않았지만, 그런 만큼 포기하는 것도 없었다. 점유율 축구를 잘하기는 하지만, 역습 축구를 시켜도 충분히 강했다. 결과는 진흙탕 싸움을 유도한 지단의 전략적 승리로 끝났다.

한편 3연속 우승이 걸린 2017-18시즌 챔피언스리그 결승전에서는 직전 결승전과 정반대 전략으로 경기에 임했다. 상대는 클롭이 이끄는 스토밍의 강자 리버풀이었다. 리버풀은 의도적으로 하이 템포를 만드는 팀이다. 아틀레티코와의 경기처럼 일부러 공을 건네주면 시종일관 그 템포에 휘말릴 우려가 있었다. 클롭의 팀을 상대로 무작정 역습 싸움을 거는 것은 자살 행위일 뿐이다. 그래서 지단은 역습 상황에서 진가를 발휘하는 스피드스터 베일을 선발 멤버에서 제외시키고, 그 대신 4-3-1-2의 '지단 포메이션'으로 경기에 임했다. '1'의 포지션인 공격형 미드필더는 판타지스타 이스코였다. 지단의 노림수는 공을 보유해 경기의 템포를 떨어트리는 것으로, 이스코의 기술과 볼 키핑 능력은 리버풀이 노리는 높은 압박이나 게겐프레싱의 그물망에서 빠져나오는 데 안성맞춤이라고 할 수 있었다.

레알은 경기 초반부터 전력으로 달려드는 리버풀의 기세를 이스코를 중심으로 한 점유율 축구로 노련하게 받아넘겼다. 받아넘겼다고 하면 좋게 들리지만, 정확히는 공을 잃지 않는 것 자체가 목적인 듯한 패스 돌리기로 일관하면서 전반전을 마쳤다. 리스크를 감수하고서라도 골을 넣겠다는 기개는 전혀 느껴지지 않았다. 그러나 지단의 진짜 노림수는 바로 여기에 있었다.

후반전, 리버풀은 전반전의 압박이 헛수고로 끝난 만큼 움직임이 명백히 둔해져 있었다. 이를 본 지단은 기다렸다는 듯이 베일을 투입했다. 그때까지 설렁설렁 움직이던 레알은 베일의 투입과 동시에 갑자기 경기 양상을 하이 템포의 역습 싸움으로 바꿨다. 본래대로라면 클럽이 바라 마지않는 전개이지만, 리버풀은 이 급격한 속도 변화를 전혀 따라잡지 못했다. 베일은 투입된 지 불과 3분 만에 결승골을 넣더니, 종반에도 경기를 완전히 결정짓는 세 번째 골을 넣었다.

지단의 레알은 이처럼 단판 승부의 무대에서 어떤 전략이든 선택할 수 있는 강점을 지닌 팀이었다. 그리고 지단 자신이 그 사실을 가장 잘 이해하고 있었기에 3연속 우승이라는 위업을 이룰 수 있었다. 전방위형 팀이 가진 전략의 선택지라는 강점. 이 또한 축구에서 하나의 정의(正義)이며 압도적인 우위성이다. 물론 자금이 없으면 이런 강점을 확립하기가 절대 불가능하다. 그러나 단순히 자금이 풍부하다고 해서 반드시 성공을 거둘 수 있는 것도 아니다. 이것이 지단과 안첼로티, 그리고 델 보스케처럼 수많은 스타 선수를 매니지먼트해야 했던 감독의 어려움이다. 자유냐 제약이냐의 이분법만으로는 해결할 수 없는 팀의 다양한 선택지를 어떻게 만들 것인가? 과거에 자유를 구가했던 지단이라는 천재 플레이어가 감독이 되어서 보여준 성과는 이 문제를 생각하기 위한 하나의 힌트라고 할 수 있을 것 같다.

Chapter 10

율리안 나겔스만
~하이브리드형 축구의 기수~

포지셔닝과 스토밍의 융합

제1부에서는 포지션 플레이를 진화시키던 펩 과르디올라가 스토밍을 떠올리게 하는 요소를 일부 도입하기 시작했고, 반대로 스토밍을 철저히 추구하던 클럽은 포지션 플레이의 요소를 도입하기 시작했다는 이야기를 했다. 요컨대 서로가 서로의 장점을 받아들이면서 전술의 트렌드가 점차 특화형에서 전방위형이 되어 가고 있었다. 이것이 2010년대 후반에 일어난 전술 트렌드의 흐름이었다.

한편 2019년 독일의 강호 RB 라이프치히의 감독으로 취임한 젊은 지장 율리안 나겔스만은 처음부터 양쪽 모두를 받아들이는 '하이브리드형'을 지향한 신세대의 기수라고 할 수 있다. 그의 축구 철학은 한마디로 '포지셔닝과 스토밍의 융합'이다. 펩과 클롭의 좋은 점만 받아들이려는 시도라고 바꿔 말할 수 있을지도 모른다.

나겔스만은 무릎 부상 등으로 20세라는 젊은 나이에 현역에서 은퇴한 뒤 스카우트를 거쳐 빠르게 지도자의 길을 걷기 시작했다. 그 후 독일의 클럽인 TSG 1899 호펜하임의 하부 조직에서 감독으로 두각을 나타내기 시작했고, 28세의 나이에 분데스리가 역사상 최연소 감독으로 1군을 지휘하게 되었다. 그리고 취임 이듬해인 2016-17시즌에는 전 시즌 잔류 경쟁을 하던 팀을 클럽 역사상 최초로 챔피언스리그 진출권인 4위까지 끌어올렸다. 이런 눈부신 성과를 올린 나겔스만은 독일의 신예 강호 클럽 라이프치히의 눈에 들어 감독으로 취임하게 된다.

'깊이'와 '폭'의 양립

라이프치히 감독으로 취임한 2019-20시즌에는 전임자인 랄프 랑닉(압박 축구의 일인자로 알려진 현 오스트리아 국가대표팀 감독)의 축구를 정통 계승하는 것부터 시작했다. 4-2-2-2라는 특징적인 포메이션으로 측면의 '폭'은 버리고 세로 방향의 전개에 특화한 스토밍 전략이었다.

이 포메이션은 중원부터 위쪽이 피치의 중앙에 세로로 좁게 늘어서고, 측면에는 선수를 배치하지 않는다. 그런 만큼 중앙의 종패스 상황에서 세컨드 볼이 발생했을 때 선수를 밀집시키는 두께에 모든 것을 투자하는 포메이션이다. 그리고 세컨드 볼을 회수하면 반드시 종패스로 공격을 전개함으로써 연속된 세로 → 세로 → 세로의 빠른 리듬에 상대가 말려들게 한다. 벤치에서 감독이 "종패스를 의식해!"라고 소리치기보다 애초에 물리적으로 세로 방향에만 동료가 있는 상황을 마련함으로써 구조적으로 하이 템포가 될 수밖에 없도록 만드는 포메이션이라고도 할 수 있다.

그러나 랑닉이 창시하고 클롭이 발전시킨 이 스토밍 전술의 한계는 상대 팀이 난타전에 응하지 않았을 때 드러난다. 상대가 처음부터 자신들의 진영 깊숙한 곳으로 물러나서 기다리면, 공간을 없앤 채 만반의 준비를 갖추고 있는 상대에게 오로지 비효율적인 롱볼을 차기만 하는 상황이 만들어지기 때문이다. 나겔스만도 그 점을 잘 알고 있어서,

"상대가 낮은 위치에서 수비에 전념해 공수가 전환되는 상황이 생각처럼 만들어지지 않을 때가 있다. 그렇게 되면 팀은 다른 것을 할 수 있어야 한다"라는 말도 했다.

라이프치히에 취임한 첫 시즌에 스토밍의 기반을 굳힌 나겔스만은 두 번째 시즌인 2020-21시즌 포지션 플레이를 도입하는 쪽으로 방향을 선회한다. 그가 원래 약소 클럽인 호펜하임에 포지션 플레이 개념을 도입해 성과를 올렸던 감독이었음을 생각하면 처음부터 하이브리드형 팀을 만들려고 계획하고 있었다는 느낌을 받는다.

그림 21 **세로 방향의 공격 전개에 특화한 4-2-2-2**

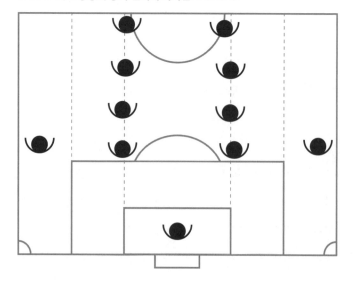

그림 22 **'5레인'의 폭을 차지하는 3-1-4-2**

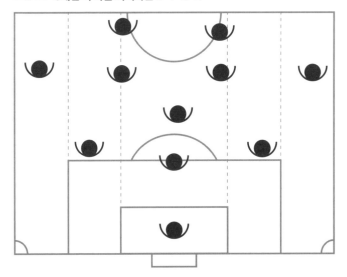

　이 시즌에는 첫 번째 시즌에 버렸던 '폭'을 사용함으로써 자신들의 진영으로 물러나서 수비에 전념하는 상대에 대해서도 효과적으로 공격할 수 있는 팀이 되어 갔다. 공을 소유하고 있을 때는 5레인에 선수를 배치할 수 있도록 기본 포메이션도 4-2-2-2(그림 21)에서 3-1-4-2(그림 22)로 바꿨다.

　이 포메이션의 특징은 4-2-2-2의 장점을 최대한 남기면서 약점이었던 '폭'도 확보할 수 있다는 점이다. 포메이션 배치를 봐도 중앙의 2톱 바로 뒤에 미드필더 두 명이 배치되어 있어서, 2톱에게 롱볼을 찼을 경우 4-2-2-2의 노림수였던 세컨드 볼을 회수하기 위한 두께를 확보할 수 있다. 그러면서도 두 번째 열에서는 양 측면의 폭을 넓힘으로써 폭과 깊이를 동시에 추구할 수 있게 된 것이다.

'가짜 풀백'을 대체하는 메커니즘

나겔스만이 '폭'을 이용하는 방식에는 독특한 메커니즘이 있다. 아마도 펩이 구사한 전술의 약점을 보고 그 약점을 극복하기 위해 업데이트한 것이 아닐까 싶다.

펩의 포지션 플레이에는 명확한 약점이 있다. '폭'을 차지하는 방식이다. 크루이프를 원류로 삼는 정통파 포지션 플레이의 경우 항상 '폭'을 확보해 놓음으로써 피치를 언제라도 넓게 사용할 수 있게 한다. 펩의 팀은 공을 소유하고 있을 때 전방을 5레인으로 배치하는데, 이때 중원은 앵커 한 명뿐인 상황도 드물지 않다. 배치가 4-1-5와 같은 형태가 되는 것이다. 만약 이 상태에서 공을 빼앗겼을 경우, 전방의 1차 압박이 돌파당하면 중원의 광대한 공간에서 앵커 한 명이 상대 팀의 역습에 대응해야 하는 상황에 놓인다.

일반적으로 역습에 대응할 때 가장 중요한 것은 조금이라도 공격을 지연시키면서 자신들의 골대에 접근하지 못하게 하는 것이다. 이를 위한 열쇠는 상대가 세로 방향이 아닌 가로 방향으로 패스를 보내게 하는 것인데, 중원에 앵커가 한 명밖에 없으면 상대 팀은 중앙에서 세로 방향으로 전진하게 된다. 특히 앵커 양 옆에 있는 하프 스페이스의 레인을 직선적으로 돌파당하면 실점할 확률이 크게 높아진다. 펩의 바이에른이나 맨시티가 실점하는 상황을 보면 이 패턴이 두드러진다.

다만 펩은 나중에 '가짜 풀백'이라는 발상을 통해 이 약점을 극복했다. '가짜 풀백'은 풀백을 안쪽의 하프 스페이스로 이동시켜 중앙의 두께를 확보하려는 시도다. 이를 통해 설령 역습을 당하더라도 상대가 중앙을 세로 방향으로 전진하는 것이 아니라 측면으로 우회하도록 만드는 것이다 (50페이지의 그림 5 참조).

그러나 '가짜 풀백'이라는 특수한 역할(공격을 할 때는 중앙으로 들어가서 플레이메이킹을 한다)을 공수 양면에서 높은 수준으로 소화해낼 수 있는 풀백은 아직 희귀하다. 펩은 맨시티에서 가짜 풀백을 기능시키기 위해 풀백의 보강에 1억 7,000만 파운드가 넘는 거금을 투자했다(카일 워커, 벤자민 멘디, 주앙 칸셀루 등). 그러니 라이프치히를 이끄는 나겔스만을 비롯한 다른 많은 감독에게 가짜 풀백은 현실적인 방법이 아닐 것이다.

그래서 나겔스만은 투자가 아닌 접근법으로 이 문제의 해결을 꾀했다. 자신들의 진영에서 공을 빌드업하는 단계에 있을 때 혹은 중앙의 레인에 공이 있을 때는 양 측면의 선수를 넓혀서 '폭'을 확보하고, 공이 상대 팀 진영에서 좌우 어느 한쪽 측면으로 전개되는 순간 반대쪽 측면의 선수가 중앙의 레인까지 이동한다. 즉 측면에 있는 선수의 활동 영역은 공이 자신들의 진영에서 상대 팀의 진영으로 향함에 따라 중앙으로 좁아지게 하는 것이다(그림 23).

이 방식은 공수 양면에서 이점이 있다고 할 수 있다. 먼

그림 23 '가짜 풀백'을 대체하는 메커니즘

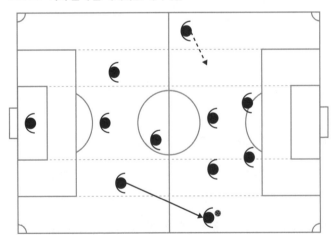

저, 수비 측면에서의 이점은 공을 잃어버린 순간 반대쪽 측면의 선수가 중앙의 두께를 확보해 준다는 점이다. 게다가 나겔스만의 설계는 자기 팀의 공수가 전환되는 타이밍을 잘 이해한 디자인이다. 자신들이 공을 소유하고 포지션 플레이에 적합한 배치를 마쳤을 때, 공을 잃기 쉬운 타이밍은 언제일까? 그것은 상대 진영의 어태킹 서드(파이널 서드)에서 결정적인 패스를 노리는 순간이다. 조금 더 구체적으로 말하면, 가령 측면 공격이라면 중앙으로 패스를 하거나 골대 앞으로 크로스를 올렸을 때다. 물론 득점이라는 축구의 최대 목적을 달성하려면 골대 앞으로 공을 보내 쟁탈전을 벌이는 행위가 반드시 필요하다. 문제는 패스나 크로스를 상대가 걷어냈을 때의 세컨드 볼이다.

　나겔스만의 설계에서는 상대 팀 진영에서 측면으로 공이 전개된 순간, 즉 크로스 등이 올라가기 전에 반대쪽 측면의 선수가 중앙으로 이동하게 된다. 따라서 설령 상대가 크로스를 걷어내더라도 역습에 사용되면 가장 곤란한 중앙 레인에는 원래 배치되어 있었던 볼란치 외에 반대쪽 측면에서 이동한 선수가 방벽 역할을 담당하게 된다. 한편 중앙으로 공격을 전개할 때, 즉 2톱에게 세로 패스를 보낼 때는 같은 레인에 배치되어 있는 두 번째 열의 선수 두 명이 세컨드 볼의 회수 담당과 역습에 대한 최초의 방파제로서 기능한다. 이와 같이 나겔스만의 설계는 팀이 중앙과 측면 중 어느 쪽을 공격 경로로 선택하든 공격을 하면서 수비도 동시에 준비할 수 있게 되어 있었다.

이번에는 공격 측면에서의 이점을 생각해 보자. 그것은 측면을 돌파해서 크로스가 올라왔을 때 반대쪽 측면에 있었던 선수가 중앙으로 이동해 있기에 골대 앞으로 달려가 득점을 노리기가 용이하다는 점이다. 이는 라이프치히의 중요한 득점 패턴 중 하나가 되었다.

한편 나겔스만의 팀이 실점을 하는 패턴은 자신들의 진영에서 빌드업을 꾀하다가 공을 잃었을 때다. 즉 팀이 아직 '폭'을 확보하고 있는 단계에서 공을 운반하는 도중에 실수가 나왔을 경우 실점으로 이어지기 쉽다. 나겔스만은 팀의 빌드업 숙련도를 높이는 방법으로 이 문제를 해결하려 했지만, 라이프치히가 보유한 선수들의 수준으로는 치명적인 상황을 초래하는 경우가 종종 발생했다.

상대를 무너트리는 자동화된 움직임

나겔스만의 스토밍과 포지션 플레이에 대한 생각은 매우

급진적이다. "공을 소유하고 있는 상황은 공을 소유하고 있지 않은 상황을 강화시킨다", "우리는 공간을 만들기 위해 상대를 우리의 진영으로 끌어들일 필요가 있다" 같은 발언에서도 그런 성향을 살짝이나마 엿볼 수 있다.

라이프치히의 경기를 보고 있으면 스토밍(공을 소유하지 않은 상황)을 위해서 점유율 축구(공을 소유한 상황)를 하고 있다는 말의 의미를 잘 이해할 수 있다. 빌드업을 할 때는 자신들의 진영에서 골키퍼까지 이용하면서 공을 움직임으로써 상대 팀이 압박의 스위치를 누르도록 '유도'한다. 그리고 이렇게 상대의 몸이 앞쪽으로 쏠리도록 만든 뒤에 롱볼을 투입하면서 자신들이 스토밍의 스위치를 누른다. 상대가 뒤로 물러나서 기다리는 상황을 만들지 않도록 점유율 축구를 미끼로 사용한다고 표현해도 무방하다.

만약 그래도 상대가 미끼를 물지 않고 계속 자신들의 진영으로 물러나 있는 경우에는 점유율 축구를 계속하면서 공을 운반하면 된다. 상대가 앞으로 나오지 않는다면 자신들의 진영에서부터 공을 운반하는 것은 그다지 어려운 일이 아니다. 다시 말해 높은 압박에는 스토밍으로, 물러나서 수비할 때는 점유율 축구로 전환해서 공을 운반하는 것이다. 상대가 어떻게 나오느냐에 따라 펩이 되기도 하고 클롭이 되기도 하는 것이 나겔스만의 특징인 것이다.

나겔스만의 팀에서 공격의 우선순위는 항상 중앙이다. 이는 가급적 상대 골대까지 최단 거리로 나아가고 싶어 하기 때문이다. 그는 "나는 중앙으로 공격하기 위한 선택지를 찾는 것을 좋아하기 때문에 가능하다면 언제나 중앙의 공격 경로를 모색한다"라고 말한 적도 있다. 요컨대 그들은 중앙으로 종패스를 하기 위해 측면의 '폭'을 사용해 상대를 흔드는 것이다.

그런 세로 지향의 공격을 실현하는 메커니즘에도 흥미로운 점이 있다. 축구에서는 공격 방향을 향해 세로로 플레이하기가 굉장히 어렵다. 바르셀로나나 맨시티처럼 한 번의 플레이로 상황을 뒤집어 버릴 수 있는 선수가 있다면 이야기가 다르겠지만, 라이프치히를 비롯한 대부분의 팀은 그렇지 못하다. 그래서 나겔스만은 복수의 선수를 연계시킨 플레이의 자동화를 통해 이 문제를 해결했다.

구체적으로 말하자면 종패스를 보내는 선수와 받는 선수, 그리고 지원을 위해 들어가는 세 번째, 네 번째 선수까지 네 명이 한 세트로 움직이는 메커니즘이다. 첫 번째 종패스가 들어간 순간, 패스를 받는 선수를 지원하기 위해 세 번째 선수가 '앞을 향한 상태'로 들어간다. 여기까지는 이른

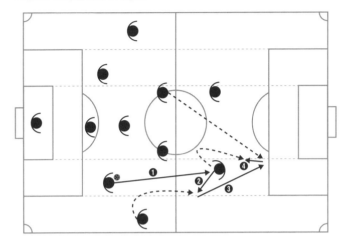

그림 24 연계 플레이의 자동화

바 '서드맨 런(third man run)'이다. 다만 나겔스만의 팀에서는 이 순간에 다시 네 번째 선수가 패스를 받는 선수의 배후로 달리기 시작한다. 이 움직임을 자동화하면 다음과 같은 흐름이 반자동화되는 것이다(그림 24).

① 수비수 혹은 미드필더가 전방으로 종패스를 한다

↓

② 패스를 받는 선수는 지원을 위해서 앞을 향한 채로 들어오는 '세 번째 선수'에게 원터치로 공을 보낸다

↓

③ '세 번째 선수'는 앞을 향한 채로 다시 종패스를 한다

↓

④ 배후로 달려간 네 번째 선수가 패스를 받는다

네 번째 선수가 종패스를 받은 순간 다섯 번째 선수가 앞을 향해서 지원을 오면 이 메커니즘이 계속 이어질 수도 있다. 이론상으로는 이 연계 플레이를 연속적으로 하면 개인기로 앞을 향할 수 있는 선수가 없더라도 팀적으로 세로 → 세로의 연속 전개가 가능해진다.

액상화되는 스타일

시스템이나 자신들의 틀 같은 것을 매우 유동적인 개념으로 파악하는 것도 나겔스만의 특징이다. 이는 역설적으로 말하면 '우리의 축구' 따위에 얽매이지 않는다고도 할 수 있다. 축구를 11인칭이 아니라 항상 22인칭으로 파악하고 상대와의 역학 관계에 입각해 자신들의 전술 시스템을 생각한다는 뜻이기도 하다.

가령 '공을 지배함으로써 경기의 주도권을 잡는다'라는 콘셉트를 내걸고 있는 팀을 생각해 보자. 아무리 콘셉트가

그렇다 한들 바르셀로나나 바이에른을 상대한다면 과연 그 방법만으로 어디까지 대항할 수 있을까? 상대가 명백히 자신들보다 강해서 공을 소유하지 못하는 시간이 길어질 것이 확실하다면 공을 소유하지 않는 것을 전제로 한 시스템과 콘셉트가 필요하다. 개중에는 상대가 아무리 강하더라도 끝까지 자신들의 철학을 고수하다 쓰러지는 것을 반쯤 미덕으로 여기는 감독도 있지만, 나겔스만은 지극히 냉철한 판단력과 유연성을 지니고 있다. 이는 상대와의 역학 관계에 입각해 경기별로 포메이션을 바꾸는 자세에서도 엿볼 수 있다.

구체적으로 말하면, 상대가 자신들보다 강팀이기 때문에 공을 소유하지 못하는 시간이 길어질 것이 예상되는 경기에서는 포메이션을 상대에게 맞춰 나간다. '미러 게임'을 유도해 상대가 손쉽게 공을 소유하지 못하게 하는 것을 최우선으로 생각하면서 포메이션을 짜는 것이다. 반대로 상대가 약팀이어서 자신들이 공을 소유하는 시간이 길어질 것이 예상되면 상대와 맞물리지 않는 포메이션을 채택한다.

또한 실력이 엇비슷할 경우는 같은 경기 내에서 공격할 때와 수비할 때의 포메이션을 가변시키는 방법도 발전형으로서 채용하고 있다. 그 상징적인 경기가 시메오네의 아틀

레티코 마드리드와 맞붙은 2019-20시즌 챔피언스리그 8강
전이다. 이 경기에서 나겔스만은 시메오네의 '상대에게 공을
넘겨주는 스타일'을 생각했을 때 자신들이 공을 소유하는
시간이 길어질 것이라 예상하고, 공을 소유하고 있을 때는
3-1-5-1이라는 특수한 배치를 준비했다. 이는 시메오네 아
틀레티코의 상징이라고도 할 수 있는 포메이션인 4-4-2를
무너트리기 위한 '4-4-2 죽이기' 배치라고 할 수 있다(그림
25).

먼저 아틀레티코의 첫 번째 열인 2톱에 대응해 3백으로
'+1'을 확보하면서 2톱의 배후에 1앵커를 배치함으로써 센
터백의 종패스 한 번으로 2톱을 건너뛸 수 있게 했다. 아틀
레티코로서는 볼란치를 위로 올려서 이 앵커에 대응하고
싶겠지만, 나겔스만은 볼란치의 등 뒤에 미드필더 세 명을
배치해 이곳에서도 '+1'의 수적 우위를 만듦으로써 상대를
압박했다.

위에서 내려다보면 시메오네가 만든 4-4의 블록에 대해
그 두 열 사이에서 라이프치히의 두 번째 열이 5레인을 점
거하고 있는 상태라고도 할 수 있다. 아틀레티코의 두 번째
열은 등 뒤의 5레인을 점거당해 중앙과 측면 모두 뒤쪽이
신경 쓰이는 구조이기 때문에 앞으로 쉽게 나아갈 수 없다.

나겔스만은 이 배치를 통해 아틀레티코의 2톱과 두 번째 열의 네 선수라는 시메오네 전술의 핵심이 되는 유닛의 연계를 파괴했다.

이처럼 공격 상황에서는 포메이션이 맞물리지 않도록 배치하는 라이프치히지만, 아틀레티코가 공을 소유해 수비하는 상황에서는 포메이션을 4-4-2로 가변시켜 배치를 '맞물리게' 했다. 이때 누가 어디로 이동하느냐는 특수한 움직임을 완벽하게 주입시켜 놓았기 때문에 가변은 원활하고 신속하게 진행된다. 이쯤 되면 '라이프치히의 축구'란 대체 무엇

그림 25 **나겔스만의 '4-4-2 죽이기'**

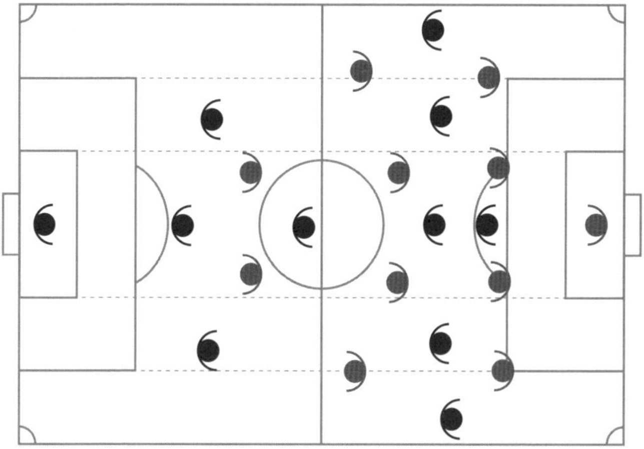

■ 라이프치히　■ 아틀레티코

이냐는 의문마저 생길 정도다.

　라이프치히의 경기에서는 축구의 스타일이나 콘셉트 같은 것이 액체처럼 유동적으로 형태를 바꾸는 개념이 되고 있음을 엿볼 수 있다. 앞으로의 트렌드도 축구 스타일의 유동화가 점점 가속될 것으로 예상된다. 그리고 그 트렌드의 중심에는 반드시 나겔스만이라는 존재가 있을 것이다.

<h2 style="text-align:center">조합의 '황금비'</h2>

　지금까지 나겔스만이 축구라는 스포츠를 얼마나 논리적이고 건조하게 파악하고 있는지 그 편린을 살펴봤다. 이러한 그이기에 선수 개개인을 파악하는 방법도 매우 독특하고 재미있다.

　나겔스만은 선수 개개인의 유형을 '개인주의(에고이스트)'와 '전체주의(팀 플레이어)'의 두 가지 유형으로 나눠 파악한다고 이야기한다. 그리고 경기를 할 때는 자신만의 법칙에 따라 각 유형을 균형 있게 출장시킨다. 그의 이야기에 따르면, 에고이스트와 팀 플레이어의 비율은 '3 대 7'이 황금비다. 에고이스트가 이보다 많으면 팀을 통제할 수 없게 되고, 그렇다고 해서 너무 적으면 경기가 교착 상태에 빠졌을 때 상황을 타개할 힘이 부족해진다는 것이다.

과거에 이와 비슷한 생각을 했던 명장으로 이비차 오심이 있다. 오심도 선수를 '물을 나르는 선수(팀 플레이어)'와 '엑스트라 플레이어(에고이스트)'로 나눠서 생각했으며, 이들의 균형을 감각적으로 조정했다. 1990년 이탈리아 월드컵에서 유고슬라비아 국가대표팀 감독이었던 오심은 첫 경기에서 이런 일화를 남겼다. 당시 기라성 같은 스타 선수들이 모여 있었던 유고 국가대표팀에 대해 언론과 국민들 사이에서는 스타 시스템(스타 선수 중심의 편성)을 열망하는 목소리가 높았다. 그래서 월드컵 본선을 앞둔 시점에도 스타 선수를 동시에 기용하지 않는 오심에게 언론의 비판이 고조되었다. 그러자 오심은 이 상황을 역이용해 대담한 선수 기용을 보여줬다. 월드컵 첫 경기 독일전에서 스타 선수를 전부 동시에 출장시킨 것이다. 언뜻 언론의 압력에 굴복한 것처럼 보이는 선수 기용이었지만, 사실 오심의 노림수는 다른 곳에 있었다. 이 경기에서 유고 국가대표팀은 스타 선수들의 에고가 포화 상태를 넘어서면서 통제력을 잃은 결과 1-4로 크게 패했는데, 이는 오심이 예상한 대로였다. 그는 월드컵 첫 경기를 버림으로써 자신이 선택한 선수 기용의 정당성과 팀 내 균형의 중요성을 언론뿐만 아니라 선수들에게도 인식시킨 것이다.

그리고 두 번째 경기부터 '물을 나르는 선수'가 가세해 팀의 균형을 되찾은 유고 국가대표팀은 2연승으로 조별 리그를 돌파했다. 한편 오심은 퇴장 선수가 나와 10명으로 싸우게 된 8강전에서 그때까지 벤치만 데우고 있었던 팀 최고의 드리블러이자 최강의 에고이스트 데얀 차비체비치를 투입하는 일면도 보여줬다. 10명이 11명을 상대해야 하는 힘든 상황에서는 혼자서 상황을 타개할 수 있는 특출한 에고이스트가 필요하기 때문이었다고 한다.

오심처럼 선수의 개성과 성격을 감안하면서 팀을 편성하는 감독은 많을 것이다. 그러나 그 구성비를 법칙으로 만들어 반쯤 자동화하는 감독은 드물다. 나겔스만의 경우, 선수 기용과 교체 패턴을 꾸준히 보고 있으면 어떤 선수가 '개인주의'의 범주에 들어가 있는지 판별할 수 있을 만큼 명쾌하다. 이런 디지털식 접근법도 참으로 현대적이고 나겔스만답다고 말할 수 있다.

다음으로, 나겔스만의 패배 패턴에 관해서도 생각해 보자. 그가 지휘하는 라이프치히가 패배한 경기나 실점하는 패턴을 자세히 살펴보면 거의 대부분 안일한, 정말 아쉬운 실수로부터 비롯했음을 알 수 있다. 센터백이 실수로 상대에게 백패스를 하거나 빌드업 과정에서 골키퍼가 안일하게 패스했다가 상대에게 가로채기를 당해 실점하는 패턴이 많다. 그 상징적인 예가 2020-21시즌 챔피언스리그에서 리버풀에 패배한 경기일 것이다. 홈경기에서 리버풀에게 허용한 뼈아픈 2실점은 자멸이라는 표현이 어울리는 것이었다. 첫 번째 실점은 회수한 공을 백패스로 연결하려던 것이 상대 팀 에이스 살라에게 넘어간 통한의 실수였고, 두 번째 실점도 마네에게 날아오는 롱볼을 센터백이 오버헤드킥에 가까운 무리한 자세로 차서 클리어하려다 헛발질을 하는 바람에 허용했다. 살라와 마네 같은 월드 클래스 스트라이커는 이런 실수를 절대 놓치지 않고 확실히 득점으로 연결한다. 전체적으로는 강호 리버풀을 상대로 호각 이상의 경기력을 보여준 경기였기에 더더욱 뼈아픈 실점이었다.

그러나 아직 무명의 젊은 선수들로 구성된 라이프치히에서는 이런 실수가 어느 정도 발생할 수밖에 없다. 모든 것을 치밀하게 구상하는 나겔스만의 패배 패턴이 지극히 인간적인 휴먼 에러에서 비롯된다는 것도 참으로 재미있는 이야기다.

라이프치히에서도 감독으로서 능력을 인정받은 나겔스만은 2021-22시즌부터 독일 최고의 축구 클럽 바이에른의 감독을 맡게 되었다. 나겔스만에게 휴먼 에러를 거의 일으키지 않는 재능 넘치는 선수들을 맡기면 어떻게 될까? 이 궁금증은 미래가 더욱 기대되는 결과로 나타났다. 호펜하임과 라이프치히 시절 선수들의 낮은 수준에서 비롯되는 실수에 감춰져 있었던 나겔스만 축구의 전모가 드디어 바이에른에서 밝혀지게 된 것이다.

나겔스만 축구의 기반은 포지셔닝과 스토밍의 하이브리드인데, 이제는 이를 팀의 스타일이나 절대적인 전술의 지표로 생각하지 않고 하나의 도구로서 상황에 맞춰 사용하고 있다.

차근차근 살펴보자. 나겔스만 바이에른의 기본 포메이션은 4-4-2 혹은 4-2-3-1인데, 공을 소유하고 있지 않은 상황에서는 스토밍을 구사하며 공 주변에 극한까지 선수를 밀집시키기 위해 '폭'이라는 개념을 일시적으로 버린다. 따라서 포메이션은 4-2-2-2에 가까워진다.

이 상황에서 공을 빼앗았을 경우 대부분의 팀은 공격으

로 전환해 선수들이 넓게 퍼지면서 점유율 축구로 이행하지만, 나겔스만은 다르다. 그의 생각은 '좁게 밀집한 상태로 공을 빼앗았다면 그 상태로 공격을 마치는 편이 합리적'이라는 것으로, 전방에 레반도프스키라는 절대적인 스트라이커가 존재하기에 공을 빼앗은 순간 반드시 그를 표적으로 삼아 철저히 세로 방향으로 공격한다. 그리고 이때 반대쪽 측면의 사이드하프까지 폭을 버리고 공이 있는 측면에 밀집시키기에 설령 레반도프스키가 수비수들에게 둘러싸이더라도 두 번째 열, 세 번째 열, 그리고 최종 라인인 네 번째 열까지도 레반도프스키의 포스트 플레이에 호응할 수 있다 (풀백은 가짜 풀백 상태).

한편 상대가 수비 태세를 갖췄을 경우에는 점유율 축구를 위한 포메이션으로 변경해 '폭'도 최대한 활용한다. 즉 자신들이 주도하는 것이 아니라 상대 팀의 태세를 포함한 상황에 맞춰서 사용하는 것이다. 그리고 점유율 축구로 이행했을 때는 선수들이 미리 정해진 배치로 이동해 4-4-2에서 3-1-5-1로 가변된다(그림 26). 앞에서도 이야기했듯이, 이 3-1-5-1 포메이션은 라이프치히 시절 시메오네가 이끄는 아틀레티코의 4-4-2를 구조적으로 파괴하기 위해 나겔스만이 만들어낸 흉악한 포메이션이다. 3-1-5-1이 4-4-2와

그림 26 바이에른의 3-1-5-1

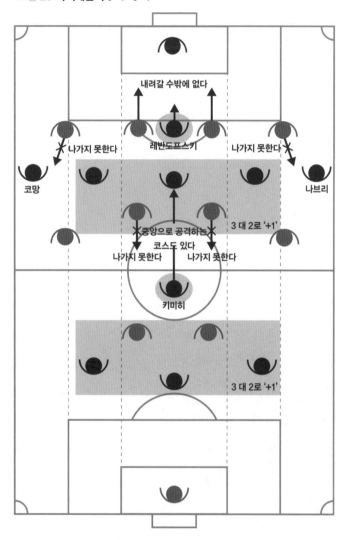

내려갈 수밖에 없다

나가지 못한다   레반도프스키   나가지 못한다

코망   나브리

3 대 2로 '+1'

중앙으로 공격하는
코스도 있다

나가지 못한다   나가지 못한다

키미히

3 대 2로 '+1'

대치하면 거의 모든 국면에서 우위에 설 수 있다.

먼저 빌드업의 출발점이 되는 3백이 2톱에 대해 '+1'의 수적 우위를 가지는 것은 당연하고, 앵커도 마크를 당하지 않는 자유로운 상태가 된다. 게다가 이 앵커 포지션에 들어가는 선수가 펩 과르디올라에게 "앵커에게 필요한 모든 것을 갖췄다"라고 평가받은 요주아 키미히다. 만약 4-4-2의 볼란치 한 명이 이 앵커를 마크하러 나가면 이번에는 위험 지역에서 1 대 3의 수적 불리 상황에 빠지고 만다. 요컨대 앵커는 필연적으로 자유로운 상태가 될 수밖에 없는 것이다.

게다가 최전방에는 언제 발롱도르를 수상해도 이상하지 않은 활약을 계속하고 있는 레반도프스키가 있다. 상대 센터백은 아무래도 깊은 곳에 자리를 잡는 레반도프스키를 기준으로 수비 라인을 설정할 수밖에 없는데, 그래서 나겔스만은 중원의 두 번째 열에 다섯 명을 배치해 5레인을 점거했다. 기존의 5레인 전술은 측면의 터치라인 근처에 붙어 있는 윙어와 하프 스페이스에 머물러 있는 인사이드하프 중 어느 한쪽을 수비하도록 상대에게 강요하고 그 결과 비게 된 쪽을 공략하는 '늦게 내는 가위바위보' 같은 전술이었는데, 여기에 나겔스만은 한가운데 배치한 공격형 미드필더라는 공격 경로를 추가했다.

일반적으로 5레인에 대응하는 쪽의 2볼란치는 양 하프 스페이스에 배치된 인사이드하프를 케어하면서 패스 코스를 지우는 포지셔닝을 하는데, 공을 소유한 바이에른의 센터백과 앵커는 그 문의 한가운데를 꿰뚫는다. 중심이 되는 공격 경로는 어디까지나 중앙이다.

수비 측으로서는 2볼란치로 배후의 세 명을 케어하기는 불가능하며, 뒤에서 센터백이 가세하려고 해도 그들은 센터 포워드인 레반도프스키에게 묶여 있다. 또한 풀백은 당연히 측면에 넓게 펼쳐져 있는 윙(게다가 일대일 상황에서 흉악한 돌파력을 보유한)에게 붙들려 있어 꼼짝할 수가 없기 때문에 반드시 수비의 '어딘가'에 구멍이 뚫리게 된다. 그리고 이런 상황은 상대가 4-3-3이 되든 3백이 되든 달라지지 않는 보편적인 구조이기도 하다. 레반도프스키라는 장거리 공격이 가능한 선수가 있는 이상 두 번째 열의 5레인, 그리고 혼자 자유롭게 있는 앵커를 동시에 케어하기는 불가능에 가깝기 때문이다. 레반도프스키나 키미히 같은 특출한 재능의 소유자가 있기에 구현된 나겔스만 축구의 전모라 할 수 있다.

이와 같이 나겔스만의 바이에른은 선수 한 명이 어떤 상황에서는 풀백을 소화하고 또 어떤 상황에서는 3백의 센터백으로 가변하며, 또 어떤 상황에서는 가짜 풀백으로서 볼란치까지 소화하는 것을 당연하다는 듯 실현하고 있다. 그곳에 포지션이라는 고정 관념은 없으며, 어떤 상황에서든 있어야 할 위치와 맡아야 할 임무가 있을 뿐이다. 그리고 바이에른에서는 상황별로 선수가 있어야 할 위치와 임무가 지극히 명확한 프로그래밍 코드처럼 선수들에게 장착되어 있다. 그래서 선수들의 플레이에는 망설임이 없다. 그런 모습은 취임 1년 차에 완전히 '나겔스만의 바이에른'으로 새롭게 태어났다고 모두가 확신할 수 있는 수준의 경이적인 변모다. 어쩌면 우리는 포메이션을 포함한 기존의 축구 개념이 새로 쓰이는 역사적 전환점을 목격하고 있는지도 모른다.

PART 3

현대 축구는
어디로 갈 것인가

Chapter 11

발롱도르를 통해 살펴본 시대별 '최고의 선수'

★ ★ ★

'그 시대의 최고 선수는 누구일까?'

축구 팬이라면 누구나 품어 봤을 '그 시대 최고 선수는 누구일까?'에 대한 의문에 대해 1956년 〈프랑스 풋볼〉에서 창설한, 그해에 최고의 활약을 펼친 선수에게 주어지는 상인 '발롱도르'는 하나의 답을 제시해 왔다고 할 수 있다. '하나의'라고 전제한 이유는 물론 불완전한 부분이 있기 때문이다. 주지의 사실이지만 수상자가 공격수에 편중되는 경향이 있고, 애초에 축구에서 '최고'란 무엇인가에 대한 정의가 사람마다 다르다.

그러나 적어도 각국의 언론인이라는 전문가 집단의 투표로 선정된 선수이기에 그 시대 축구의 일면을 엿볼 수 있는 것 또한 틀림없는 사실이다. 그 시대 최고 선수란 곧 그 시대의 전술 환경에서 가장 유기적으로 플레이할 수 있었던 선수라고 바꿔 말할 수 있다.

이 장에서는 그런 발롱도르 수상자의 변천사라는 관점에서 과거 40년 동안의 전술 패러다임을 살펴보려 한다.

1980년대
공격형 미드필더라는 절대군주의 시대

1980년대의 발롱도르 수상자 중에서 특히 눈길을 끄는 인물은 누가 뭐래도 1983년부터 3년 연속 발롱도르를 수상한 미셸 플라티니일 것이다(발롱도르의 긴 역사 속에서 3년 연속 수상에 성공한 선수는 플라티니와 메시뿐이다). 그의 포지션은 공격형 미드필더 혹은 9.5번이라 불리는 위치로, 플레이메이킹부터 어시스트, 득점에 이르는 공격의 전권을 쥐고 있었던 제왕이었다. 당시의 발롱도르는 유럽 국적을 소유한 선수만을 대상으로 삼았기 때문에 후보에서 제외되었지만, 현재와 같은 기준이라면 플라티니처럼 압도적인 경기력을 보여줬던 아르헨티나의 디에고 마라도나도 발롱도르 경쟁자가 되었을 것이다.

이 시대의 전술은 아직 지역 수비가 널리 침투하지 않았고 대인 수비의 색채가 강했기에 팀에서 가장 수비 능력이 좋은 선수가 상대 팀의 가장 뛰어난 선수를 마크하는 것이 보통이었다. 따라서 일대일 상황에서 우위를 드러낼 정도의 절대적 개인 능력을 보유한 공격수가 있다면 그 선수에게 공이 집중되는 것은 자연스러운 이치였다. 그리고 이런 능력은 경기의 승패와 그대로 연결되었기 때문에 발롱도르를 수상할 정도의 공격수를 보유한 팀이 절대적인 강력함을 자랑하던 시대이기도 했다. 플라티니를 보유한 프랑스 국가대표팀이 1984년 유럽 선수권 대회를 제패하고(플라티니는 대회 득점왕), 마라도나를 보유한 아르헨티나 국가대표팀이 1986년 멕시코 월드컵에서 우승한 것은 결코 우연이 아니다. 바꿔 말하면 이는 당시만 해도 압도적인 개인의 능력을 조직의 힘으로 억제하는 전술이 지금처럼 발달하지 못했다는 방증이기도 하다. 그리고 플라티니나 마라도나처럼 만능이면서 압도적인 힘을 가진 선수에게 피치의 중앙에 자리잡고 제왕으로서 활약할 수 있는 '공격형 미드필더' 포지션은 그야말로 성역이라 부르기에 부족함이 없었다.

1990년대
지역 수비의 보급과 공격형 미드필더의 쇠락

1990년대에 들어서자 공격형 미드필더라는 절대군주의 존재를 위협하는 전술이 점점 보급되기 시작했는데, 그 싹은 1980년대 후반 아리고 사키가 AC 밀란에서 선보인 전술적 혁명 '지역 압박 수비'에서 이미 발아하고 있었다. 사키는 지역 압박 수비라는 전술을 "마라도나를 억제하기 위해 고안했다"고 공언했을 정도인데, 이 발상에 이른 과정도 재미있다. 프로 선수로서 실적이 없었던 사키가 무명 선수들의 집단인 파르마(당시는 세리에 C1)를 이끌었을 때, '갖지 못한 자가 왕을 잡기 위한 전술'로서 만들어냈다고 한다. 실제로 당시의 파르마는 컵 대회에서 제왕 밀란을 두 차례나 격파하는 업셋을 연출했다. 결국 사키는 이 파르마라는 혁명군에서 쌓은 실적을 발판 삼아, 밀란을 이끌고 절대군주 마라도나에게 도전하게 된다. 그야말로 한 편의 영화 같은 스토리다.

지역 압박 수비는 그때까지의 대인 수비 전술 환경 속에서 일대일 상황에 절대적 우위를 과시했던 제왕에 맞서, 혼자서 막지 못한다면 모두가 힘을 합쳐 억제하자는 전략이었다. 선수 여러 명에게 둘러싸이면 제왕이 가진 개인 능력의 우위는 사라지기 때문이다. 말하자면 민중의 반란이었다.

게다가 '제왕도 공이 없으면 평범한 사람일 뿐'이라는 발상에서 공격형 미드필더에게 공이 넘어가지 못하게 막는 압박도 전술적으로 효과를 발휘했다. 이와 같은 사키의 성공을 계기로, 1990년대에 들어서면서 지역 압박 수비가 유럽에 널리 보급되었다. 그리고 이런 흐름에 따라 1980년대에 '개인〉조직'으로 기울어 있었던 힘의 균형이 1990년대에는 서서히 비등해져 갔다. 즉 제왕을 보유하지 못한 팀에도 승리의 기회가 찾아오기 시작한 것이다. 이는 당연히 발롱도르 선정에도 큰 영향을 끼치게 되었다.

1990년대의 발롱도르 수상자 중에서 플라티니와 마라도나의 계보를 잇는 공격형 미드필더는 로베르토 바조와 지네딘 지단, 히바우두 세 명이다. 다만 세 선수 모두 1회 수상에 그쳤다. 그 밖에 독일의 로타어 마테우스나 마티아스 잠머 같은 리베로 유형의 수비수도 수상자 명단에 섞여 있는 등, 이 시대에는 공격형 미드필더가 절대적 지배자라는 느낌이 상당히 약해졌다. 그리고 동시에 수비 시스템이 확립됨에 따라 지휘관 포지션이 서서히 후방으로 이동하는 전술적인 흐름의 싹도 볼 수 있다.

로베르토 바조는 1990년대를 대표하는 천재 선수이자 틀림없이 절대군주가 될 수 있는 소질을 지녔던 인물이다. 그는 소속 클럽인 유벤투스에서도 '플라티니의 재림'이라는 평가를 받았지만, 1993년에 발롱도르를 수상한 뒤의 커리어는 불운으로 점철되었다. 이듬해인 1994년에는 발롱도르 투표에서 두 번째로 많은 표를 획득했지만, 운명의 장난인지 1995년에 밀란으로 이적한 뒤에는 하필 파비오 카펠로와 아리고 사키라는 지역 압박 수비 전술의 기수들을 감독으로 만나게 되었다.

지역 압박 수비를 실행할 때 최적의 해답으로 불렸던 4-4-2 포메이션에는 물리적으로 공격형 미드필더라는 포지션이 존재하지 않았으며, 예측할 수 없는 플레이를 펼치는 걸출한 개인은 조직의 기능미를 어지럽히는 잡음으로 간주되었다. '개인을 살리기 위한 조직'이 아니라 '조직을 살리기 위한 개인'이 요구되는 시대였던 당시는 피치 위에 제왕의 옥좌가 없었던 것이다.

필연적으로 바조는 출장 기회와 존재감을 서서히 잃어 갔다. 유럽의 정상에서 물러난 그가 최종적으로 도착한 곳은 프로빈차인 브레시아 칼초였다(2000년에 이적). 이 무렵에는 본래 갖지 못한 자의 전술이었던 지역 압박 수비가 가진 자들의 표준 장비가 되어 가고 있었다. 강자의 지역 압박 수비였기에 약자가 강자와 같은 조건으로 싸워서는 승리할 가능성이 희박했다. 그래서 갖지 못한 자인 브레시아는 완성도가 높은 기능미를 깨부술 예측 불가능한 개인을 원하고 있었다. 돌고 도는 세상이라고나 할까⋯. 얄궂게도 바조는 이곳에서 또다시 '갖지 못한 자들의 왕'으로 활약하며 찬란함을 되찾은 뒤 2004년에 커리어를 마감했다.

1990년대의 마지막 발롱도르 수상자(1999년)는 전형적인 브라질의 10번 유형 히바우두였다. 그 또한 소속되어 있었던 FC 바르셀로나에서는 개인의 특출한 능력과 조직 사이에서 갈등하는 나날을 보내고 있었다. 당시 바르셀로나의 감독도 완고한 시스템 신봉자인 네덜란드의 루이 판 할이었기 때문이다.

판 할이 기본으로 삼는 4-3-3 포메이션에도 공격형 미드필더의 옥좌는 없었다. 히바우두는 좌측 측면의 윙어로서 플레이할 것을 강요받았지만, 경기가 시작되면 종종 자신의 위치를 벗어나 제왕의 옥좌로 향했다. 판 할은 이런 히바우두에게 격노해 경기에서 제외시킨 적도 있었다. 하지만 일단 공을 잡았을 때 히바우두의 왼발에서 나오는 플레이는 문자 그대로 환상적이었다. 결국은 판 할도 고집을 꺾고 히바우두에게 공격형 미드필더의 옥좌와 자유를 부여했는데, 얄궂게도 그 뒤로 팀의 성적은 악화되어 갔다. 팀의 조화라는 측면에서는 히바우두가 다소 답답함을 느끼면서 플레이하던 시절이 더 좋았던 것이다.

그 후 판 할이 물러나고 히바우두가 제왕으로서 권력을 되찾은 2000-01시즌, 바르셀로나는 리그 우승은커녕 챔피언스리그 진출권을 확보하는 4위조차 장담할 수 없는 저공비행을 계속하다 최종 라운드에서 발렌시아와 맞붙었다. 승리하는 쪽이 다음 시즌 챔피언스리그 진출권을 획득하는 이 중요한 경기에서 공격형 미드필더로 출장한 히바우두는 마음껏 날뛰며 해트트릭을 기록해 팀을 챔피언스리그로 이끌었다. 특히 후반전 43분에 페널티 에어리어 바깥에서 오버헤드킥으로 멋지게 넣은 결승골은 자신이 제왕인 이유를 보여주는 것이었다. 히바우두에게 자유를 허락함으로써 팀은 부진에 빠졌지만, 결국 마지막에는 히바우두의 개인기가 팀을 구했다. 이런 히바우두의 사례는 축구에서 '개인과 조직'의 균형이 영원한 숙제임을 단적으로 보여준다.

그 후 바르셀로나에서 히바우두의 10번을 계승한 아르헨티나의 제왕 후안 로만 리켈메도 자신이 있을 곳을 찾지 못하고 불과 1년 만에 클럽을 떠난다. 그러나 리켈메는 이적한 중견 클럽 비야레알 CF에서 '갖지 못한 자의 왕'으로 활약하면서 팀을 챔피언스리그 4강에 올리는 쾌거를 이룩했다. 이는 바조가 걸었던 운명과 매우 비슷해서, 이 시대를 살았던 제왕의 소질을 지닌 천재들의 상황을 상징한다고도 할 수 있다.

선수로서의 재능으로 치자면 플라티니에 결코 밀리지 않는 실력자였던 바조, 히바우두, 지단. 그러나 그 누구도 발롱도르를 연속으로 수상하지 못한 배경에는 격동하는 시대의 패러다임 전환이 이를 허락하지 못한 측면도 있지 않을까?

2000년대
'바깥'에서부터 무너트리는 윙어의 대두

2000년대의 첫 번째 발롱도르 수상자(2000년)가 루이스 피구였던 것은 전술의 관점에서도 매우 시사하는 바가 크다. 지역 수비가 수비의 기본으로 보급된 시대, 피치의 중앙 지역에서는 시간도 공간도 소실되어 있었다. 이에 따라 공격의 주역은 공격형 미드필더에서 측면을 주된 활동 무대로 삼는 윙어에게로 넘어갔다. 1980년대와 1990년대의 발롱도르 수상자를 되돌아봐도 피구처럼 측면을 주된 활동 무대로 삼는 드리블러가 수상한 사례는 없었다. 그러나 피치 위에서 공격형 미드필더라는 포지션이 사라지고 중앙에 밀집된 수비 블록이 쌓이게 되자 측면에서 공을 맡는 그들의 역할이 특히 중요해졌다.

피구는 좌우 양발을 같은 수준으로 사용할 수 있었을 뿐만 아니라 수비수를 완전히 제치지 못한 상태에서도 크로스를 감아 차서 높은 정밀도로 골대 앞에 공급할 수 있었다는 점에서 이 시대의 '세계 최고 윙어'였다. '중앙을 봉쇄하고 측면으로 유도해서 공을 빼앗는다'가 기본 이념인 지역 수비를 상대로 그 수비 블록의 '바깥'에서 치명상을 입힐 수 있는 피구 같은 수준 높은 윙어는 말하자면 지역 수비의 천적이라고도 할 수 있는 존재였기 때문이다.

피구가 발롱도르를 수상한 2000년, 당시로서는 최고의 이적료로 FC 바르셀로나에서 숙적 레알 마드리드로 이적한 이 타이밍이 스페인의 두 거대 클럽의 향후 운명을 가른 분

수령이 된 것은 시사하는 바가 크다. 그렇기에 레알 마드리드의 페레스 회장은 막대한 돈을 들여서라도 이 윙어를 얻으려 했을 것이다. 이 이적 사건을 계기로 레알은 그다음 시즌 챔피언스리그 우승을 달성하는 등 황금기에 돌입한 반면, 바르셀로나는 긴 침체기를 맞이하게 된다.

'측면의 공격형 미드필더'로서 활약하다

이러한 흐름을 바꾼 선수가 2005년에 발롱도르를 수상한 호나우지뉴다. 그는 10년만 일찍 태어났다면 공격형 미드필더의 제왕으로서 발롱도르를 연속 수상했을 가능성이 매우 높은 전형적인 브라질의 10번이다. 그런 판타지스타가 윙어로서 발롱도르를 획득한 것 자체가 이 시대의 전술 트렌드를 웅변해 준다고 할 수 있다.

실제로 바르셀로나에서 발롱도르를 수상하기 전의 그는 소속팀 파리 생제르맹에서 공격형 미드필더의 제왕으로 군림한 리그 1의 걸물이었다. 그러나 리그 1에서는 그를 중심으로 팀을 조직할 수 있었지만, 유럽의 정상급 클럽인 바르셀로나에서는 호나우지뉴가 팀의 조직을 보조할 필요가 있었다. 무엇보다 바르셀로나의 전통적 포메이션인 4-3-3에는 공격형 미드필더라는 포지션이 없었다.

그때까지 수많은 공격형 미드필더가 직면했던 딜레마에 대해 호나우지뉴는 새로운 시대의 윙어로서 훌륭히 시대에 적응했다. 사실은 측면 지역에서 공격형 미드필더로 활약한 것일 뿐이라고도 말할 수 있다.

사방팔방에서 상대 팀 선수에게 둘러싸이는 공격형 미드필더의 원래 영역과 달리, 기본적으로 터치라인을 등지고 상대 풀백과 일대일 상황에서 공을 받을 수 있는 측면 지역은 호나우지뉴가 활약하기에 아주 좋은 장소가 되었다. 전략적인 관점에서 말하자면 오른발잡이인 호나우지뉴를 좌측 측면에 위치시킨 배치의 묘가 결정적이었다. 좌측 측면에서 비스듬하게 선 채 오른발로 공을 받은 호나우지뉴는 강인한 피지컬을 활용해 자신에게 다가오는 풀백에 대항해 몸의 왼쪽 절반으로 벽을 만듦으로써 오른발에 둔 공을 절대로 건드릴 수 없게 했다. 게다가 이 상황에서 호나우지뉴의 시야와 신체는 자연스럽게 골대 방향을 향하고 있기 때문에 컷인 후의 슛이나 라스트 패스, 강렬한 측면 전환을 무기로 터치라인 근처에서 경기를 조종할 수 있었다.

호나우지뉴가 제시한 새로운 시대의 윙어상, 그것은 '강인한 피지컬'과 '초절정 테크닉'의 융합이었다. 이 계보를 이어받은 선수가 2008년에 발롱도르를 수상한 크리스티아누 호날두이다. 이 시대의 축구는 더욱 고속화되면서 이전보다 피지컬과 속도를 더욱 요구하도록 진화했다.

이듬해인 2009년의 발롱도르 수상자는 바르셀로나에서 호나우지뉴로부터 등번호 10번을 물려받은 리오넬 메시였다. 당시 그는 호나우지뉴의 후계자로서 왼발잡이 우측 윙어로 기용되었으며, 당시 보여준 플레이도 바로 윙어에게 요구되는 그것이었다. 메시는 처음 발롱도르를 수상한 2008-09시즌 스페인 리그에서 윙어로서는 충분히 경이적인 23득점을 기록했는데, 그 후 2010년대에 전술적 혁명이 일어나면서 연간 30~40골 이상을 꾸준히 집어넣는 괴물이 된다.

2010년대
'제로톱'이라는 재발견

2010년대의 축구 전술 트렌드에 결정적 영향을 끼친 인물은 시대의 총아 무리뉴였다. 2009-10시즌 챔피언스리그 우승을 달성한 무리뉴의 인테르가 사용한 전술에는 '피치의 중앙은 물론이고 측면 지역도 동시에 봉쇄한다'라는 견고한 수비 사상이 바탕에 깔려 있었다. 무리뉴는 4-3-3 포메이션을 기본으로 삼으면서도 수비를 할 때는 3톱의 양쪽 윙어에게 미드필더나 수비수로서 플레이할 것을 요구함으로써 측면 지역을 다중적으로 봉쇄해 결과를 만들어냈다.

그러자 1990년대에 사키의 지역 압박 수비가 세상에 널리 침투했듯이 무리뉴의 '측면을 다중적으로 봉쇄하는' 수비 전술이 순식간에 일반화되어 갔다. 그리고 측면을 봉쇄당함에 따라 2000년대 발롱도르를 독점했던 윙어들도 선택의 기로에 서게 되었다. 이처럼 중앙에 이어 측면에도 공간이 사라지자 공격 전술에서 새로운 혁명이 탄생한 것은 시대의 필연이라고 할 수 있었다. 혁명을 일으킨 인물은 역시 시대의 총아인 펩 과르디올라였다.

펩은 메시를 해방시켜 그의 능력을 최대한 활용하는 전술을 모색했으며, 결국 바르셀로나의 전통 가운데 크루이프가 선수 시절 활약했던 포지션인 '폴스 나인(가짜 9번)'의 부활에 다다른다. 메시의 모습에서 자신이 스승으로 모시는 크루이프의 모습을 발견했던 것일까? 펩이 이 발상에 이른 경위는 그만이 알고 있겠지만, 결과적으로 이 아이디어는 시대의 전술 패러다임을 변화시켰다. 더는 열려 있는 공간이 없어진 피치 위에서 없는 공간을 재생산한다는 의미에서도 이 가짜 9번은 이치에 맞는 전술이었다.

메시는 9번 포지션을 초기 위치로 삼으면서도 피치 위에서 순식간에 나타났다가 사라지는 '에어 포켓' 같은 공간을 감지하고는 본래 포지션을 이탈해 자유롭게 피치를 이동했다. 기존의 2차원적, 평면적인 발상에서는 소실된 것처럼 보였던 공간에 4차원적 시간 축을 가미함으로써 누군가가 움직인 뒤에 생기는 공간을 이용한 것이다. 시대는 포지션이라는 속박에서 해방된 아나키스트(전술적 반역자)가 약동하는 새로운 시대에 돌입하게 되었다.

메시는 이 '제로톱'이라는 새로운 전술과 '가짜 9번'이라는 포지션이 정착된 2011-12시즌, 스페인 리그에서의 득점 수를 윙어 시절 23득점에서 단숨에 50득점으로 두 배 이상 늘렸다. 당시 이 전술이 얼마나 맹위를 떨쳤는지를 단적으로 말해 주는 숫자라고 할 수 있다. 메시는 이 새로운 포지션을 얻음으로써 2010년부터 2012년까지 3년 연속 발롱도르를 수상했을 뿐만 아니라 2010년대에 5회의 발롱도르를 독점하는 쾌거를 이루었다.

크리스티아누 호날두도 2010년대에 발롱도르를 4회 수상했는데, 그 역시 2008년 발롱도르를 수상했을 당시의 순수한 윙어에서 변신을 이루었다. 측면 지역에서 자신의 전매 특허였던 고속 스텝오버를 보여줄 시간도 공간도 사라진 시대에 호날두는 메시와는 또 다른 형태의 '가짜 9번'으로 진화했다. 당시 소속되어 있었던 레알 마드리드(감독은 무리뉴)에서는 좌측 측면 윙어를 초기 포지션으로 삼으면서도 팀이 어태킹 서드로 공을 운반하면 중앙의 9번 위치에 침투(동시에 본래 9번인 벤제마가 측면으로 이동한다)했다. 중앙에서 내려오는 메시와 달리 측면에서 중앙으로 이동하는 호날두는 페널티 에어리어에 갑자기 나타나서 원터치로 골을 양산하는 골게터로서 시대에 적응한 것이다.

2020년대
리베로는 부활할 것인가?

그렇다면 2020년대에는 어떤 유형의 선수가 발롱도르를 수상하게 될까? 여기에서는 이에 관해 예상해 보려고 하는데, 어디까지나 개인의 견해이며 망상이라고 불러도 이상하지 않은 수준임을 감안하고 읽어 주기 바란다.

향후의 흐름으로서, 기존의 정해진 포지션에 얽매여 있는 평면적인 플레이어는 더더욱 도태되어 갈 것이라 생각된다. 포지션의 속박에서 벗어나 자유롭게 행동하면서 피치 위에 나타났다가 사라지는 '미래의 공간'을 자신의 판단으로 역산해 미리 포지셔닝을 할 수 있는 선수가 주역이 되지 않을까 예상해 본다.

그런 의미에서는 최전방에서 내려옴으로써 자유를 얻은 제로톱이라는 재발견이 유효했듯이 최후미에서 올라감으로써 자유를 얻는다는 발상의 부활도 충분히 생각할 수 있다. 다시 말해 '리베로'의 부활이다. 팀에서 가장 상황을 읽는 능력이 뛰어나고 기술도 좋은 선수를 최후미에 배치함으로써 상황에 참가하는 비율을 최대화하는 리베로라는 전술은 생각할수록 현대 축구에 적합한 듯이 느껴진다.

'가짜 9번'과 '리베로'의 시대라고 하면 시계 바늘을 반세기 정도 되돌린 1970년대의 발롱도르를 생각하지 않을 수 없다. 이 시대의 발롱도르는 네덜란드가 낳은 천재 크루이프와 독일의 황제 프란츠 베켄바워가 트로피의 절반을 독점했다(크루이프가 3회, 베켄바워가 2회). 크루이프는 따라올 자가 없는 전술적 안목을 바탕으로 네덜란드 국가대표팀과 AFC 아약스, FC 바르셀로나에서 '가짜 9번'으로서 포지션에 얽매이지 않고 자유롭게 피치 위를 지배했다. 한편 베켄바워는 최후미에서 날리는 정확한 샷건 패스로 팀을 조종하다가 기회를 발견하면 공격에도 참가해 플레이메이킹을 했으며, 때로는 최전방에서 결정적인 어시스트나 득점을 올리는 활약으로 리베로라는 포지션을 구축했다.

오늘날 수많은 명장이 이렇게 말한다.

"이제 전술에 새로운 발명은 없다. 부활이 있을 뿐이다."

발롱도르의 역사를 되돌아보면서 미래의 축구 선수상(像)에 대해 망상한다. 이런 즐거움도 축구가 지닌 오묘함이라고 할 수 있지 않을까?

판타지스타란 무엇인가?

Chapter 12

포지션 플레이에 판타지스타의 자리는 있는가?

이 책에서는 현대 축구의 흐름으로서 포지셔닝과 스토밍이 격돌하고 이윽고 서로의 장점을 받아들이는 방향으로 진화하는 과정을 살펴봤다. 고도로 업데이트되어 가는 축구라는 스포츠에서는 고속화와 그에 따른 플레이의 자동화가 점점 가속되어 갈 것이다. 과연 그 진화 과정에서 선수 개개인의 '번뜩이는 플레이'나 '창조성'이라는 것이 개입할 여지가 남아 있을까?

단적으로 말하면 포지션 플레이란 선수의 판단을 반쯤 자동화함으로써 누가 경기에 출장하더라도 일정한 아웃풋을 기대할 수 있도록 프로그래밍하는 전술이다. 한편 스토밍은 선수가 판단할 여지(시간)를 극한까지 깎아내 달려야 할 공간과 노려야 할 플레이를 자동화하는 전술이다. 누가 출장하든 일정한 성과를 기대할 수 있다는 것은 '평범한 선수'를 잘하는 선수로 보이게 한다는 부차적인 효과를 기대할 수 있는 반면, 아무도 흉내 낼 수 없는 플레이를 만들어 내는 특수한 개인은 소외되어 버리지 않을까 걱정되는 측면도 있다. 즉 여기에서 제기하고자 하는 문제는 다음과 같다.

"포지션 플레이에 판타지스타의 자리는 있는가?"

이 문제에 관해서는 이미 지도자로서 아르헨티나 U-17 국가대표팀 감독을 맡고 있는 아이마르도 다음과 같이 말한 적이 있다. "축구라는 스포츠에는 감각이라든가 상상력 같은 요소가 많이 숨어 있다. 체스와는 다르다. 체스의 말은 항상 전후, 좌우, 대각선 등 같은 방향으로 움직이지만, 축구 선수는 그렇지 않다. 자동적으로 움직이는 훈련을 수백 번씩 반복적으로 시켜 놓고서 '창조성이 넘치는 선수가 없다'라고 푸념하는 것은 듣고 싶지 않다. 모든 것이 자동화되어 있으면 창조성은 사라질 수밖에 없다."

아이마르는 현역 시절 아르헨티나를 대표하는 판타지스타였다. 체격은 작았지만 몸집이 큰 선수들 사이를 빠져나가는 교묘한 드리블과 창조성 넘치는 라스트 패스로 피치 위에 화려함을 가져다줬었기에 과도한 자동화가 불러오는 폐해에 강한 위기감을 품고 있는 것은 아닐까?

그러면 본론으로 들어가기에 앞서, 애초에 판타지스타란 무엇인지 그 정의에 관해 언급하고 넘어갈 필요가 있다. 판타지스타가 특정한 포지션을 가리키는 말이라고 오해하는 사람을 종종 볼 수 있는데, 그렇지 않다. 분명히 공격형 미드필더나 1.5번째 열에 위치하는 선수인 경우가 많은 것은 분명하지만, 그렇다고 해서 해당 포지션 선수가 곧 판타지스타가 되는 것은 아니다. 판타지스타란 어떤 특정 조건을 충족하는 선수를 가리키는 찬사의 표현이다.

판타지스타(Fantasista)라는 말은 이탈리아어로 상상(想像)을 의미하는 '판타지아(fantasia)'에 사람을 의미하는 접미사 '-ista'를 붙여서 '상상력을 발휘하는 사람=판타지스타'가 된 것이라 생각한다. 세계 각국에 이와 비슷한 말이 있는데, 브라질에서는 '크라키(craque ; 포르투갈어로 '에이스', '크랙'이라는 의미)' 등으로 표현되기도 한다. 일본에서는 1990년대 당시 세리에 A가 절대적인 인기를 자랑했던 까닭에 이탈리아어인 '판타지스타'가 널리 보급되었다.

　여기에서 중요한 점은 전 세계 축구계에는 창조성(상상력) 넘치는 플레이어를 찬양하는 말과 풍습이 있다는 사실이다. 축구에서 그만큼 중요한 존재라는 증거일 것이다. 물론 축구에서 '창조성'은 지극히 주관적인 것이기는 하다. 그런 까닭에 누가 판타지스타이고 누구는 판타지스타가 아니라는 언급은 정답이 없는 무의미한 논쟁이다. 여러분의 상상을 뛰어넘는 플레이를 보여주는 선수는 틀림없이 여러분에게 판타지스타일 것이다.

판타지스타는 인력을 조종한다

　상황을 타개한다는 개념에 입각해서 판타지스타에 관해 생각해 보자. 시간과 공간이 극한으로 한정된 현대 축구에서는 앞을 향하는 것, 앞을 향한 상태로 공을 받는 것 자체가 매우 어려운 일이다. 즉 포워드도 미드필더도 뒤를 향한 상태로 공을 받을 수밖에 없는 경우가 많다. 그리고 뒤를 향한 상태로 공을 받았을 때, 팀의 추진력이 어느 쪽으로 기울어 있는가 하면 뒤쪽으로 기울어 있는 경우가 많다.

　이렇게 추진력이라는 관점에서 보더라도 현대 축구에서

판타지스타의 유용성은 명백하다. 고도로 조직화된 현대 축구의 수비, 특히 통일된 추진력을 가진 강도 높은 압박은 상대에게 뒤를 향한 상태로 플레이할 것을 강요할 수 있다. 그리고 상대의 공격을 의도한 방향으로 유도해 자신들에게 유리한 공간으로 몰아넣은 다음 확실히 공을 빼앗는다. 이처럼 항상 등 뒤에서 강렬한 압박을 받는 공격 측이 상대 팀 수비수가 앞 방향으로 발생시키는 추진력으로부터 벗어나기는 매우 어려운 일이다. 그런 까닭에 압박 전술에 대항하는 수단으로 세 번째 선수를 이용해서 앞을 향해 플레이할 수 있도록 보조하는 유닛 전술이나 롱볼을 차서 중원을 회피한 다음 스토밍으로 회수하는 전술 등이 발전했다.

그런데 만약 개인기로 상대의 추진력을 반전시킬 수 있는 선수가 있다면 압박이라는 팀 전술을 개인의 힘으로 타개할 수 있다. 현대의 판타지스타란 상대의 의표를 찌름으로써 팀 전체의 추진력을 조종할 수 있는 존재를 가리키는 것인지도 모른다.

때때로 판타지스타는 상대를 빨아들이는 '인력(引力)' 같은 존재가 되기도 한다. 마라도나나 메시, 이니에스타 같은 선수의 드리블은 상대를 끌어당기는 작용을 한다. 가령 1990년 이탈리아 월드컵 아르헨티나와 브라질의 경기에서 보여준 마라도나의 플레이는 판타지스타의 인력이 경기를 조종한 좋은 사례였다. 이 경기에서 아르헨티나는 시종일관 열세를 면치 못했지만, 마라도나의 플레이 한 번으로 승리를 거머쥐었다. 0-0으로 맞이한 후반전 35분, 센터 서클 부근에서 공을 받은 마라도나는 브라질의 미드필더 두 명을 드리블로 제치자마자 단숨에 최고 속도로 가속하며 브라질 진영으로 돌진했다. 당시 3백을 맡고 있던 브라질의 센터백 세 명은 돌진해 들어오는 마라도나에게 빨려 들어가듯 모여들었고, 그 순간 마라도나가 수비수의 가랑이 사이로 찬 절묘한 라스트 패스를 골대 앞에서 자유로운 상태였던 포워드 클라우디오 카니자가 받아 득점으로 연결함으로써 승부를 결정지었다.

경기가 끝난 시점에서 냉정하게 생각해 보면 마라도나 한 명에게 수비수 세 명이 몰려 있었던 브라질의 실책으로 보이기도 한다. 그러나 당시 마라도나의 드리블은 내버려두면 그대로 골까지 넣어 버릴 것 같은 압도적인 위력이 있었다. 판타지스타 마라도나의 존재감이 인력처럼 브라질 수비수들을 끌어당긴 것이다. 최근에도 메시나 네이마르 같은 선수의 플레이에는 상대 수비수의 시야를 좁혀서 주의를 한 점에 집중시키는 인력이 있다. 유인한 수비의 의표를 찌르는 스루패스는 그들의 전매특허이기도 하다.

과도한 전술주의에 대한 카운터

다시 최초의 문제 제기로 돌아가자. 포지셔닝과 스토밍은 앞으로도 계속 전 세계에 보급될 것이다. 대부분의 팀에는 메시나 마라도나 같은 특별한 판타지스타가 없기 때문이다. 많은 팀은 평범한 선수와 그럭저럭 뛰어난 선수, 그리고 팀플레이에 공헌하는 블루워커로 구성되어 있다. 따라서 평범한 선수를 잘하는 선수로 보이게 하고 특별한 재능을 지닌 선수와의 능력 차이를 메워 주는 자동화는 그런 팀들의 입맛에 맞는 전술이라고 할 수 있다. 그러나 그 진화의 끝에 판타지스타의 자리가 없다면 본말전도가 되어 버리는 건 아닐까?

사실은 이와 매우 유사한 현상이 과거에도 있었다. 그것은 앞에서 이야기했던, 아리고 사키가 일으킨 전술 혁명이다. 1990년대 중반부터 후반에 걸쳐, 마라도나라는 판타지스타를 저지하기 위해 만든 전술이 판타지스타를 필요로 하지 않는 흐름을 만들어낸 시대가 있었다. 필요한 것은 '개인의 번뜩이는 플레이'가 아니라 '조직적인 하드워킹'이라는 생각을 절반쯤 맹신했던 것이다. 그러한 전술주의 사상은 이윽고 판타지스타 불필요론이라는 논쟁까지 불러 일으켰고, 실제로 로베르토 바조나 지안프랑코 졸라 같은 판타지스타들이 피치 위에서 쫓겨났다. 말하자면 '반(反)판타지스타교'의 마녀 사냥이었다.

그렇다면 이후의 축구 역사에서 판타지스타는 모습을 감췄을까? 아니다. 과도한 전술주의에 대한 반동으로 시대는 다시 판타지스타를 원하게 되었다. 1990년대 후반, 판타지스타가 없는 피치에서 시간과 공간을 극한까지 줄인 팀들이 맞붙었을 때 경기가 교착 상태에 빠지는 일이 빈번하게 일어났다. 서로 공을 빼앗더라도 그 순간 상대의 압박을 받아서 다시 공을 잃어버릴 뿐 국면을 타개하지는 못했던 것이다. 이런 상황을 타개하기 위해서는 역시 판타지스타의 창조성이 필요하기에 시대는 판타지스타를 조합한 조직화의 흐름으로 전환되어 갔다.

온고지신이라는 말이 있듯이, 현대의 과도한 전술주의도 이와 비슷한 반동이 일어날 가능성이 의외로 높지 않을까 생각한다. 판단과 플레이를 자동화하는 포지션 플레이는 구조상 명확한 대책이 강구되었을 때 교착 상태에 빠지는 숙명을 내포하고 있다. 극한까지 강도를 높인 스토밍끼리의 대결에서는 그 추진력이 강해질수록 한순간의 번뜩이는 플레이로 상황을 반전시킬 수 있는 개인의 창조성이 차이를 만들어낼 것이다. 요컨대 축구가 전술적이 될수록 그 카운터로 '개인의 번뜩이는 플레이'의 가치가 상대적으로 높아지는 것이다. 그러니 걱정하지 않아도 판타지스타가 사멸하는 일은 없을 것이다.

아마도 향후의 축구에서는 포지셔닝이나 스토밍 같은 고도의 전술과 판타지스타의 공존이 실현되어 갈 것 같다. 한편 팀 전체의 공을 움직이는 방식이나 운반하는 방식, 빼앗는 방식 같은 요소에 관해서는 포지셔닝과 스토밍 전술이 전체의 평균적인 수준을 높일 수 있다. 전 세계 모든 팀이 공을 즉시 탈환하고 포지션 플레이적인 배치에서 공을 운반하는 일정 수준의 움직임을 표준적으로 탑재하게 되어가지 않을까(실제로 이미 그런 조짐이 보이기 시작했다)?

그와 동시에, 전체의 평균치가 상승한다면 결국 최종적인 차이를 만들어내는 것은 특별한 '개인'이 된다. 판타지스타는 스토밍이나 포지셔닝이라는 토대 위에서 차이를 만들어내는 도구로서 포함될 것이다.

이 시스템과 판타지스타의 공존 관계에 관해서는 펩도 존경하는 명장 훌리오 벨라스코(배구계의 전설적인 명장)가 다음과 같은 이야기를 했다.

"시스템(전술)을 통해 선수가 중요하지 않은 일에 머리를 쓰지 않아도 되는 상황을 만들어낸다. 그러면 뇌의 여력을 남겨 놓았다가 중요할 때 창조성을 발휘할 수 있다."

이 말을 현대 축구에 대입한다면, 포지션 플레이를 통한 판단의 자동화가 빌드업에서 뇌의 메모리 소비를 억제함으로써 마지막 30미터에서 창조성을 발휘할 수 있게 해 준다는 의미일 것이다. 판타지스타와 전술의 이상적인 미래상을 예견하는 말이 아닐까 싶다.

3초 후의 미래

마지막으로, 축구라는 스포츠의 매력과 판타지스타의 관계에 관해 고찰해 보려 한다. 판타지스타는 축구라는 스포츠가 전 세계에서 이렇게까지 사랑받는 가장 중요한 요인으로서도 절대 무시할 수 없는 존재다. 여러분도 한번 상상해 보기 바란다. 판타지스타라는 존재가 없는 축구를. 참으로 따분한 경기가 되어 버리지 않을까? 나 또한 만약 판타지스타가 없었다면 이렇게까지 축구에 매료되는 일은 없었을 것이다. 마라도나, 플라티니, 지단, 호나우지뉴, 메시… 이런 역대급 선수들이 수많은 팬에게 사랑받고 지금도 계속 이야기되는 이유는 그들의 창조성 넘치는 플레이 때문이다.

본래 피치 위에서 플레이하는 선수의 시야는 매우 제한적이다. 한 번이라도 공을 차 보면 잘 알 수 있듯이, 높은 곳에서 전체를 바라보는 관중과는 다른 세계가 펼쳐진다. 그러나 개중에는 피치 위에 있으면서도 마치 높은 곳에서 전체를 내려다보는 듯이 플레이할 수 있는 선수가 있다. 그런 일류 선수들은 높은 곳에서 전체적으로 바라보기라도 하는 것처럼 상대가 무슨 생각을 하고 있는지 알고 있다는 듯 적확하게 플레이하기 때문에 보고 있으면 매우 마음이 편해진다. 그리고 그중에서도 극히 일부, 높은 곳에서 전체적으로 바라보고 있는 우리조차도 깨닫지 못하는 패스 코스를 찾아내거나 생각지도 못한 플레이로 상황을 타개하는 특별한 선수가 존재한다. 개인적으로는 이렇게 자신의 상상을 배신당했을 때의 놀라움이야말로 축구를 보는 참맛이라고 생각한다. 여기에 승패를 초월한 축구의 기쁨이 있다. 그렇기에 더더욱 우리는 상상을 초월한 플레이를 하는 선수를 '판타지스타'라고 부르며 숭배하는 것이 아닐까?

그런 판타지스타가 보여주는 플레이 중에서도 가장 화려한 것은 '스루패스'다. 스루패스가 서툰 판타지스타는 없다고 해도 과언이 아닐 만큼 센스가 요구되는 플레이다. 드리블로 상대 선수를 끌어들인 다음 스루패스로 의표를 찌른다. '개인'이 한순간의 번뜩이는 플레이로 '조직'을 무너트리는 순간이다. 스루패스를 찬 순간, 드리블에 빨려 들어왔던 수비수들은 무게 중심이 반대 방향에 걸려 있기 때문에 아무도 공에 반응하지 못한다. 공을 건드리는 것이 허용되는 유일한 존재는 패스를 받는 선수뿐이다. 이 그림을 패스를 하는 순간 머릿속에서 그릴 수 있는 특별한 능력이야말로 평범한 선수와 판타지스타를 나누는 경계선이 아닐까? 그들에게는 '3초 후의 미래'를 보는 힘이 있다.

개인적으로 스루패스가 일으키는 경기장의 반응도 참을 수 없을 만큼 좋아한다. 골을 넣었을 때는 순간적으로 환호가 폭발하지만, 스루패스의 경우는 느낌이 다르다. 스루패스가 나온 순간, 관중들은 일순간의 정적과 함께 마른 침을 삼키며 공이 향하는 곳을 눈으로 좇는다. 평범한 사람인 우리는 그들이 보고 있는 '3초 후의 세계'를 공유하지 못하기 때문에 공이 발끝을 떠난 뒤부터 눈으로 좇는 수밖에 없다. 그리고 멍하니 서 있는 수비수 사이를 뚫고 지나간 공이 전속력으로 달리고 있는 포워드의 발에 도달한 순간, 감탄의 한숨과 함께 우레와 같은 함성이 터져 나온다. 그것은 놀라움이고, 골에 대한 예감이며, 경기를 보는 사람으로서의 환희다. 후이 코스타가 바티스투타에게, 카를로스 발데라마가 티노 아스프리야에게, 이반 데 라 페냐가 호나우두에게 스루패스를 할 때마다 나는 텔레비전 앞에서 수없이 엉덩이를 들썩이며 감탄했다.

전술적으로 봐도 판타지스타(스루패스를 보내는 선수)+스트라이커(받는 선수)라는 최소 단위의 공격 유닛이 지금도 퇴색하지 않고 많은 팀에 채택되고 있는 이유는 보편성이 있기 때문이다. 판타지스타의 스루패스와 스트라이커의 돌파라는 단순하지만 특별한 두 명의 관계성만으로 공격이 완결될 때도 있다. 앞에서 소개한 아이마르는 현역 시절에 찰떡 호흡을 보여줬던 스트라이커 하비에르 차비올라에 대해 이렇게 말했다.

"피치 위에서 항상 나와 같은 것을 바라보고 있는 동료는 특별한 존재입니다. 전방에 그가 보이면 가슴이 두근거렸지요. 차비올라는 제 능력을 최대한 이끌어내 줬습니다."

스루패스의 명수도 시대와 함께 다양화되고 있다. 지금은 수비형 미드필더나 센터백에 스루패스를 보낼 수 있는 선수를 배치하는 것이 당연해졌다. 공격 측이 진화하면 반드시 그 반작용으로 수비 측 전술도 진화한다. 그것이 바로 포지션 플레이에 대한 대항책으로 패스를 보내는 출발점에서부터 올코트 대인 수비로 압박을 가하는 전술이다. 그러자 이번에는 올코트 대인 수비에서도 절대 마크가 붙지 않는 선수, 즉 골키퍼의 스루패스까지 나오게 되었다. 올코트 대인 수비는 뒤집어 말하면 상대 팀 골대와 가장 가까이 있는 우리 팀 포워드도 일대일 상황이라는 의미이므로 이곳을 노리는 것이 골을 넣기 위한 가장 빠른 방법이라는 것이다. 맨체스터 시티의 골키퍼 에데르송은 빌드업에 적극적으로 관여하면서 상대가 높은 위치에서 대인 수비를 한다 싶으면 포워드에게 패스해 어시스트까지 기록한다. 관점에 따라서는 골키퍼 포지션의 판타지스타라고 할 수 있을지도 모른다.

Chapter 13

미래의 축구를 상상한다

★ ★ ★

힌트는 펩 바르셀로나의 마지막 시즌

마지막으로, 앞으로의 전술 트렌드를 필자의 지론도 섞어 가면서 대담하게 예상해 보려 한다. 필자에게는 어떤 망상에 가까운 확신이 있다. 펩 과르디올라가 FC 바르셀로나에서 보낸 마지막 시즌(2011-12시즌)의 결국 완성되지 못한 채 끝난 팀에 힌트가 있다고 생각하는 것이다. 필자는 그때 축구의 미래를 봤다.

당시 펩의 바르셀로나는 온갖 타이틀을 독점했고, 취임

3년 차에는 챔피언스리그 결승전에서 당시 최강으로 불리던 맨체스터 유나이티드를 상대로 완승을 거두며 명실상부한 '사상 최강팀'으로서 절정기를 맞이하고 있었다. 그러나 펩은 마지막 시즌인 4년 차에 그 팀을 일단 부수고 처음부터 다시 새롭게 창조하는 도전에 나섰다. 아쉽게도 그동안 쌓인 피로로 몸과 마음이 한계에 이르렀던 탓도 있어서 결국 펩은 이 팀을 완성하지 못한 채 바르셀로나를 떠났다. 하지만 그가 남긴 이 미완의 대성당이야말로 축구의 미래를 예감케 하는 충격적인 작품이었다.

그러면 본론으로 들어가기에 앞서 펩 바르셀로나의 4년간에 걸친 발자취를 다시 한번 되돌아보려 한다. 펩은 2008-09시즌 프랑크 레이카르트의 후임으로 감독이 되자마자 팀을 쇄신했다. 그때까지 팀의 중심이었던 외국인 선수 호나우지뉴와 데쿠를 방출하고, 그 대신 클럽에서 육성한 선수(통칭 칸테라노)를 중심으로 팀을 구성하는 선택을 한 것이다. 그리고 취임 첫 시즌 중에 '메시의 제로톱'을 생각해내 라리가와 코파 델 레이, 챔피언스리그의 트레블을 달성했다.

펩은 다음 시즌에도 현재 상태에 만족하지 않고 개혁을 단행했다. 메시의 제로톱이 당시 유럽에서 맹위를 떨치고 있었지만, 펩은 결국 대책이 마련될 것을 예상하고 다음 단계로 나아가기 시작했다. 메시의 제로톱의 약점은 골대 앞에서 '높이'라는 요소가 결정적으로 부족하다는 것이었다. 만약 상대가 중앙 수비를 철저히 한다면 측면에서의 크로스로는 득점을 올릴 수 없었다. 펩은 앞으로 이 약점이 팀을 위기에 빠트릴 수 있다고 우려했다. 그래서 전방에 '높이'를 도입하기 위해 에토를 내보내고 즐라탄을 영입했다. 이로써 티에리 앙리의 속도와 메시의 테크닉에 즐라탄의 높이를 추가한 완전무결한 3톱을 구성하는 데 성공했다…고 펩은 믿었다.

그러나 이러한 펩의 구상은 완전히 실패로 끝났다. 즐라탄과 메시가 쓰고 싶어 하는 공간이 겹쳤기 때문에 그때까지 '제로톱' 전술을 통해 열어 놓았던 공간을 즐라탄이 닫아 버리는 결과를 낳았던 것이다. 게다가 즐라탄은 수비에서도 '전방에서의 하드워킹'을 요구하는 펩의 전술과 맞지 않았다. '공격은 골키퍼로부터, 수비는 센터포워드로부터'라는 크루이프의 토털 풋볼을 계승했던 펩의 전술에서 진정으로 중요한 생명선은 사실 공을 지배하는 것보다 공을 빼앗긴 순간의 강렬한 압박과 즉시 탈환이라고 할 수 있다. 이 시즌 챔피언스리그 4강전에서 인테르에 역습을 수차례 허용한 요인 중 하나는 전방의 수비 강도 부족이었음이 틀림없다(2경기 합계 2-3으로 패배).

펩은 안일하게 전방에 '높이'를 추구하며 외국인 선수 보강으로 그 문제를 해결하려 했던 자신의 시도가 틀렸음을 깨달았다. 그리고 시즌 후반에는 즐라탄을 벤치에 앉히고 메시를 제로톱으로 되돌림으로써 높이가 아니라 세련된 패스워크에 집중하는 팀으로 방침을 전환했다. 이를 통해 중원은 차비와 이니에스타, 부스케츠에 전방에서 내려오는 메시가 관여하는 구성이 되었다. 후방에도 골키퍼 빅토르 발데스 앞에 센터백 카를레스 푸욜과 제라르드 피케를 배치해 센터 라인을 전부 칸테라노로 구성하면서 펩이 만들려 했던 팀의 골자가 보이기 시작했다.

그리고 맞이한 세 번째 시즌, 마침내 '역대 최강'이라는 평가를 많이 받았던 팀이 완성되었다. 전방에는 메시 양쪽에 그를 방해하지 않으면서 수비에서 하드워킹이 가능하고 필요하다면 포워드로서 득점도 할 수 있는 만능형 공격수 페드로 로드리게스와 다비드 비야가 배치되었다. 팀은 완벽한 하모니를 만들어냈고, 공수에서 빈틈 없는 축구로 압도적인 성적을 올렸다(국내 리그 3연속 우승, 챔피언스리그 우승).

2010-11시즌, 펩 취임 3년 차의 바르셀로나를 '역대 최강의 바르셀로나'이자 '축구 역사상 최강의 팀'으로 평가하는 의견이 아직도 많다.

그리고 2011-12시즌, 펩의 체제는 4년 차를 맞이했다. 일반적인 감독이라면 이 최강 팀을 어떻게 유지할지 궁리하면서 시즌에 임했을 것이다. 설령 손을 대더라도 바탕은 크게 건드리지 않고 마이너 체인지에 그치는 것이 상식이다. 게다가 당시 바르셀로나의 주력은 나이가 전성기에 접어든 20대 중후반의 선수들이었다. 리스크를 짊어지면서까지 대대적인 변혁을 일으킬 필요는 어디에도 없었다.

하지만 당사자인 펩만은 완전히 다른 미래를 그렸다. 그는 이미 새로운 작품을 구상하며 상상력을 부풀리고 있었다. 아마도 펩의 마음속에서는 이 최강 팀조차 능가하는 팀을 자신의 손으로 만들어 보고 싶다는 욕구가 꿈틀대고 있었던 것이 아닐까 싶다. 하루가 다르게 발전하는 현대 축구에서 현상 유지는 완만한 쇠퇴와 동의어다. 그래서 펩은 이 팀을 일단 파괴하고 새로운 팀을 창조하는 가시밭길을 선택했다. 19세기의 철학자 프리드리히 니체는 "선과 악의 창조자이기를 원하는 자는 먼저 파괴자여야 한다"라는 말을 남겼는데, 펩의 행위는 문자 그대로 '창조적 파괴'라고 부를 수 있는 것이었다.

메시의 제로톱은 분명히 그의 능력을 활용하는 데 최적의 전술이라고 할 수 있다. 그러나 이 전술의 방향성은 결국 마지막에 메시를 자유로운 상태로 만든다는 것으로 집약된다. 어떤 패스 경로를 거치든 '마무리는 메시'인 것이다. 그럼에도 당시는 아직 많은 팀이 '알고도 막지 못하는' 단계였다. 하지만 펩은 그 이후를 내다보고 있었다. 단조로운 공격은 언젠가 상대에게 읽혀 대책이 마련될 수밖에 없다. 끊임없이 한 발 앞서서 개혁을 단행하는 펩에게는 좀 더 유동적이고, 메시뿐만 아니라 누구나 피니셔가 될 수 있는 복수로 분기된 트리 구조의 공격이야말로 이상적인 공격 방법이었을 것이다. 때때로 메시조차 미끼로 삼는 공격이 실현된다면 이를 막기는 매우 어려워진다.

다만 그렇다고 단순히 새로운 스트라이커를 보강해 문제를 해결하려 한다면 메시의 공간을 닫아 버리는 결과로 끝난 즐라탄의 재판이 될 수 있었다. 바르셀로나 특유의 문법을 익히지 못한 선수의 보강은 팀 전체에 불협화음을 가져올 위험성이 컸다. 그렇다면 펩이 원하는 마지막 퍼즐 조각은 메시의 공간을 차지하지 않고 제로톱으로 공존이 가능하면서 바르셀로나 특유의 문법도 익힌 선수가 된다. 과연 전 세계를 모조리 뒤진다 한들 그런 선수를 찾아낼 수 있을까?

그런데 놀랍게도 안성맞춤인 선수가 딱 한 명 있었다. 바로 당시 프리미어리그 아스널 FC에 소속되어 있었던 세스크 파브레가스였다. 세스크는 바르셀로나의 칸테라 출신으로, 동기인 메시와 함께 플레이한 경험이 있었다. 그는 16세에 스페인 U-17 국가대표팀에 선발되자 U-17 월드컵에서 대회 득점왕을 차지하는 활약을 선보였는데, 당시 파트리크 비에라의 후임자로 젊고 뛰어난 볼란치를 찾고 있던 아스널 감독 아르센 벵거가 이 활약에 주목했다.

2003년 16세라는 젊은 나이로 아스널에 영입된 세스크는 빠르게 두각을 나타냈고, 18세에 주전으로 정착하자마자 이듬해 프리미어리그 어시스트왕을 차지했으며, 그 이듬해에는 올해의 영 플레이어에 선정되었다. 이 시점에 아스널은 이미 모두가 인정하는 '세스크의 팀'이 되어 있었고, 그런 세스크의 '친정 복귀'를 바라는 목소리가 바르셀로나의 서포터뿐만 아니라 선수들 사이에서도 나올 정도였다.

그런 상황에서 열린 2010년 남아공 월드컵은 세스크의 바르셀로나 복귀를 결정짓는 계기가 되었다. 이 대회에서 압도적인 강력함을 자랑하며 우승한 스페인의 중원에는 차비와 이니에스타, 부스케츠 등과 찰떡 호흡을 보여준 세스크의 모습이 있었으며, 그 앙상블은 압도적일 만큼 아름다웠다. 너무나도 훌륭한 연계 플레이로 인해 스페인 국가대표팀 유니폼이 일순간 블라우그라나의 바르셀로나 유니폼으로 보일 정도였다.

결정타는 네덜란드와의 결승전에서 스페인의 우승을 결정지은 연장전 후반의 극적인 골이었다. 결국 승부차기에 돌입할 것 같은 분위기가 짙었던 116분, 중원에서 흘러나온 공을 주운 이니에스타가 노룩 힐패스를 보내자 세스크가 눈도 마주치지 않은 상태에서 이에 반응했다. 스페인의 결승점은 이 두 선수의 이(異)차원적인 연계 플레이에서 시작되었다. 힐패스에 반응한 세스크는 공을 좌측 측면으로 전개했고, 토레스가 골대 앞으로 크로스를 올렸다. 이 크로스를 먼저 건드린 것은 네덜란드의 수비수였지만, 흘러나온 공에 누구보다 먼저 반응한 선수도 세스크였다.

압권이었던 것은 그 다음이다. 세스크가 세컨드 볼을 잡은 순간, 이니에스타는 네덜란드의 수비 라인을 살피면서 백스텝을 밟기 시작했다. 세스크가 패스할 것을 확신한 이니에스타는 오프사이드가 되지 않도록 신중하게 자신의 포지션을 수정하고 있었던 것이다. 세스크는 네덜란드의 수비수를 최대한 끌어들인 다음 이니에스타에게 패스를 보냈고, 이니에스타의 슛이 골대를 뒤흔들었다. 그리고 이것이 스페인의 결승점이 되었다.

세스크와 바르셀로나 선수들이 스페인 국가대표팀에서 보여준 연계 플레이는 문화와 문법을 공유하는 선수들만이 만들어낼 수 있는 특수한 것이었다. '너라면 그곳에 있을 거야', '너라면 이리로 나오겠지.' 아이 콘택트보다도 빠른 감각의 공명. 이것이야말로 펩이 원하던 것이었다. 생각해 보면 이 대회를 계기로 세스크도 결심을 굳히지 않았을까 싶다. 안타깝지만 당시의 아스널에는 세스크와 같은 수준의 플레이 비전을 공유할 수 있는 동료가 없었다(훗날 세스크 본인이 그렇게 말했다). 바르셀로나에는 세스크가 필요했고, 무엇보다 세스크 자신에게도 바르셀로나가 필요했던 것이리라. 펩은 결과적으로 바르셀로나에서의 마지막이 된 시즌을 맞이하면서 이상적인 마지막 퍼즐 조각을 손에 넣었다.

펩은 4년 차 시즌에 세스크와 메시를 공존시키기 위한 새로운 포메이션 구축에 나섰다. 그것이 세스크와 메시를 세로로 배치하는 3-4-3이었다.

메시 앞에 선수를 배치하는 포메이션은 즐라탄으로 한 차례 실패를 맛보았지만, 세스크는 센터포워드의 기존 관념에 얽매이지 않는 선수였다. 본래 바르셀로나의 미드필더로 육성되었던 선수이고, 무엇보다 아스널에서 부동의 지휘관을 맡았던 선수다. 중원까지 내려와서 차비나 이니에스타와 같은 임무를 소화하는 것은 식은 죽 먹기였다.

물론 펩도 메시와 세스크가 자유롭게 포지션을 바꾸는 것을 염두에 두고 있었다. 세스크가 중원으로 내려오고 메시가 전방으로 올라가는 것은 물론, 메시와 세스크가 제로 톱 위치에 동시에 있을 때도 있었다. 즉 3-4-3이라고는 하지만 경기에서의 실제 포메이션이 3-4-3으로 고정되는 일은 거의 없었던 것이다(그림 27).

이 포메이션의 가장 큰 특징은 기존의 센터포워드가 활동 영역으로 삼았던 골대 앞을 일부러 아무도 없는 공간으로 만든 것이라고 할 수 있다. 그리고 비워 놓은 공간으로

그림 27 **2011-12시즌 바르셀로나의 '3-7-0'**

양 측면의 포워드나 중원의 선수가 자유롭게 달려든다. 수비하는 쪽으로서는 종잡을 수 없는 공격에 매우 어려움을 겪었을 것이다.

이처럼 상대 팀 진영 골대 앞을 빈 공간으로 만든다는 발상은 크루이프의 팀과 상통하는 특징이라고도 할 수 있다. 크루이프는 현역 시절의 플레이가 말해 주듯 포워드가 골대 앞에서 진을 치고 기다리는 것을 좋게 생각하지 않았다. 아무리 강력한 포워드라도 골대를 등진 상태에서 수비수를 등 뒤에 두고 플레이해야 한다면 효과적으로 플레이하기가 어렵기 때문이다. 수비하는 입장에서도 항상 골대 앞에 있는 포워드는 마크가 용이하다고 할 수 있다.

물론 그렇더라도 일류 포워드는 골대 앞에서 교묘한 움직임으로 마크를 떼어내는 기술이 뛰어난 경우가 많다. 그러나 애초에 마크해야 할 포워드가 없고 마지막 순간까지 누가 달려들지 알 수 없는 공격은 '마크'라는 행위 자체를 어렵게 만든다. 상대 팀 센터백에게는 골대 앞에서 포워드와 자리싸움을 할 여지조차 주어지지 않는다. 게다가 골대 앞으로 달려드는 공격수는 반드시 공격 방향을 향한 채 들어오기에 공격 측에 유리한 상황이 갖춰진다. 크루이프의 철학에서는 '공간'이야말로 최강의 센터포워드를 만들어내는 포석이었던 것이다.

이 3-4-3이라는 새로운 포메이션이 최고조에 달했던 경기는 2011년 클럽 월드컵 결승전이었다. 전년도 유럽 챔피언으로서 대회에 참가한 바르셀로나는 결승전에서 남아메리카 챔피언인 산투스 FC와 맞붙게 되었다(참고로 당시 산투스에는 훗날 바르셀로나에서 뛰게 되는 네이마르가 소속되어 있었다). 이 경기에서 브라질의 명문 산투스 FC는 처음으로 조우하는 미지의 축구를 상대로 90분 내내 끊임없이 농락당하고 만다.

경기는 세스크와 메시가 포워드 위치에 들어가지 않고 중원의 위험 지역 부근에 자리하는 '더블 제로톱' 시스템이라고도 할 수 있는 포메이션으로 시작되었다(그림 28). 이 때문에 산투스는 수비의 기준점을 잃어버렸다. 산투스의 센터백이 메시와 세스크를 마크하려고 앞으로 나가면 이니에스타나 차비가 중원에서 달려들었다. 게다가 양 측면에서는 윙어인 티아고 알칸타라와 다니엘 알베스가 대각선 침투를 끊임없이 노렸다. 그렇다고 배후 공간을 의식해 수비 라인을 내리면 이번에는 중원에서 메시나 세스크가 앞을 향한 채로 공격을 시도했다. 산투스는 어느 한쪽을 신경 쓰면 반드

그림 28 메시와 세스크의 '더블 제로톱'

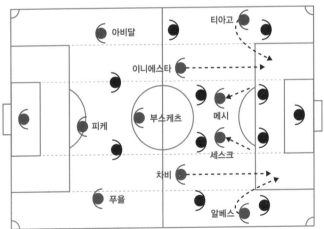

시 다른 쪽이 허술해진다는 난제에 직면했다.

전반전에 기록한 바르셀로나의 3득점은 전부 이 구조를 상징하는 골이었다. 전반전 16분에 선제골을 넣을 때는 세 스크와 메시가 두 차례에 걸쳐 전후로 위치를 변경하면서 상대를 혼란에 빠트렸다.

득점 장면을 되돌아보자. 중원에서 공을 받은 메시는 상대 팀 진영이 아니라 자신들의 진영을 향해 내려가듯이 드리블을 시작했다. 그러나 동시에 세스크와 이니에스타가 골대 앞을 향해서 올라갔다. 이에 따라 산투스의 수비 라인은 아래로 내려가는 한편, 중원은 공을 가지고 아래로 내려가는 메시를 마크하기 위해 따라갔다. 그 순간 산투스의 수비 라인과 중원 사이 공간이 텅 비게 되었고, 이런 기회를 놓칠 리 없는 메시는 공격 방향을 전환해 빈 중원 공간에 자유로운 상태로 있는 차비에게 세스크를 경유해서 패스를 보냈다. 그리고 산투스의 센터백이 패스를 받은 차비를 마크하기 위해 황급히 달려가자, 그 배후로 메시가 세스크와 교대하듯이 달려 들어갔다.

그림 29 바르셀로나의 첫 번째 득점

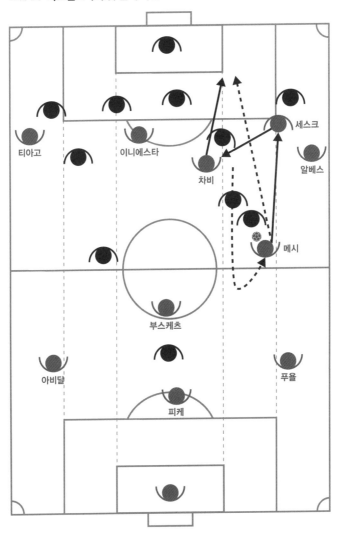

티아고
이니에스타
세스크
알베스
차비
메시
부스케츠
아비달
푸욜
피케

그림 30 **바르셀로나의 두 번째 득점**

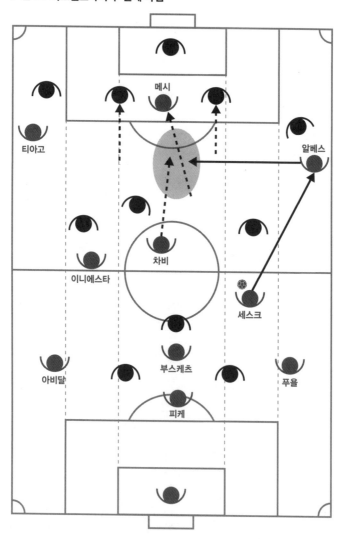

세스크와 메시 사이가 전후 위치를 연속적으로 바꾸고 차비와 이니에스타까지 가담한 복잡한 로테이션에 산투스는 전혀 대응하지 못했다. 정신을 차렸을 때는 이미 메시가 자유로운 상태로 돌파해 골키퍼와 일대일 상황을 만든 뒤 차분하게 골을 넣었다(그림 29).

그로부터 7분 후에 나온 추가점도 압권이었다. 이번에는 메시가 배후를 노리고 세스크가 중원으로 내려가는 위치 관계에서 시작되었다. 세스크는 중원에서 패스를 받자마자 우측 측면 터치라인 근처에 자리를 잡고 '폭'을 확보하고 있었던 윙어 알베스에게 종패스를 보냈다. 그리고 알베스가 측면에서 공격을 시도하려는 순간, 메시가 단숨에 최고 속도로 골대 앞으로 달려 나갔다. 산투스의 수비 라인은 메시의 급가속에 대응하기 위해 물러났는데, 이때 한 박자 늦게 차비가 위험 지역에 나타나더니 마크가 없는 자유로운 상태에서 알베스의 횡패스를 받아 골을 넣었다(그림 30).

포지션 플레이의 기본이기는 하지만 공격할 때 차지해야 할 '배후', '폭', '사이'를 제압하고, 심지어 그것을 정해진 포지션이 아닌 로테이션을 통해 실현했다. 산투스는 누가 누구를 마크해야 할지 알 수 없어 완전히 혼란에 빠졌고, 이러한 공격이 진행되는 동안 바르셀로나 선수들에게 포지션

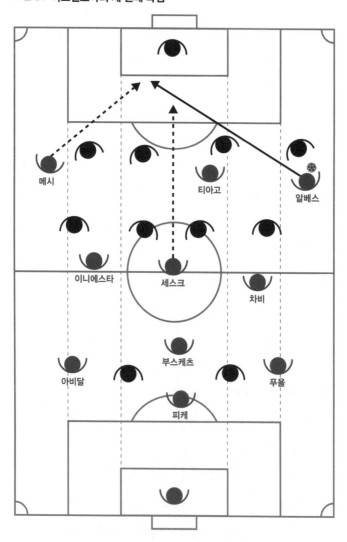

그림 31 바르셀로나의 세 번째 득점

이라는 개념은 존재하지 않았다.

가장 놀라운 득점 장면은 전반전 종료 직전에 나온 세 번째 골이었다. 이번에는 세스크가 볼란치 위치까지 내려갔고, 메시는 좌측 측면 윙어 위치에서 '폭'을 확보했다. 센터 포워드 포지션은 변함없이 비어 있었고, 그 대신 본래 좌측 윙어에 배치되어 있었던 티아고가 제로톱 위치에 자리를 잡았다.

이러한 상태에서 우측 측면에서 자리 잡고 있던 알베스에게 공이 가자 산투스 센터백의 의식은 위험 지역에서 기다리고 있는 티아고를 향했다. 그런데 그 순간을 기다렸다는 듯이 좌측 측면에서 폭을 확보하고 있었던 메시가 대각선으로 질주해 골대 앞으로 달려들었다. 알베스가 보낸 스루패스는 힘껏 발을 뻗은 산투스 풀백의 발에 아슬아슬하게 닿았지만 메시가 이 공을 컨트롤해 공격을 이어 나갔고, 결국 그 사이에 지원을 온 세스크가 세컨드 볼을 차서 골대 안으로 집어넣었다(그림 31).

경기는 4-0으로 끝났고, 71% 대 29%라는 볼 점유율에서도 알 수 있듯이 산투스 선수들은 제대로 공을 만져 보지도 못했다. 문자 그대로 바르셀로나의 완승이었다. 경기 후 브라질 언론은 바르셀로나의 충격적인 축구를 '3-7-0

포메이션'이라 평가했다.

분명 이 경기에서 바르셀로나의 기본 포메이션은 3-4-3이었지만, 수비를 할 때는 윙어로 기용된 알베스가 풀백 위치로 내려가면서 순간적으로 4백으로 모습을 바꿨다. 중원에서부터 앞쪽의 7명은 정해진 포지션이라고 할 만한 것이 없이 종횡무진 피치 위를 누볐다. '3-7-0'은 참으로 절묘한 표현이었던 것이다.

경기 후, 당시 산투스의 감독이었던 무리시 하말류는 이렇게 말했다. "브라질에서 포워드가 없는 3-7-0 같은 포메이션을 사용했다가는 소극적이라는 비판을 피할 수 없습니다. 그러나 바르셀로나의 플레이를 보고 있으면 포워드가 세 명씩 없어도 공격적인 축구를 할 수 있다는 것을 알 수 있습니다. 오늘 바르셀로나는 그것을 증명했지요."

필자는 그날 요코하마 국제 종합 경기장에서 이 경기를 직접 보는 행운을 누렸다. 그리고 축구의 기성관념을 깨는 바르셀로나의 포지션 없는 축구를 목격하고 전율했다. 스탠드의 2층석에서 내려다보며 피치 전체를 파악할 수 있었던 필자로서도 바르셀로나의 포메이션이나 공격 경로를 이해하기가 너무나 어려웠다. 필자가 머릿속에서 생각한 것보다 먼저 공과 선수가 움직였기 때문이다. 이런 포메이션을 피치 위에서 플레이하면서 막아내야 했던 산투스 선수들이 얼마나 고심했을지 상상이 가고도 남았다. 경기가 끝나고 집으로 돌아가는 길에 필자는 오늘 본 축구가 미래의 축구로 이어질 것이라는 강한 확신을 품게 되었다.

미완성된 대성당, 또다시

그러나 이 경기를 정점으로 그 뒤로는 바르셀로나의 3-4-3 포메이션을 볼 기회가 점점 줄어들었다. 유럽에서는 이 새로운 시스템에 대한 대책도 연구되어서, 바르셀로나는 챔피언스리그와 라리가에서 각각 첼시와 레알 마드리드에게 카운터를 얻어맞고 타이틀 경쟁에서 탈락하고 만다. 이 무렵에는 공격할 때의 높은 유동성이라는 장점보다 공을 잃었을 때의 설계가 불안정하다는 약점이 더 크게 나타나고 있었다.

펩은 그 후 경기에서 기존의 4-3-3을 사용하는 일이 서서히 늘어났다. 3-4-3은 미완성된 채로 봉인되어 버린 것이다. 또 다른 이노베이션을 일으키기에는 펩 자신이 너무 지쳐 있었을 것이다. 결국 펩은 이 새로운 포메이션을 완성하지 못한 채 이 시즌을 마지막으로 바르셀로나를 떠난다고 발표했다.

그 후, 펩이 지휘봉을 잡은 바이에른 뮌헨과 맨체스터 시티에서는 다시 처음부터 팀을 구축해야 했기에 그날 밤 경기에서 발전된 모습은 당분간 볼 수 없게 되었다. 독일과 잉글랜드 축구계에서는 크루이프의 포지션 플레이가 완전히 미지의 문화였기에 어쩔 수 없는 일이었다. 바르셀로나라면 육성 기관에서부터 당연하다는 듯이 펩(크루이프)의 축구에 정통한 선수가 육성되었겠지만, 바르셀로나가 아닌 곳에서는 그렇지가 않다.

그러나 펩은 당연히 그것도 예상하고 있었다는 듯한 행보를 보이고 있다. 어떤 나라에서든 바르셀로나의 축구를 결코 강요하지 않은 것이다. 오히려 그 나라의 축구 문화를 존중하고, 강점을 찾아낸 다음 자신의 축구와의 융합점을 모색하는 데 시간을 할애했다. 바이에른에서는 양 측면에 로벤과 리베리라는 당시 세계 최고봉의 윙어가 있었다. 그리고 2년 차에는 중앙에 세계 굴지의 스트라이커 레반도프스키가 가세했다. 이에 펩은 골대 앞을 비워 놓는 제로톱 전술로는 이 최고의 소재들을 제대로 활용할 수 없다고 판단했고, 그 결과 바이에른에서는 3톱의 강점을 활용한 단순하고 빠른 축구를 중심 전술로 사용했다.

잉글랜드의 맨체스터 시티로 옮긴 뒤에는 직선적인 프리미어리그 스타일에 맞서 포지셔닝과 패스워크로 이겨내는 축구의 유효성을 발견했다. 취임 첫해에 선수 파악과 새로운 전력 보강에 힘을 쏟은 펩의 맨시티는 두 번째 시즌에 드디어 진가를 발휘한다. 포지션을 정비하고 패스의 판단 기준을 프로그램화한 맨시티의 포지션 플레이에 잉글랜드 클럽들은 전혀 대응하지 못했다. 프리미어리그 특유의 강한 압박을 이겨낼 능력이 있는 맨시티는 빌드업을 통해 안정적으로 상대 팀 진영까지 공을 운반할 수 있었다. 그리고 어태킹 서드까지 공을 운반하면 골대 앞에는 세르히오 아구에로와 케빈 더 브라위너 같은 개인 능력으로 경기를 결정지을 수 있는 재능 넘치는 선수들이 있었다. 이 해에 맨시티는 프리미어리그 역대 승점 기록을 갈아치우는 강력함을 과시하며 리그를 독주한 끝에 우승을 차지했다.

그 뒤에도 맨시티는 프리미어리그에서는 안정적인 강력함을 발휘했지만, 유럽을 무대로 하는 챔피언스리그에서는 3년 연속 8강에 머물렀다. 바이에른에서든 맨시티에서든 포지션을 고정시킨 정점적(定點的) 축구를 하는 펩을 보면서 바르셀로나 마지막 시즌에 보여줬던 축구는 어디까지나 일시적인 것이었나 하는 생각도 들었다.

그러나 맨시티에서 취임 5시즌째를 맞이한 2020-21시즌, 펩은 마침내 미완의 대성당을 완성시키려는 듯한 움직임을 보이기 시작한다. 이 시즌 초반 에이스 아구에로가 부상과 코로나 바이러스 감염 영향으로 팀을 이탈했기에 펩은 한동안 가브리엘 제주스와 페란 토레스 등을 대신 기용하며 팀을 꾸려 나갔다. 그러나 아구에로의 공백을 메우기에는 턱없이 부족했고, 팀은 기세를 올리지 못하고 있었다. 그러자 펩은 '포워드가 없다면 차라리…'라는 듯이 제로톱을 다시 꺼내들었다. 3톱의 중앙에 더 브라워너, 필 포든, 베르나르두 실바 같은 세스크와 같은 유형의 미드필더를 배치한 것이다.

고정된 위치에 있는 포워드가 없어지자 팀 전체의 유동성이 크게 높아졌다. 골대 앞에 비워 놓은 공간에는 중원이나 측면에서 선수들이 달려들었다. 원래 빌드업을 할 때는 4-3-3에서 풀백이 안쪽으로 들어오는 가짜 풀백을 사용해 3백으로 가변하고 있었는데, 여기에 전방의 유동성도 가미되자 팀 전체가 역동적이 되었다. 역시 그때의 바르셀로나처럼 3백 앞에 있는 7명의 포지션이 지극히 유동적으로 된 것이다.

그때까지 맨시티의 정점적인 포지션 플레이에 익숙해져

있었던 프리미어리그 클럽들은 이 변화에 전혀 대응하지 못했다. 그 모습은 마치 그날 밤의 산투스 FC를 보는 듯했다. 데이터를 봐도 맨시티의 변화는 명백했다. 팀의 득점왕이 미드필더였던 귄도안이라는 점이 그 변화를 상징한다. 어떠한 팀도 중원의 마크하기 힘든 위치로부터 갑자기 달려드는 귄도안을 저지할 방법을 찾아내지 못했다. 맨시티는 제로톱 활용을 계기로 파죽의 21연승을 기록했고, 또다시 독주 체제로 프리미어리그 우승을 차지했다. 전술적으로 보면 맨시티에서 맞이한 5시즌째가 되어서야 드디어 10년 전의 바르셀로나와 연결된 것이다.

궁극의 토털 풋볼

'축구 역사상 최강의 팀은 어디인가?'

이 질문에 명확하게 대답하기는 어렵다. 그러나 적어도 '펩의 바르셀로나'가 매우 유력한 후보 중 하나인 것은 분명하다. 현역 선수와 감독 등은 물론이고 팬들 사이에서도 이 팀을 축구 역사상 최강의 팀으로 꼽는 사람이 여전히 많다. 물론 필자도 그 가운데 한 명이다. 특히 2010-11시즌에 맨체스터 유나이티드를 격파하고 두 번째 챔피언스리그 우승을 달성한 3년 차 팀은 펩의 바르셀로나 중에서도 최강의 팀이었다. 나중에 펩이 만들어낸 바이에른과 맨시티도 강한 팀이지만, 완성도 측면에서는 그때의 바르셀로나에 미치지 못한다고 생각한다. 무엇보다도 펩 자신이 챔피언스리그에서 우승한 것은 바르셀로나 시절뿐이다. 그런 펩이 바르셀로나 시절에 결국 완성시키지 못했던 3-7-0 포메이션의 완성에 또다시 착수했다. 이는 마침내 자신의 손으로 당시 '펩의 바르셀로나'를 뛰어넘는 팀을 만들겠다는 의지의 표현으로 받아들일 수도 있을 것이다.

그렇다면 펩이 내다본 3-7-0 포메이션 이후의 미래는 무엇일까? 그것은 궁극적으로 포메이션으로부터의 해방이 아닐까? 애초에 축구에서 포메이션의 역사를 되돌아보면, 그것은 전방에 위치한 선수의 수를 줄여서 후방을 두텁게 만들어 온 역사다. 축구라는 스포츠의 여명기에는 기본적으로 포워드 아홉 명과 수비수 한 명으로 경기를 했다고 한다. 1860년대 처음으로 잉글랜드에 축구 협회가 설립된 시점에도 2-1-7 포메이션이 주류였다는 사실에서 축구라는 스포츠가 본래 포워드 중심의 전륜 구동형이었음을 엿볼수 있다. 그 뒤로 서서히 포워드 수가 줄어들어서, 4톱이 되었다가, 3톱이 되었다가, 1980년대 무렵에는 4-4-2나 3-5-

2처럼 '2톱'이 주류가 되었다. 그리고 2000년대에 들어서자 마침내 4-2-3-1의 1톱 포메이션이 주류인 시대에 돌입했다. 그런 환경 속에서 항상 미래를 내다보는 펩이 0톱에 도달한 것은 역사의 흐름을 따르는 필연적인 추이였다고 생각할 수도 있다.

왜 포워드의 수는 계속 줄어들고 있을까? 그 이유는 이 스포츠가 합리성을 추구하는 방향으로 진화해 왔기 때문이다. 먼 옛날, 축구는 상대의 골대를 향해서 대충 공을 던져 넣고 그것을 포워드 아홉 명이 쫓아가는 경기였다. 이 원시적인 스타일이 점차 중원에서 빌드업을 하고 후방에서부터 공을 연결하는 스포츠로 진화해 온 것이다. 그리고 이와 동시에 선수도 역할이 고정된 '스페셜리스트'보다 만능형인 '제너럴리스트'를 요구하게 되어 온 과정이기도 했다.

'점수를 내는 것에 특화한 스트라이커의 수준이 팀의 득점력을 좌우한다.'

'전원이 패스를 돌리면서 빌드업을 하면, 어떤 방향에서든 득점을 노릴 수 있다.'

이 양자를 비교할 경우, 효율의 측면에서나 기능성의 측면에서나 후자가 우위임은 말할 필요도 없다. 이렇게 해서 특출한 한 명에게 의존하던 시대는 막을 내리고, 논리적인 발상이 시대의 주역을 담당하게 되었다. 그런 조류가 형성됨에 따라 필연적으로 스페셜리스트의 성격이 가장 강한 포지션이라 할 수 있는 포워드가 소멸되고 있는 것이 아닐까?

한편으로 공수 양면에 관여할 기회가 많고 본래 제너럴리스트로서의 능력이 크게 요구되어 온 미드필더의 가치는 점점 높아질 것이다. 축구를 지극히 논리적으로 생각하는 펩이 센터포워드 위치에 세스크나 더 브라위너 같은 미드필더를 배치하는 것은 어떤 의미에서 당연한 일이다. 펩은 시대의 진화에 가장 민감하게 반응하고 있을 뿐인지도 모른다. 그런 펩과 격전을 벌여 온 클럽의 리버풀에서 센터포워드를 맡고 있는 피르미누 또한 지극히 미드필더적인 자질을 갖춘 제너럴리스트다.

즉 포워드가 미드필더화되는 방향성이 뚜렷이 보이기 시작한 시대가 바로 지금이다. 그렇다면 항상 미래를 바라보고 있는 펩이 앞으로 '전원 미드필더화'라는 흐름을 수비수에게까지 확장시켜 나간다 해도 이상할 것은 전혀 없다. 오늘날에는 이미 센터백도 풀백도 수비만 해서는 최정상의 세계에서 살아남을 수 없게 되었다. 패스로 리듬을 만들거나 공을 운반하면서 공격에 관여하는 수비수는 이제 희귀한 존재가 아니다. 이대로 간다면 과거에 리베로로 불렸던 선수들이 그랬듯 중원을 드리블로 돌파해 스루패스로 결정적인 어시스트를 기록하는 센터백이 표준화될지도 모른다. 펩은 과거에 이미 하비에르 마스체라노나 올렉산드르 진첸코 같은 미드필더를 수비수로 전환시켜 성공을 거둔 바 있다. '제로톱화' 다음이 '제로디펜더화'일 것은 충분히 예측 가능한 미래다. 3-7-0 시스템은 그 중간 과정에 불과한지도 모른다. 그리고 최종적으로 필드 플레이어 전원이 미드필더가 된다면 포지션이라는 개념 자체도 유명무실해질 것이다.

기존의 포지션이나 포메이션 개념은 분명히 11명이 모여서 즉흥적으로 축구를 플레이하는 경우에 매우 편리하다. 선수 개개인의 위치 관계를 명확히 함으로써 팀이 따로 놀지 않게 하는 가이드라인이 된다. 그러나 동시에 팀의 족쇄로 작용하기도 한다. 공격에서 포워드 위치를 고정시킨다는 것은 상대에게 절반쯤 수비의 기준점을 만들어 주는 것이나 다름없다. 마찬가지로 센터백이나 풀백의 위치를 명확히 하는 것 또한 상대에게 압박의 기준점을 만들어 주는 결과로도 이어진다. 상대 팀의 빌드업에 압박을 가할 때 센터백의 패스 코스를 제한해서 풀백에게 패스하도록 유도하고 그 순간 압박의 스위치를 켜는 방식은 상대 수비수의 포지션이 정해져 있기 때문에 가능한 것이다.

그러므로 이런 구조를 만들어 버리는 '시스템과 포지션' 으로부터 해방되는 것이야말로 펩의 목표가 아닐까? 누가 포워드인지 알 수 없는 팀이 있다면 상대는 수비의 기준점을 정할 수 없다. 빌드업을 할 때 중원이나 전방에서 내려온 선수가 풀백이나 센터백으로 들어가는 것을 반복한다면 어디에서 압박의 스위치를 켜야 할지 판단하기가 매우 어려워진다.

이것을 일부나마 메커니즘으로 집어넣으려고 하고 있는 것이 최근 유행하고 있는 '가변식 포메이션'이라는 전술이다. 포지션이 교체되는 유동성을 코드화해서 팀에 프로그래밍한다는 발상이다. 그러나 법칙성이 생기면 반드시 대책이 마련되는 것이 세상의 이치다. 요컨대 유동성이 높은 편이 좋다. 더욱 복잡하게, 더욱 다양하게, 때로는 판타지스타의 번뜩이는 플레이까지 내포하는 전술로….

펩의 머릿속에는 이미 이런 미래가 펼쳐져 있다는 생각이 강하게 든다. 그리고 이 추측이 옳다면 3-7-0은 이윽고 2-8-0이 되고, 최종적으로는 0-10-0에 도달할 것이다. 그곳에서는 모두가 수비수이고, 미드필더이며, 포워드다. 포지션은 없고 역할과 상황이 있을 뿐이다. 다시 말해 궁극의 토털 풋볼인 것이다. 이는 과연 필자만의 지나친 망상일까?

그러나 필자가 그날 밤 클럽 월드컵에서 본 펩 바르셀로나의 축구는 20년 후, 아니 어쩌면 50년 후에 그런 미래가 찾아오리라 예견하도록 만들기에 충분한 것이었다.

지금으로부터 약 30년 전 크루이프가 만들기 시작한 작품은 21세기가 되어 제자인 펩의 손에서 더욱 세련된 형태로 일단 완성을 보았다(그런 것처럼 생각된다). 그러나 어쩌면 그것은 영원히 완성되지 않는 대성당이라 생각해야 할지도 모른다. 과거의 펩이 그랬듯이, 앞으로 누군가가 펩의 뒤를 이어 그의 작품을 능가하는 날이 반드시 찾아올 것이다. 그리고 하나의 축구가 완성되면 완전히 새로운 대항 전술로 앞서 나가려는 세력 또한 나타날 것이다. 그런 절차탁마야말로 축구 전술의 역사 그 자체이기 때문이다.

현실의 축구계에서는 지금도 하루가 다르게 전술이 진화하고 있다. 그 전술들은 하루하루 승리를 위해 온 힘을 다하고 있는 이들이 격전을 벌임으로써 만들어지는 '지혜의 결정체'다. 축구를 보는 우리에게 최고의 즐거움인 동시에 그들에게 보낼 수 있는 최대한의 경의는 그 지략 싸움을 철저히 이해하고, 음미하고, 골수까지 맛보는 것이 아닐까?

옮긴이 이지호

대학에서는 번역과 관계가 없는 학과를 전공했으나 졸업 후 잠시 일본에서 생활하다 번역에 흥미를 느껴 번역가를 지망하게 되었다. 스포츠뿐만 아니라 과학이나 기계, 서브컬처에도 관심이 많다. 옮긴 책으로 《좌익 축구 우익 축구》, 《유럽 명문 클럽의 뼈 때리는 축구 철학》, 《IT 용어 도감 277》, 《초록의 집》, 《작게 지어 넓게 쓰는 멋진 단층집 짓기》 등이 있다.

축구 명장들의 지략 대결로 읽는

축구 전술 혁명

1판 1쇄 인쇄　2023년 2월 15일
1판 1쇄 발행　2023년 2월 22일

지은이　　　　다쓰오카 아유무
옮긴이　　　　이지호
감수　　　　　한준희
펴낸이　　　　김기옥

실용본부장　　박재성
편집 실용1팀　박인애
마케터　　　　서지운
판매전략　　　김선주
지원　　　　　고광현, 김형식, 임민진

디자인　　　　푸른나무 디자인
인쇄·제본　　 민언프린텍

펴낸곳　　　　한스미디어(한즈미디어(주))
주소　　　　　121-839 서울시 마포구 양화로 11길 13(서교동, 강원빌딩 5층)
전화　　　　　02-707-0337
팩스　　　　　02-707-0198
홈페이지　　　www.hansmedia.com
출판신고번호　제 313-2003-227호
신고일자　　　2003년 6월 25일

ISBN　　　　　979-11-6007-892-3　03690